아동미술치료의
이론과 실제

아동미술치료의 이론과 실제

The theory and practice of Art therapy for Child

김정숙 · 신지혜 · 손윤경 지음

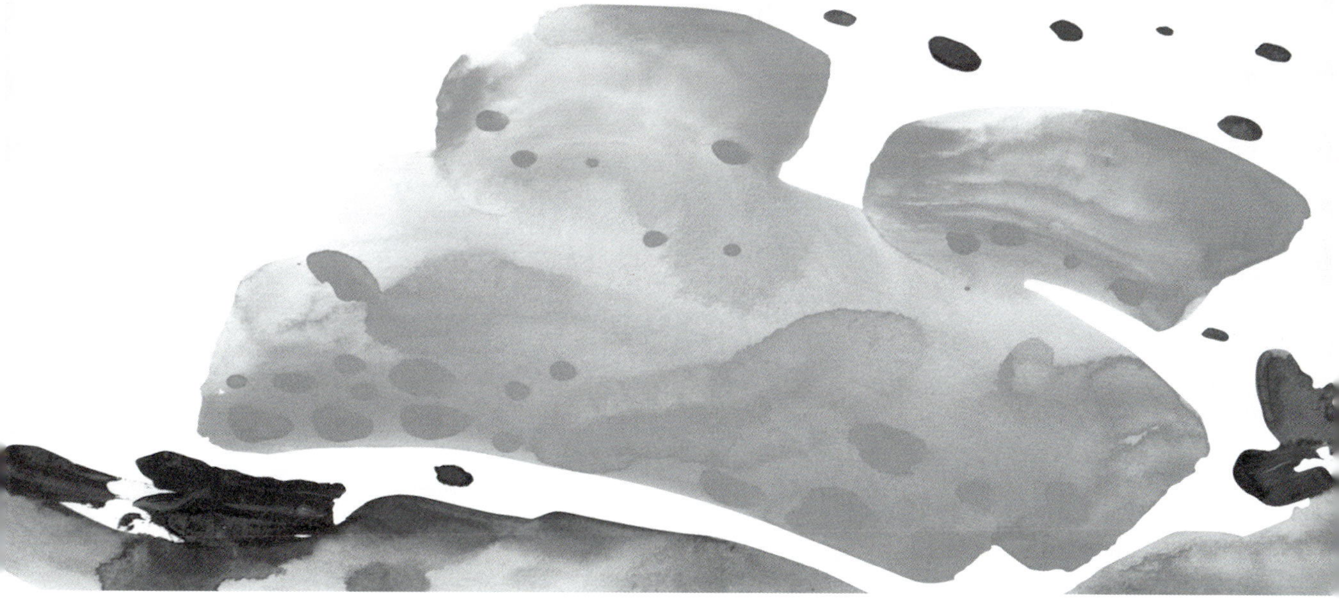

교문사

PREFACE

미술치료와 관련된 교과목을 강의 하면서 적절한 교재를 찾기란 그리 쉽지 않은 일이었습니다. 많은 서적들을 참고로 준비를 하고 했었던 일이 생각납니다. 아동의 그림을 이해하고 심리와 치료를 강의하면서 외국에서 저술된 책을 기초로 심리와 치료를 접근시키기에는 우리나라의 아동의 문화적 환경적 상황들을 충분히 이해하는 데 한계가 있기 때문입니다.
아동의 그림에는 수많은 언어들이 숨어 있습니다. 이 언어들을 이해하는 것이 미술치료의 첫걸음이며, 아동의 심리를 알고 도와주는 역할을 할 수 있는 것이 미술치료입니다.

위즈워스의 〈무지개〉라는 시는 심리학자들에게 많은 귀감을 주는 시입니다. 저 역시도 이 시의 '어린이는 어른의 아버지' 란 문구에 임상가의 길을 걷고 있습니다.
함께 걸어가는 선배님과 동료들의 도움으로 이 책을 구성할 수 있게 되어 고마움의 마음을 지면을 통해 전합니다.
이 책의 구성은 이론적인 정리와 함께 그림검사의 사례를 제시하여 학부 학생들이나 현장의 교사들이 쉽게 이해할 수 있도록 저술하였습니다.
미술치료의 역사적 문화적 개념을 초반부에 저술하였으며, 후반부에는 미술치료의 종류와 실제를 제시하여 이해를 돕고자 하였습니다.

이 책을 집필할 수 있도록 도와주신 개미유치원 교사들과 폴라리스 어린이집 교사들, 대전 보육정보센터 김정미 센터장님과 사랑하는 가족에게 감사의 마음을 전합니다.
아울러 이 책을 발간할 수 있도록 도와주신 (주)교문사 류제동 사장님께도 감사의 말씀을 전합니다.

2009. 2.
저자 일동

무지개

위즈워스(1770~1850)

하늘의 무지개를 볼 때마다
내 가슴 설래나니,
나 어린 시절에 그리했고
다 자란 오늘에도 매한가지.
....
어린이는 어른의 아버지
바라노니 나의 하루하루가
자연의 믿음에 매어지고자.

CONTENTS

CONTENTS

Chapter 06

집단미술치료

Chapter 07

발달과 미술치료

Chapter 08

아동의 장애 유형별 특성과 미술치료

CONTENTS

Chapter 01

미술치료의 이해

1. 미술치료의 개념
2. 미술치료의 역사적 고찰
3. 미술치료에서의 심리적 속성
4. 미술치료의 가치
5. 미술교육과 미술치료

01 미술치료의 이해

1 미술치료의 개념

아동은 신체적 성장과 지적 능력의 발달이 빠르게 이루어지는 시기로 대부분의 아동이 성인 못지않은 스트레스를 받고 있다. 이들의 스트레스 원인은 부모, 학교생활, 가족환경, 대중매체, 대인관계 등 여러 요인이 끊임없이 작용하여 큰 문제가 되고 있으며, 많은 금지와 속박, 질책 속에 놓이게 되면서 새로운 지식의 습득과 욕구의 조정 등에서 갈등을 겪는 문제가 생기게 된다.

내면이 겪는 갈등을 미술을 이용하여 심리치료를 하는 것은 정신세계(내면, 무의식)를 현실 속(외면, 의식)에 작품이라는 구체적인 모습으로 표현하게 하고 표출하게 하는 특성 때문이라고 할 수 있다. 미술치료는 창작을 통해 내면세계의 외면화 과정 속에서 개인의 갈등적인 심리 상태나 정서 상태를 파악하고, 거기에 연루된 갈등 관계에 있는 심리 · 정서적인 요소를 조화롭게 해결하도록 도와줌으로써 개인의 심리적인 갈등을 완화시키거나 병리적인 정신구조를 재편성해 주는 것이다.

그동안 미술가들은 여러 가지 미술재료를 이용하여 시각적 이미지를 창조하는 것이 작가와 감상자 모두에게 육체적이나 정신적으로 유익하며, 개인의 갈등을 조정하고, 동시에 자기표현과 승화작용을 통해서 자아성장을 촉진시킬 수 있다는 것을 감지해 왔다. 미술이 단지 아름다움의 표현이나 미적 감상의 대상으로만 치우치지 않고 인간의 삶을 변화시키는 실천적 힘과 치료적 기능까지 있다는 점에서 최근 정신의학계와 미술계에서 주목의 대상이 되고 있다.

아동들이 그려 놓은 그림이나 낙서 등의 여러 조형 활동을 주의 깊게 관찰해 보면, 현재 그들의 마음 상태나 성장 발달의 정도를 파악할 수 있다. 미술은 자신의 내면세계를 함축하고 있으며, 성격이나 지능 등이 그림 속에 투사되어 아동의 심리적 상태와 특성을 평가하고 심리적 어려움을 치료하는 데 유용하게 사용되어 왔다.

즉, 그림은 아동이 세상을 어떻게 보고, 느끼고, 생각하고 있는지를 나타내 주는 세계 공통적인 언어라 할 수 있다. 특히 논리적인 사고력과 언어적 유창성이 발달하기 이전인 11세 이하의 아동들에 있어 그림은 자신의 내면을 나타내는 가장 자연스러운 표현 수단인 것이다. 그림에는 말로 표현하지 못하는 느낌과 생각, 공상, 갈등, 걱정, 그리고 자신을 둘러싼 세상에 대한 지각이 담겨 있기 때문이다.

미술치료의 본질은 '미술을 매개로 환자를 치료하는 것' 이다. 그림 그리기를 통해서 자유롭게 환자의 내면세계를 표출하게 하고, 그를 통해 환자의 내면세계를 이해하며 보다 적응적인 상태로 이끌어가는 치료 방법으로, '미술작업을 통하여 개인의 정서적 갈등과 심리적인 증상을 완화시킴으로써 한 개인이 원만하고 창조적인 삶을 살아갈 수 있도록 도와주는 심리치료법' 이라고 요약할 수 있다.

특히 언어적 표현 능력이 부족한 아동이나 청소년의 심리적 문제를 이해하고 치료하는 데에 커다란 장점을 지니고 있을 뿐만 아니라 성인 환자의 경우에는 언어로 표현하기 어려운 심리적 갈등과 미래에 대한 소망을 표현하는 데에 미술치료는 중요한 역할을 하게 된다.

따라서 미술치료는 인격의 성숙, 자아성찰, 사고 또는 행동양식의 변화를 필요로 하는 삶에 지친 현대인이나 고민이 많은 청소년, 발달장애 · 주의력결핍 과잉행동장애 · 소아암 등의 아동, 만성 질환으로 인한 우울증 · 재활 · 치매 등의 노인성 질환을 앓는 성인 등에게 많은 도움을 줄 수 있다.

오늘날 세계 각지의 병원들은 미술치료를 위해 자료를 공유하고 있으며, 대다수의 대학 의료센터들은 수술과 약물치료 외에도 미술이나 음악, 무용, 요가나 명상 등 예술을 이용하여 환자의 마음과 육체의 병을 치료하고 있다.

미술을 통해 내면의 메시지를 표현함으로써 이제까지 의식하지 못했던 진정한 자아와 만나게 되고, 그 결과 우리의 창조적인 영혼이 일깨워지게 된다. 그래서 미술치료는 깊은 내면으로의 여행과도 같다. 자신의 숨겨진 내면을 이해하기 위해 미술작업을 할 때 우리는 치유될 수 있는 것이다.

2 미술치료의 역사적 고찰

미술치료의 근원은 상상 속의 존재에 대한 염원과 자신들의 세계와의 관계를 동굴 벽화에 표현했던 선사 시대로 거슬러 올라간다. 우리의 조상들은 자신의 생활, 소망을 미술활동으로 표현했다. 또한 미래에 대한 두려움과 공포로부터 자신을 보호하고 위안을 받기 위한 주술적인 목적으로도 미술작품을 창조해 왔다. 동굴 벽화를 그리면서 상징 과정을 통해 자기 자신과 외부세계와의 관계를 표현했으며, 심상으로서 실존의 의미를 추구하였던 것이다.

그림 1-1 라스코 동굴 벽화

창작활동을 통하여 개인이나 집단에 안녕을 도모하는 행위는 각기 다른 문화에서도 이와 유사하게 소망, 미지의 것, 신비, 언어로 표현할 수 없는 것 등이 구체적 심상인 미술작품으로 표현되었다. 사고의 발달은 이런 상징화에서부터 시작된다.

현대 심리학과 정신의학의 선구자라고 할 수 있는 프로이트(Freud)와 융(Jung) 또한 20세기 초반 예술적 표현과 정신세계 간의 관련성에 대한 인식을 확장시키는 데 많은 기여를 하였다. 두 사람은 모두 예술과 상징, 성격 간의 관련성에 관심을 갖고 있었다.

그림 1-2 각배를 든 아프로디테

프로이트는 개인이 갖는 어떤 '이미지'가 잊혀지거나 억압된 '개인적' 기억을 표상하는 것으로 보고, 이러한 표상적 이미지로서의 '상징'은 꿈이나 예술적 표현을 통해 표출된다고 생각하였다.

특히 환자들이 꿈을 그림으로 표현할 수는 있지만 말로 기술하기는 힘들어 하는 경우를 자주 관찰하고, 그림을 통한 예술적 표현이 인간 내면의 세계를 이해하는 데 효과적인 수단이 될 수 있다는 근거가 된다고 하였다.

융은 프로이트와는 달리 보편적인 의미로서 이미지를 다루었고 이미지와 정신과의 관계를 중요하게 인식했다. 그런 융은 상상 속의 상징적 의미를 이해하는 기초를 다졌고, 상징을 통한 공상은 진화를 위한 시도이며, 외상(trauma)이나 힘든 상황에서 자기 자신을 치유하기 위한 하나의 방법이라고 생각했다.

미술치료라는 용어는 1961년 ≪Bulletin of Art Therapy≫ 창간호의 울만

(Ulman)의 논문에서 소개되었다. 여기에서 울만은 미술치료라는 용어는 '미술'과 '치료'의 합성어로 두 단어의 의미가 포함된 것이라고 하였다.

정신분석학적 입장에서 출발한 미술치료는 그 이후 꾸준히 발전되어 여러 방향으로 나누어졌다. 그리하여 환자에게 책임과 의무를 부여하는 실존주의적 방향으로 선회하기도 했다. 실존주의는 정신분석과 대조가 된다. 인간의 잠재력이 강한 힘을 가지고 있다고 하여 융 심리학의 재기를 초래하기도 했다.

1960년대에 접어들면서 미술치료는 보다 전문적인 양상을 보였다. 1961년 미국 미술치료 전문지 ≪American Journal of Art Therapy≫가 창간되었고, 1966년 미국미술치료학회(American Art Therapy Association, AATA)가 설립되면서 미술치료는 전문화된 영역으로서의 자리를 굳히게 되었다.

미국은 이와 같은 학술단체와 전문 연구지를 통해서 미술치료 훈련 프로그램의 제도를 마련하고 전문가를 양성하고 있다. 일본은 일본묘화검사 · 요법학회를 창립하여 적극적인 활동을 하고 있으며, 정신병원, 심신장애인 치료 및 상담기관에서 미술치료를 많이 도입하고 있다.

우리나라의 경우 미술치료가 처음으로 도입된 것은 1982년 임상심리와 정신의학 분야에 관심 있는 소수의 인사들이 개인적 관심과 필요에 따라 치료 현장과 연구에 활용하면서부터이다.

그 후 1992년 한국미술치료학회가 설립되어 미술치료에 대한 인식 및 사회적 요구가 점차 증가하였고, 1990년 후반에는 국내 대학교에 석사과정이 개설되면서부터 미술치료를 전공하는 대학원생의 수가 급속하게 증가하였다.

최근 미술치료에 대한 대중적 관심과 전문인들의 논의가 뜨겁게 달아올라 여러 학회의 활동과 교육기관에서 전문인 양성이 활발해지고 있으며, 사회 여러 분야에서 각종 미술치료 프로그램의 수요가 급증하고 있다.

3 미술치료에서의 심리적 속성

미술치료는 회화요법, 묘화요법, 그림요법 등으로 사용되는 경우도 있다. 그러나 미술은 그림만이 아닌 모든 미술활동을 포함한다. 'Art Therapy'가 예술치료로

번역되는 경우도 있는데, 여기에는 미술뿐 아니라 음악, 드라마, 문학, 무용(동작) 등 모든 예술이 공존한다.

미술치료라고 할 때는 예술의 한 영역인 미술활동, 즉 그림, 조소, 디자인, 서예, 공예 등 미술의 전 영역을 활용하여 심리치료를 하는 것이다. 다시 말해서, 미술치료는 미술활동을 치료적으로 활용하여 인간의 문제행동이나 잠재적 문제행동을 제거 또는 예방함으로써 인간의 적응, 성숙, 발달을 도와주는 심리치료의 한 분야로, 미술을 통한 자아표현, 자아수용, 승화, 통찰에 의해 개인의 갈등을 조정하고 심리 문제를 해결하며, 자아성장을 촉진시켜 심신에 어려움을 겪고 있는 사람들을 대상으로 그들의 미술작품(미술활동)을 통해 그들의 심리를 진단하고 치료하는 것이다.

아동은 미술활동을 통해서 자기의 갈등을 조정할 수 있으며, 동시에 자기표현과 승화작용, 자아성장 등을 촉진할 수 있다. 또한 자발적인 미술활동으로 인해 자신의 내적 세계와 외적 세계 간의 조화를 이룰 수 있는 것이다. 다시 말해서 육체적 · 정신적 질병을 앓고 있는 환자의 상태와 문제를 파악하여 이들이 겪는 고통 등을 덜어 주는 한편, 좋은 쪽으로 변화시켜 환자 스스로 치유할 수 있는 내면의 힘을 키우는 데 있다. 또한 외부의 힘을 빌려 수동적으로 병을 치료하는 것이 아니라 스스로 자신의 문제를 해결할 수 있는 힘을 얻는다는 것은 매우 특별한 의미를 가진다.

사람들은 '치료' 라고 하면 병원에서 의사가 약이나 주사로 환자의 병을 낫게 하는 것을 생각한다. 이때 환자는 그저 의사가 시키는 대로 하면 되지만, 미술에서의 치료는 전혀 다르다. 무엇보다 환자가 적극적으로 미술활동에 참여해야 하는데, 이는 자신의 병을 스스로 치유하는 역동적인 방식이기 때문이다. 치료라는 어원인 'threapeia' 의 뜻은 시중들어 주며 간호해 주기, 돌보기, 양육하기, 의학적으로는 치유하기 등의 넓은 뜻을 가진다.

미술치료사는 환자가 보여 주는 각각의 문제점을 이해하고, 그에 따라 적절한 치료기법을 사용하여 상태가 호전되도록 돕는 역할을 한다. '시간이 약이다.' 라는 옛 말이 있지만, 자신의 상처를 인정하고 그것을 만들어 낸 감정을 해방시키기 위한 의도적인 노력 없이는 많은 시간이 지나도 결코 진정한 치료는 이루어지지 않을 것이다.

4 미술치료의 가치

미술치료는 예술 분야 중에서 미술이라는 매체를 활용하여 심신의 어려움을 겪고 있는 사람들에게 심리를 진단하고, 상담과 치료활동을 통해서 정신의 발달과 사회 적응에 도움을 주고자 하는 심리치료기법 중의 하나이다.

미술치료사 와드슨(Wadeson, 1980)이 제시한 미술치료의 장점을 중심으로 미술치료의 가치에 대하여 살펴보자.

1) 미술은 심상의 표현이다

인간은 어떤 다른 의사소통 양식보다 언어화시키는 작업에 숙달되어 있다. 말이란 형태를 취하기 전에 정신의 깊은 곳에서 나오는 심상(image)으로 사고한다. 언어는 의식을 외부세계로 실어 나르는 중요한 표현 도구임에 틀림없지만, 개인이 소통하고자 했던 느낌과 생각들을 온전히 담아 내지 못하는 한계를 보이기도 하고, 때로는 개인의 내면을 왜곡하여 표현하는 우를 범하기도 한다.

무엇보다 '무의식' 을 표현하기에 언어라는 도구는 큰 제한이 있다. 미술치료에서는 꿈이나 환상, 경험이 순수한 언어적 치료법에서처럼 말로 해석되기보다는 심상으로 그려진다. 예술매체는 종종 심상의 표출을 자극하는 일차적 과정의 매체를 자극하여 창조적 과정으로 나아가게 된다.

2) 미술은 방어가 감소된다

심상과 밀접한 관련이 있는 것이 방어이다. 자신을 감추려 하는 방어기제도 대체

그림 1-3 만다라

로 인간의 의식 안에서 언어화 과정을 통제함으로써 이루어진다. 내담자가 의도하였던 어떤 내용은 미술매체를 통한 표현 과정에서 원래의 의도와는 반대로, 혹은 예상치 않았던 작품으로 제작될 수 있다.

미술은 비언어적 수단이므로 통제를 적게 받는다. 이러한 것은 미술치료의 가장 흥미 있는 잠재성 중의 하나이다. 예상치 않았던 인식은 가끔 환자의 통찰, 학습, 성장으로 유도되기도 한다.

3) 미술은 어떤 유형의 대상을 즉시 얻을 수 있다

미술치료의 또 다른 장점은 즉시 구체적인 유형의 자료를 얻을 수 있다는 점이다. 즉, 눈으로 볼 수 있고 만져 볼 수 있는 자료가 환자로부터 형성되는 것이다. 내담자가 만든 어떤 유형의 작품을 통해서 치료자와 내담자 사이에 하나의 다리가 놓여진다.

저항이 강한 치료대상자들의 감정이나 사고 등도 미술작품을 통해 구체화되며 자신의 실존을 깨닫는다. 이때 어떤 내담자는 단 한번의 작품에서도 자신의 감정을 느끼기도 하지만, 저항이 강한 사람은 더 오랜 시간이 걸리기도 한다.

4) 미술은 자료의 영속성이 있어 자신을 회상할 수 있다

미술작품은 보관이 가능하기 때문에 내담자가 만든 작품을 언제든지 필요한 시기에 재검토하여 치료 효과를 높일 수 있다. 내담자 자신도 이전에 만든 작품을 다시 보면서 때로는 새로운 통찰이 일어나기도 하며, 당시의 자신의 감정을 회상하기도 한다.

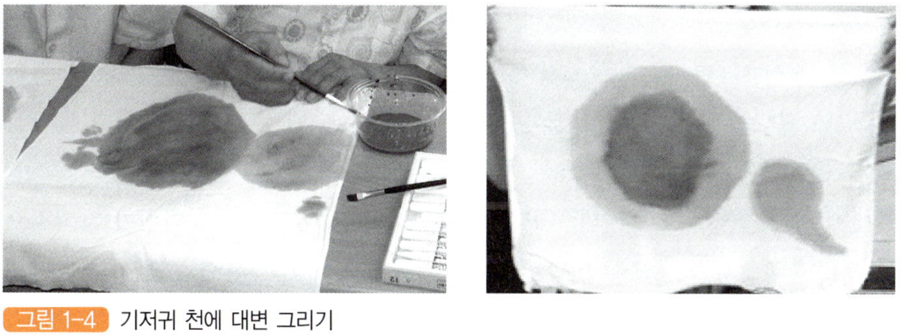

그림 1-4 기저귀 천에 대변 그리기

즉, 미술작품이 단순한 주관적인 기억의 왜곡을 방지할 수 있다는 것이다. 또한 내담자의 작품 변화를 통해서 치료의 과정을 한눈으로 이해할 수 있으며, 치료팀의 회의에서도 작품을 통해서 객관적으로 분석하고 그 환자의 생생한 그 당시의 목소리를 감지할 수 있다.

5) 미술은 공간성을 지닌다

언어는 일차원적 · 시간적인 의사소통 방식이기 때문에 여러 가지 이야기를 한 번에 한 가지씩밖에 할 수 없다. 반면에 미술 표현은 문법, 통사론, 논법 등의 언어적 규칙과는 관계없이 미술의 조형 요소인 공간, 색, 선, 형태들을 통해 상호관계를 표현할 수 있기 때문에 본질적으로 많은 것을 동시에 표현할 수 있는 공간적인 것이다. 즉, 미술에서는 공간 속에서의 연관성들이 발생하여 입체적으로 이해하기 쉽게 한다.

6) 미술은 창조성과 신체적 에너지를 유발한다

미술작업을 시작하기 전 개인의 신체적 에너지는 다소 떨어져 있어 삶의 에너지가 저하되어 있지만, 미술작업을 진행하면서 토론하고 감상하며 정리하는 시간에는 대체로 활기찬 모습으로 변한다. 이때 체내 에너지의 양이 상승한다는 것을 느끼게 되는데, 이것은 단순히 신체적인 운동이라기보다는 '창조적 에너지' 의 발산이라고 해석되며, 하나의 작업이라기보다는 생활의 의욕과 원동력을 되찾을 수 있는 통로가 되는 것이다.

미술치료가 마음의 건강 유지나 증진, 회복에 도움이 되는 이유는 다음과 같다.

첫째, 그림을 창조해서 그리는 그 자체가 통합이라는 치유력을 갖는다.

둘째, 그림을 그리는 것으로 이제까지 억압해온 감정을 발산하고 정화할 수 있다.

셋째, 말과 달리 그림을 자신의 모습을 객관적으로 나타냄으로써 자신이 부정하고 있던 감정을 깨닫고 퍼스널리티의 무의식적인 측면을 이해하고 자기 통찰의 계기가 된다.

넷째, 말은 특정한 의미만을 전달하려 하지만 그림은 몇 개의 의미를 다의적으로 나타내므로 많은 정보를 전달할 수 있다. 예로 사람이 가족에 대해 이야기할 때 아버지, 어머니, 동포, 자기, 가족 관계를 순서적으로 이야기하지만 실제로는 그 모두를 동시에 경험하고 있다거나 말과 달리 그림은 모두를 동시에 전달할 수 있으므로 치료에 유효하다.

다섯째, 치료자와 그린 사람이 같은 입장에 서서 작품을 감상하고 작품의 의미를 서로 이야기하며 이미지를 공유함으로써 두 사람의 인간관계를 친숙하게 할 수 있다.

여섯째, 그린 사람이 작품의 의미를 이해하고 자신을 통찰함으로써 자신이 본래 갖고 있으면서 발휘하지 않았던 성장으로서의 잠재 능력을 개발해 갈 수 있다는 것에 의하고 있다.

5 미술교육과 미술치료

개인의 미술활동은 시지각과 손 근육을 필요로 하며, 인지적 발달, 정서적 상태, 사회적 태도가 나타나는 재미있는 활동이다.

또한, 개인의 느낌이나 사고, 문제점을 전달해 줄 뿐 아니라 정신적 외상들이 미술활동을 통해 표현됨으로써 개인이 지니고 있는 긴장과 불안을 해소시켜 문제를 이겨내고 회복하는 데도 도움을 준다. 미술활동은 개인의 무의식을 의식화하는 데 매우 유용하며, 자발적인 미술활동은 개인의 내면세계가 조화를 이룰 수 있도록 도와준다. 그러면 미술치료와 미술교육은 어떤 차이가 있을까?

첫째, 미술교육이나 미술치료 모두 대상자가 있어 미술매체를 활용하여 미술활동을 한다는 점은 같다. 내용면에 있어 미술교육은 예술성과 함께 적절한 테크닉 교육을 주 내용으로 하지만 미술치료는 내담자(아동)와 치료자로서 교사와의 관계, 주변 사람들과의 관계 등을 핵심 내용으로 다룬다. 한 아동이 계속 똑같은 대상을 반복하여 그릴 때나 과장 · 왜곡이 두드러질 경우 미술교육적인 측면에서는 다른 대상의 표현을 통하여 미술 표현력의 신장을 꾀하지만, 미술치료 활동은 '아동이 왜 같은 대상만 반복하여 그리는지', '그리는 대상(대상물)이 아동에게 어떤 의미가 있는지' 등을 알아보고자 하는 데 중점을 둔다. 미술치료는 아동의 진단과 치료를 1차 목표로, 교육적 측면을 2차 목표로 하여 아동의 상황에 따른 다양한 접근으로 문제 해결과 자아통합을 하려고 한다고 볼 수 있다.

둘째, 미술치료에서 치료라는 의미는 창작활동을 통하여 그 증상이 경감되도록 돌보아 주는 것이라 할 수 있다. 아동은 미술활동을 통해 실제적인 결과에 대한 두려움 없이 긍정적 소망과 부정적 충동 양쪽을 상징적으로 충족할 수 있는데, 도구나 매체의 사용 과정에서 표현된 생각과 감정을 실습함으로써 현실세계를 통제하는 법을 배울 수 있다. 또한 아동은 과거의 정신적 충격을 재경험할 수도 있고 미래를 연습하고 실습할 수도 있다. 따라서 이러한 창작활동 과정을 통해 현재 아동들이 갖고 있는 현실의 문제를 극복할 수 있도록 이끌어 줄 수 있게 되는 것이다.

셋째, 미술교육과 미술치료는 미술매체를 활용한다는 점은 같으나 미술치료는 매체 사용에 있어 보다 폭넓고 다양하다고 할 수 있다. 미술치료는 단순히 아동을 이해하기 위해서 매체를 사용하는 것이 아니라 내담자(아동)의 발달 단계와 기본적 갈등, 문제 대처 방법 등을 이해하기 위해 먼저 아동의 언어적 표현은 물론 모든 행동을 포함한 비언어적 표현까지 관심을 가지고 주시하여 다양하고 적절한 매체를 사용하려고 노력한다.

넷째, 미술교육에서 오고간 모든 활동은 항시 개방적이지만, 미술치료는 위험하거나 긴급한 상황 등의 특수한 경우가 아니면 절대적으로 보호되고 비밀이 보장되어야 한다. 따라서 미술교육과 미술치료는 각각 교육과 치료에 중점을 둔 전문적 활동이라 할 수 있겠다.

미술치료에서 치료라는 것은 다른 모든 치료의 경우와 마찬가지로 변화와 개선이 선행되어야 하며, 다음과 같은 개념이 포함된다.

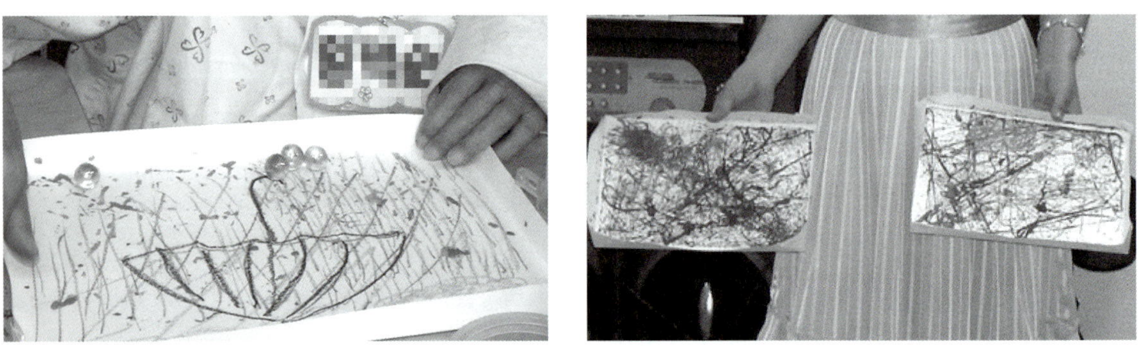

그림 1-5 물감 묻혀 구슬 굴리기

- 증상 경감
- 편파적인 개인을 전 인격적인 개인이 되도록 하는 것
- 지체된 정신 발달 과정을 촉진하게 도와주는 것
- 남을 이해할 수 있는 보다 원만한 성격이 되도록 도와주는 것
- 각자가 가지고 있는 고유한 창조성을 개발함으로써 인간의 정체성을 회복하여 삶에 의미를 가지게 하는 것

즉, 미술치료는 미술활동을 치료적으로 활용하여 인간의 문제행동이나 잠재적 문제행동을 제거 또는 예방함으로써 인간의 적응, 성숙, 발달을 도와주는 심리치료의 한 분야이다.

Chapter 02

심리치료이론의 미술치료

1. 심리치료이론의 미술치료 이해
2. 프로이트의 정신분석적 미술치료
3. 융의 분석적 미술치료
4. 현상학적 미술치료
5. 게슈탈트 미술치료
6. 인간 중심 미술치료
7. 행동주의적 미술치료
8. 인지학적 미술치료
9. 발달적 미술치료

******

02_ 심리치료이론의 미술치료

1 심리치료이론의 미술치료 이해

미술치료는 특별한 이론을 적용하는 것이 아니라 심리치료이론을 바탕으로 다양한 미술매체를 활용하여 개인의 성장과 심신의 안정을 찾도록 도와주는 예술의 영역과 심리학을 혼합시킨 분야이다. 심리학의 이론적 관점들은 서로 영향을 주고 보완하는 형태로 이루어졌기 때문에 아동의 심리를 다루는 미술치료에서는 매우 중요시 여기고 있다. 그래서 다양한 이론적 근거를 가지고 있는 심리학의 이론적 접근 중 미술치료사가 어떠한 관점에서 아동의 무엇을 바라보느냐에 따라 아동에 대한 이해가 달라지며, 정신병리적 문제, 문제 해결을 위한 목표, 치료과정, 치료전략 및 기법 등을 세울 수 있다.

오늘날 미술치료는 다양한 이론적 접근을 토대로 시도되고 있는데 나움버그(Naumburg), 크래머(Kramer), 울만(Ulman)의 견해는 지금도 실제의 미술치료에 많이 사용되고 있다. 다음은 이들이 주장하는 내용을 살펴봄으로 미술치료에 대한 이해에 도움을 주고자 한다.

1) 치료에서의 미술

나움버그(Naumburg)는 1890년에 뉴욕에서 태어났다. 먼저 교육자로서 활동하였고 후에 심리학, 특히 정신분석을 공부하였다. 그는 프로이트(Freud), 융(Jung), 설리반(Sullivan)의 영향을 많이 받았다.

나움버그는 1920년 뉴욕의 윌튼(Wilton)학교에서 미술교육의 한 방법으로 자발적인 그림 그리기를 시도하였고, 후에 이것이 미술치료의 한 모델로 개발되었다. 그 후 뉴욕 정신분석학교에서 행동장애 아동의 미술치료를 시행하면서 임상 경험을 넓혔고, 성인 미술치료에도 이러한 기법을 사용하여 1940년대에의 정신분석 지향적 미술치료 모델을 정립하였다.

그는 치료사와 환자 사이의 치료적 관계 형성, 전이와 역전이의 해결, 자유연상, 자발적인 그림 표현과 그 해석, 그림의 상징성 등을 중시하였다. 그래서 학자들은 나움버그의 이론을 심리치료 과정에서 그림을 매체로서 이용하는 '치료에서의 미술(Art in Therapy)' 로 규정하고 있다.

2) 치료로서의 미술

크래머(Kramer)는 나움버그보다 25년 뒤에 출생하였고 아동 미술치료에 대해 많은 연구를 하였으며, 그림의 자아 표현과 동화작용으로 자아가 성숙할 수 있다고 보았다.

즉, 미술활동을 통하여 환자는 자신의 파괴적 · 반사회적 에너지를 분출함으로써 그러한 에너지를 감소시키거나 전환시킬 수 있다고 보았다. 또한 환자는 미술활동 과정에서 자신의 원시적 충동이나 환상에 접근하게 되는데, 이 과정에서 갈등을 재경험하여 해결하고 성격의 통합을 이루게 된다고 하였다.

이러한 견해는 나움버그의 견해와는 다른 것으로 자아심리학적 통찰로 볼 수 있다. 치료사의 역할은 화자가 만든 작품을 해석하는 것이 아니라, 승화와 통합과정을 도와주는 것이라고 보았다. 1961년 울만은 크래머의 견해에서는 작품을 만드는 과정 자체가 치료이며 '치료로서의 미술(Art as Therapy)' 이라고 표현하였다.

3) 통합적 입장

울만(Ulman)은 크래머보다 5세 정도 위지만 거의 같은 시기에 미술치료에 관심을 갖기 시작했다. 그는 1950년대 초반 정신병원에서 활동을 시작했을 때 미술치료사가 아닌 미술교사의 자세로 활동했다고 술회하고 있다.

크래머의 ≪Art therapy in a Children' s Community≫라는 책을 읽고 울만은 정

신분석과 미술적 통찰 간의 미묘한 관계를 실감하였다. 그리고 미술교사와 미술치료사는 관계가 있다는 자신의 느낌에 대한 이론적 지지를 얻었다. 이 생각은 그가 정신분석적 방법으로 환자들을 치료할 때 많은 환자들이 그들의 그림에 내포된 상징적 내용을 언어로 전환하려 하지 않는 것에서 발견한 것이다.

즉, 그림으로만 제공될 수 있는 미술활동에서 무언가 가치 있는 어떤 것이 있다는 생각을 한 것이다. 그는 '미술심리치료'와 '치료로서의 미술'이란 용어를 다 포함하는 정의를 내리기 위해 노력했고, 1961년 마침내 '미술치료'라는 용어를 소개했다.

울만은 미술 과정을 인간의 성숙 과정과도 비교하였다. 미술 과정도 일반적인 인간의 성숙 과정처럼 필연적으로 갈등하는 충동과 통제, 공격과 사랑, 환상과 실제, 무의식과 의식 간의 통합을 요구한다. 즉, 성숙과정이 성격 내의 반대되는 힘의 통합 또는 개인 욕구와 외부세계 요구 간의 화해 과정인 것처럼 미술 과정도 통합적인 기능을 요구한다.

그는 미술가의 경험으로부터 미술치료를 하게 되었다고 볼 수 있으며, 미술치료를 시행할 때 '치료에서의 미술'과 '치료로서의 미술' 두 측면의 타당성을 모두 인정했다.

울만은 크래머와 나움버그의 접근 방법 차이를 미술 자체에 역점을 두느냐, 치료에 역점을 두느냐 하는 관점의 차이를 주시하였는데, 크래머는 미술의 창조적 과정 자체의 통합적 · 치료적 역할을, 그리고 나움버그는 치료를 강조한다고 보았다.

울만은 임상가로서 치료로서의 미술을 활용하면서 미술심리치료를 했고, 미술심리치료가 통하는 곳에서는 치료에서의 미술을 사용하여 융통성을 보였다.

따라서 울만은 환자의 작품이 예술이냐 아니냐를 논하는 것보다는 대상에 따라서 상동적 또는 강박적 표현도 허용되어야 하고, 때로는 예술적 성취감도 중시하여 미술치료가 치료적 측면과 창조적 측면을 모두 내포하고 있음을 제시하였다.

어떤 견해이든 미술치료는 이미지 표출 과정에 있어서 비언어적인 커뮤니케이션기법으로서 이미 심리치료에선 우위를 차지하고 있다. 따라서 미술치료를 시행함에 따라 언어적 이미지와 시각적 이미지에서 지금까지 상실, 왜곡, 방어, 억제되어 있는 상황에 처한 내담자에게 보다 명확한 자기상, 자기 자신의 세계관을 재발견하여 인격에 지속적으로 바람직한 행동의 변화를 가져올 수 있는 프로그램이 설계되어야 할 것이다.

이외에도 심리학적 이론들은 정신역동적 심리이론을 중심으로 한 프로이트의 정신분석적 미술치료, 융의 분석적 미술치료와 인본주의적 심리이론의 현상학적 미술치료, 게슈탈트 미술치료, 인간 중심 미술치료, 행동 · 발달 · 인지학적 심리이론을 중심으로 한 행동적 미술치료, 인지적 미술치료, 발달적 미술치료, 통합적 미술치료 등 각각의 유용한 측면이 있으므로 한 가지 이론만을 고수하지 말고 통합적이면서 절충적인 방법으로 아동의 사고 및 감정, 행동을 다루어야 한다.

2 프로이트의 정신분석적 미술치료

그림 2-1 프로이트

프로이트(Freud)의 정신분석이론은 심리학뿐만 아니라 인간에 관련된 많은 학문 및 의약, 예술 분야에 지대한 영향을 끼쳤다. 인간에 관한 철학이면서 성격발달이론인 정신분석의 이론적 핵심은 인간의 행동이 현재 사건에 의해 발생하거나 우연히 발생하는 것이 아니라 무의식적이고 비합리적인 생물학적 본능에 의해서 결정된다는 것이다.

정신분석 미술치료는 자유연상법이나 꿈의 해석, 저항과 전이의 분석과 해석 등을 이용하여 사용한다. 프로이트는 환자의 무의식 속에 억압된 문제를 자유연상이나 꿈의 내용 설명을 드러내어 눈 앞에 펼쳐진 경치를 묘사하듯 이야기하라고 지시하면서 거꾸로 추적하듯 이끌어 낼 수 있게 도와주면 무의식의 의식화가 가능하다고 보았다.

프로이트는 "Art는 환상세계와 현실세계를 이어주는 가교"라고 하였다. 이는 예술가가 창작을 통해서 충족시키지 못했던 환상세계를 현실세계로 구체화시키는 과정에서 무의식 속에 있는 억압(마음의 갈등, 좌절감, 고통)을 갖게 한 요소들을 표현함으로써 해방감과 고통에서 벗어나 숭고한 자아가 형성될 수 있게 하는 길이라고 하였다.

프로이트의 정신분석학적 이론을 통해 미술치료를 처음으로 실시한 미술치료사 나움버그는 자유로운 미술 표현을 통해 이미지를 표출하는 작업이 무의식을 의식화시키는 것이라고 하였다. 즉, 미술치료는 내담자 내면의 억압된 감정을 정화시켜 원활한 의사소통의 효과를 거둘 수 있는 매개체라고 하였다. 미술치료는 부수적인 도구로서 미술을 일차적인 치료로 삼고, 내담자가 만든 작품을 언어로 자유롭게 표현하게 한다. 이러한 과정은 내담자의 내면적 갈등을 이해하고 전이와 함께 과거의 억압되어 있던 미해결된 갈등에 근거한 왜곡된 생각들을 이끌어 내는 것을 도와준다. 예를 들어, 내담자가 혼동된 심상을 그렸다면 치료사는 내담자의 혼돈된 심상을 이해할 수 있게 정리해 주고 방어할 수 있게 도와주는 등 내담자가 표출하는 감정을 유연하게 대처해 나갈 수 있어야 한다.

정신분석적 미술치료기법에는 내담자가 자유롭게 미술매체를 선택하여 그리고 싶은 것을 마음대로 그리도록 비구조적 접근 방법으로 실시하면서 자신을 괴롭히는 감정을 자유연상과 같이 개방적인 표현을 하도록 도와준다. 또한 난화나 핑거페인팅 등을 그려 자유연상을 하게 하거나 연상된 것을 그려 보게 하는 방법으로 음악을 이용하여 음악에서 느끼는 감정과 연상되는 것을 자유롭게 그려 보게 한다.

인간 행동의 정상과 비정상 여부는 생애 초기의 심리적 욕구 및 갈등의 성공적 해결 여부에 달려 있다고 보았다. 프로이트에 있어서 건강한 성격이란 성격구조 요소 간의 조화상태에서 이룩되는 것이다.

1) 성격구조

정신분석적 이론 모형에서는 인간의 성격이 원초아(id), 자아(ego), 초자아(superego)의 세 가지 구성요소로 이루어졌다고 본다. 또한 정신분석에서는 인간을 에너지 체계로 보고 있으며, 심리적 에너지를 원초아, 자아, 초자아에 분배하여 내적 체계를 유지하게 된다. 따라서 이 구성요소는 심리적 과정에 대한 이론적 가설이며 분리된 구조물이 아니라 심리적 에너지의 전체로서 기능한다.

이런 이론적 맥락에서 인간의 행동 특성을 결정하는 성격구조의 양식을 살펴볼 수 있다. 인간의 심리적 에너지는 제한되어 있기 때문에 한 요소(예: 원초아)에 많은 에너지를 보내게 되면 다른 두 요소(자아와 초자아)에는 에너지의 양이 제한된다. 이러한 에너지의 역동적 상태에 따라 행동 특성이 결정되는 것이다.

1 원초아

원초아(id)는 심리적 에너지의 최초의 원천이며 본능이 있는 곳이다. 사람이 출생했을 때는 원초아뿐이다. 이는 맹목적이며 강력한 욕망의 덩어리라고 볼 수 있다. 또한, 비논리적이며 무도덕적이고 긴장을 즉각적으로 해소하려고 하거나 욕구를 충족시키려고 한다. 따라서 욕구 지연을 참지 못하며 쾌락의 원리에 따라 본능적 욕구를 즉각 만족시키고자 한다. 이러한 원초아는 대부분 무의식적이어서 쉽게 인식되지 않는다.

2 자 아

자아(ego)는 원초아 · 초자아의 성격을 지배하고 통제, 조절하는 실행자이다. 또한 현실이라는 외부세계에 대응한다. 자아는 원초아의 맹목적인 충동을 견제하고 통제하기 위하여 의식을 통해 검열활동을 한다. 초자아의 비현실적인 도덕 원리에 맞서 현실적 목표를 제공하는 역할도 한다. 따라서 자아는 현실 원리에 따라 현실적이고 논리적인 사고를 하며 욕구를 만족시키기 위해 행동에 대한 현실적 계획을 세운다.

3 초자아

초자아(superego)는 자신이나 타인의 행동이 옳은지 그른지를 판단하는 도덕적 판단자이다. 초자아는 현실이 아니라 이상과 완벽을 추구한다. 일반적으로 초자아는 부모로부터 학습되거나 사회화되는 그 사회의 일반적인 도덕기준이나 가치기준일 때가 많다. 초자아는 원초아의 욕구나 충동을 억제하고 자아가 현실적인 목표보다는 도덕적인 이상을 목표로 삼도록 촉구한다. 따라서 자아나 원초아의 행동이나 생각 및 정서에 대한 처벌과 보상을 제공한다.

2) 방어기제

방어기제란 받아들이기 어려운 무의식의 욕구나 충동으로부터 자아를 보호하기 위해 일어나는 정상적인 행동이다. 다만, 이 방어기제를 너무 경직되게 자주 사용하거나 혹은 더 이상 기능을 못할 때 신경증이나 정신병에 걸릴 가능성이 높은 것이다. 방어기제는 외부 환경이나 내적 환경의 현실을 부인하거나 왜곡하는 것으로 무의식 수준에서 일어난다.

1 방어기제의 유형

억 압

억압은 받아들이기 어려운 충동이나 욕구가 의식되는 것을 막기 위해 위협적이거나 고통스러운 생각이나 감정들을 무의식 수준으로 밀어 넣는 것을 말한다. 이러한 억압기제는 프로이트의 방어기제 중 가장 중요한 기제에 해당한다. 이렇게 억압된 충동이나 생각들도 최면이나 장기간의 정신분석 과정을 통해 의식으로 떠올릴 수 있게 된다. 우리가 잊어버린 것 같은 출생 직후의 기억들도 최면 등의 도움을 받아 기억할 수 있음을 알 수 있다. 더구나 이러한 과정에서 아동기의 경험이나 갈등이 억압되어 있지만 현재의 행동에 지속적인 영향을 미침을 알 수 있는 것이다.

투 사

투사란 받아들일 수 없는 자신의 욕망이나 충동을 자신의 것이 아닌 다른 사람의 욕망이나 충동으로 돌리는 것을 말한다. 자신이 성적인 충동을 느끼고 있음에도 불구하고 자신의 충동이라고 생각하지 않고 다른 사람이 자신을 유혹한 것이라고 주장하는 것이다. 예를 들면, 어린 아동에게 성적 매력을 느낀 성인이 그 아이가 자신을 유혹한 것이라고 하는 경우이다.

반동형성

반동형성이란 자신이 받아들이기 어려운 감정이나 욕구를 반대로 표현함으로써 무의식적 욕구를 방어하는 것을 말한다. 사랑이라는 가면을 쓰고 상대에 대한 미움을 표현할 수 있고, 친절이라는 가면을 쓰고 잔혹성을 표현할 수도 있는 것이다. "미운 놈 떡 하나 더 준다." 또는 사랑하는 사람에게 더욱 매몰차게 대하거나 핀잔을 많이 주는 등의 행동도 반동형성의 한 예라고 할 수 있다.

부 인

부인이란 비극적인 경험이나 외상적 상황에서 고통스러운 현실을 받아들이는 것을 거부하는 것이다. 예를 들면, 한 환자가 조직검사에서 '암'이 확인되었음에도 불구하고 계속 이 병원 저 병원을 돌아다니면서 정확한 진단을 받으려고 하는 행동을 보일 수 있다.

▸▸▸ 대 치

대치란 자신의 공격적이거나 충동적인 욕구를 위협이 되는 사람이 아니라 '덜 위협적인 상대' 에게 발산하는 경우를 말한다. 예를 들면, 시부모님한테 심하게 당해서 몹시 화가 난 며느리가 집으로 돌아와서 자식들에게 화풀이를 할 수 있다.

▸▸▸ 합리화

합리화란 실패나 상실감을 가져온 특정 행동을 논리적으로 정당화하여 정서적인 충격이나 실망을 경감시키는 행동을 말한다. 예를 들면, 어느 여자를 사랑해서 청혼했던 청년이 거절을 당했을 때 그 여자를 실제로는 사랑하지 않았다고 하며, 그 여자가 불쌍해 보여서 청혼을 했던 것으로 스스로를 납득시키는 것을 말한다.

▸▸▸ 승 화

승화란 공격적이고 성적인 충동을 사회적으로 허용되는 다른 경로로 전환하는 것을 말한다. 예를 들면, 공격적인 충동을 느낄 때 체육활동을 집중함으로써 사람들에게 공격적인 충동을 발산하고, 부수적으로 신체적인 능력도 배양함으로써 건강과 사회적 지지를 얻어낼 수 있는 것이다. 정신분석의 입장에서 이러한 승화 행동은 위대한 예술 작품으로 나타나기도 하고, 외과 의사나 스포츠 스타의 재능으로 표현되기도 한다고 본다.

▸▸▸ 퇴 행

심각한 스트레스나 어려움에 처했을 때 미성숙하고 유아적인 행동을 하면서 자신이 느끼는 불안에 대처하려고 시도하는 것을 말한다. 이러한 유아적 행동은 편안하고 안전했던 시기로 되돌아가기를 원하는 퇴행 행동의 일종이라고 볼 수 있다. 예를 들어, 혼자서도 생활을 잘 하던 아동이 몇 년 터울의 동생이 태어나면 갑자기 자신도 우유를 먹겠다고 울거나 대소변을 가리지 못하는 어린 행동을 보일 수 있다.

▸▸▸ 동일시

동일시란 기본적으로 특별하다고 느낄 만한 것이 없다고 생각하는 사람들이 성공한 스타나 강력한 조직과 자신을 동일시함으로써 스스로를 가치 있는 사람으로 지각하고자 하는 무의식적 행동을 말한다. 예를 들어, 자신이 좋아하는 스타의 행동을 따라하거나 외모를 닮고자 하는 행동을 생각해 볼 수 있다. 동일시는 아동이 부모의 행동을 닮아감으로써 자신의 성 역할을 학습하는 정상적인 발달 과정이기도 하다.

보 상

보상이란 일반적으로 '보상심리' 라고 사용되는 것으로 자신의 약점을 들키지 않기 위해서 강점을 더 부각시켜 부려는 행동을 말한다. 내적 자신감이 별로 없는 남성이 비싼 옷이나 고급 승용차로 자신의 약점을 보상하려고 하는 경우일 수 있다. 이러한 보상심리는 부정적으로 작용하는 것이 아니다. 예를 들어, 외모에 열등감을 느끼는 학생이 공부를 열심히 해서 지적 능력을 계발하는 계기가 될 수도 있다.

무효화

무효화란 죄책감을 일으키는 행동을 하고 난 후 이러한 행동을 취소하거나 무효화하기 위해 형식적인 의식을 하는 것을 말한다. 인정할 수 없는 생각이나 행동은 불안을 야기하는데, 이러한 불안이나 죄책감을 없앨 수 있는 행동을 무의식적으로 하는 것을 말한다. 예를 들어, 부인과 가정을 돌보지도 않는 남편이 다른 여자와 부적절한 관계를 가진 날이면 어김없이 부인에게 선물 공세를 함으로써 죄책감을 경감시키려고 하는 행동이 있을 수 있다.

3) 성격발달

1 초기 발달의 강조

정신분석이론 모형에서는 비정상의 행동이나 정신병리의 발달 기원을 출생 초기 6년 동안의 경험에서 찾아야 한다고 주장한다. 자신이나 타인에 대한 심각한 신뢰 부족이나 자신에 대한 낮은 자존감, 심각한 적대감이나 반대로 자율성 부족, 또는 자신의 성적 욕구를 받아들이지 못하고 부적절한 성 행동을 보이는 등의 행동에는 유아기의 발달 과정에서 해결되지 못한 갈등이 있기 때문이라는 것이다.

구강기

생후 1년간으로 어머니의 젖을 빠는 것은 유아의 쾌락을 만족시키는 데 대단히 중요하다. 유아는 빠는 행동을 통해 음식을 얻을 수 있고 부모로부터 적절한 양육을 받을 수 있는 것이다. 이러한 구강기 동안에 적절한 만족을 얻지 못하면 물질에 대한 탐욕과 구강기 고착이 생기기도 한다. 성인이 되었을 때, 타인이나 세상에 대한 불신, 친밀한 관계에 대한 거부, 사랑에 대한 공포나 불능을 나타낼 수 있다. 에릭슨(Erikson)에 의하면 의미 있는 사람으로부터 물리적 · 정서적 보살핌을 통해 욕구를 적절히 충족시켰을 때 세상에 대한 신뢰를 구축할 수 있다.

항문기

1~3세까지의 시기를 말하며, 이때는 신체 부위 중 항문 주위가 성격 형성에 중요한 역할을 한다. 이 시기 동안은 스스로 배설 행동을 조절함으로써 독립성 및 개인적 자율감을 획득해야 한다. 또한 자율성을 보장할 수 있는 적절한 분노 및 공격성의 표현 능력 등을 배워야 한다. 이 시기 부모의 훈육 태도는 타인에 의존하지 않고 자율적으로 세상에 대처해 나가는 능력을 발달시키는 데 중요한 영향을 미친다. 이 시기의 발달과업에 대해 에릭슨은 자율성을 획득해야 하고, 만약 실패하게 되면 자신의 결정에 대한 의심과 결함에 대한 수치심을 가지게 된다고 주장하였다.

남근기

3~6세까지의 시기를 말하며, 이 시기의 아동들은 이성 부모들에게 무의식적 근친상간의 욕구를 경험하게 된다. 이러한 욕구는 매우 위협적이므로 무의식으로 억압된다. 오이디푸스 콤플렉스와 엘렉트라 콤플렉스로 잘 알려진 근친상간 욕구는 소년의 사랑 대상이 어머니이고, 소녀의 사랑 대상은 아버지임을 의미하게 된다. 아동의 성적 행동이나 욕구(유아기의 자위행위)는 부모의 적절한 훈육 방식을 요구하게 되며, 이때의 훈육 방식이 후기 성인기 성격에 중요한 역할을 한다. 이때 근친상간 욕구를 적절히 해결하지 못하면 심한 죄책감을 경험할 수 있다. 에릭슨은 성적 욕구를 또래와의 상호작용을 통해 해소하면서 주도성을 획득하게 되는 것이 이 시기의 발달 과제로 보았다.

잠재기

6~12세까지의 시기를 말하며, 이 시기의 특징은 이전 단계와 달리 성적 충동이 신체적 기관과 연관되어 나타나지 않는 시기이다. 성적 욕구보다는 또래와의 관계, 학교생활, 놀이, 운동, 학습활동에 관심을 보인다. 이때 어린이는 외부 세상에 관심을 보이며 타인과 관계 형성을 시작하는 사회화 시기이다. 에릭슨은 이 시기에 사회가 요구하는 여러 가지 과제를 적절히 이해하고 개인의 목표를 세워 이를 이

루어가는 근면성을 획득해야 한다고 주장하였다. 그렇지 못하면 자신의 능력에 대한 열등감이 생긴다고 보았다.

성기기

12세 이후의 시기로 남근기 때 보였던 성적 욕구나 충동이 활발하게 드러나는 시기이다. 사회적 금기와 내적 억압을 적절히 조절하면서 자신의 성적 욕구를 충족시켜야 한다. 이를 통해 사랑하고 일하는 자유와 사랑과 일로부터 만족을 얻는 것이 중요한 것이다. 에릭슨은 이 시기를 아동기에서 성인기를 이행하는 시기로 보았다. 이때의 발달과제는 부모와의 의존적 관계를 청산하고 새로운 정체감을 확립하는 시기로 자신의 삶의 목표, 삶의 의미를 명료화하면서 자기정체감을 획득하는 것이다. 이러한 과제의 실패는 자신의 역할 혼미를 가져오게 된다.

성인기

프로이트의 성격 발달 시기는 성기기에서 끝났기 때문에 성인기는 계속 성기기에 해당된다. 그러나 프로이트의 성격 발달 이론을 계승하고 발달시킨 에릭슨은 성인기를 3단계로 나누어서 더 자세히 기술하고 있다.

3 융의 분석적 미술치료

융(Jung)은 프로이트의 정신분석학파에 속해 있다가 무의식의 가설 중 성욕설이 무의식의 심리현상을 부적절하게 설명하였다는 비판을 하면서 결별하였다. 그 이후 무의식의 세계를 탐구하면서 분석심리학설을 만들었다. 융은 꿈을 통해 무의식의 세계를 발견하고 인식할 수 있고, 의식으로서 자기를 지각할 수 있다고 믿었다.

융은 인간의 내적 세계와 외적 세계의 관련성에 대해 알기 위해 인간의 전 생애에 걸친 투쟁, 일생을 통한 인격 형성과 발달에 가치를 두었다. 인간의 정신세계에서 '정신'은 내면세계의 무의식(밤, 개인 무의식, 집단 무의식)과 의식세계(낮, 페르소나, 자아)의 묘사를 합한 것으로, 무의식은 의식을 포함하고 있는 것이고, 개인 무의식과 집단 무의식으로 구분하였다. 개인 무의식은 인간이 각자 가지고 있는 삶의 성향에 따라 다르기 때문에 개인성을 인정하여 개인의 인생에서 억제된 것을 억압된 것이라고 하고, 집단 무의식은 각자의 개인성을 인정해 주는 것이 아니라 후천적으로 타고난 것이며 개인 무의식보다 풍부하고 인간이 태초부터 가지고 태어난 것이라고 한다. 또한 집단 무의식의 정신 구조인 원형(그림자, 페르소나, 아니마, 아니무스)은 인간이 생각하고 행동하는 하나의 틀로서 시대와 내용에 따라 다르게 나타난다고 하였다.

프로이트는 무의식에서 표현된 심상(이미지)이 내담자 분석을 위한 임상적 자료로 사용하였고, 융은 무의식에 표현된 심상을 내담자와 치료자 간의 통찰과 이해를 하기 위한 자료로 사용하였다. 프로이트와 융이 말하는 무의식을 보면, 프로이트는 사람의 의식에서 감당하지 못하여 개인의 욕구나 자극에 억압된 것으로 보았다. 즉, 프로이트는 무의식을 의식에서 감당하지 못하는 욕구의 자극이 억압되어 이루어진 '파괴적인 기능' 으로 보았기 때문에 인간의 자아를 합리화시키려는 방어기제가 필요했던 것이다. 이에 반해 융이 본 무의식은 인간은 조화롭게 살아가야 하는데 너무 한쪽으로 치우쳐 살면 무의식이 메시지를 보내는 기능을 한다고 하여 '나를 이끌어 가는 힘(창조적인 기능)' 이라는 관점에서 무의식을 설명하였다. 다시 말해 무의식은 치료기능을 촉진시키는 역할을 하여 조화롭게 이끌어가는 힘이 된다. 그래서 인간의 꿈과 상징으로 무의식이 나타나는데 꿈이 하는 보상적 기능이나 상징에 나타나는 감정, 이미지도 여기에 해당하는 것이다. 이것은 프로이트와 융의 무의식에 대한 관점의 차이에서 기인한다.

분석적 미술치료사는 심리적 갈등과 문제를 안고 있는 내담자를 치료하기 위해 꿈과 기억의 이미지를 그림으로 표현하도록 하여 무의식으로부터 나온 그림의 심상을 해석하면서 내담자의 감정을 이해해야 한다.

분석적 미술치료는 정신분석적 미술치료보다 접근이 어려워 활용이 낮고, 치료과정에서 내담자의 심상(이미지) 표현을 임상적 자료로 사용하기보다 치료자와 내담자 간의 상호통찰과 이해의 자료로 사용한다. 그리고 내담자가 표현한 심상을 무의식적 이미지 그 자체의 의미로 이해하고 능동적인 상상을 이끌어내어 꿈이나 꿈의 시리즈 그림 등을 그리는 과정이 중요하기 때문에 적극적인 명상을 할 수 있게 도와주어야 한다. 또 내담자에게 심리적 갈등과 문제들을 극복하는 데 꿈이나 기억의 이미지가 감정과 어떤 관계가 있는지, 시각적으로 표상하도록 하였다.

분석적 미술치료는 본질적인 내담자 중심의 치료로, 내면의 개개인의 감정은 작품의 창조적 발달 과정에서 이루어지며, 내담자가 표현한 심상을 잘 해석하려면 내담자와 치료자 간의 상호이해와 통찰에 기반하여 개인적인 부분과 원형적인 부분을 통찰해서 이해해야 한다.

자유연상과 명상을 통해 만다라 그림을 반복적으로 그리거나 반투명의 색종이를 가지고 콜라주 활동을 하는 것도 도움이 된다.

4 현상학적 미술치료

현상학의 기본 개념의 의도성은 내담자가 보고 열중하는 것, 즉 사람의 의식은 어떤 대상과 항상 관계하고 있다는 것을 의미한다. 그래서 내담자는 새로운 세계를 의식하고, 생활 속에서 자기와 관계하는 대상들을 찾으려는 의도성을 지닌다. 다시 말해, 눈으로 보고 만지고 들을 수 있는 모든 것들을 통해 사고하고 꿈을 꾸며, 환상을 비롯한 내면의 정신세계에서 나온 것들을 포함한다. 또한 의식의 현상학은 숨겨진 존재(무의식의 현상학)를 밝혀내어 치료에 임한다는 점이 미술치료와 가장 가깝다. 내담자가 선택한 미술매체를 통해 자유롭게 표현하는 과정과 미술작품을 감상하여 파악하고, 고찰하는 과정을 통해서 자기 자신을 발견하게 된다. 그래서 내담자의 미술작품은 자신을 투사해서 만든 것으로 그것을 통해 직접적으로 경험하고, 시각적으로 바로 볼 수 있으므로 직접적인 의식을 경험한다.

현상학적 미술치료의 방법을 간단히 요약하면 다음과 같다.

첫 번째는 내담자가 미술재료를 직접 선택하고, 두 번째는 미술작업 활동을 통해 창조적인 현상을 만드는 것이며, 세 번째는 현상학적 직관단계로 인지를 촉진시켜 작품을 시각적으로 볼 수 있게 전시하여 완성된 작품을 적절한 거리를 조절하여 의도적으로 관찰하고 객관적인 판단을 하며, 작품에서 볼 수 있는 모든 것을 정확하게 묘사를 한다.

현상학적 미술치료는 내담자 자신이 만든 형상과 새로운 것들을 관찰하고 발견하여 개인의 의식을 일깨워 주도록 도와준다.

치료자는 내담자가 마음을 편안하게 표현할 수 있도록 도와주고, 완성된 미술작품에 표현된 요소와 대상들을 설명하면서 객관적인 판단을 하고 지적한다. 또한 내담자가 만든 작품을 보고 원래 의도와 실제 표현 간의 관계를 파악하여 자기를 발견하게 도와준다. 그리고 내담자가 만든 미술작품들을 비교, 분석하여 내담자의 미술작품 속에 계속적으로 표현된 것을 발견할 수 있는 기회를 갖게 한다. 이러한 과정은 내담자의 행동의 변화를 인식할 수 있도록 도와준다.

현상학적 미술치료에서는 인간은 사회적 동물이고, 인간 대 인간과의 관계를 중요시하는 이론을 바탕으로 이루어지기 때문에 치료적인 측면에서도 내담자와 치료자 간 상호적인 관계의 측면을 강조하고, 개인 또는 집단, 가족, 부부치료와 같은 실존적인 문제를 다루는 데 많이 사용한다. 치료자는 재료 선택에서부터 치료의 전반적인 작품 활동까지 내담자에게 선택권을 주어야 하고, 자유롭게 표현을 하고 활동한 후 자신의 작품에 대해 의도성(열중, 관심)을 가지고 관찰하고 묘사하는 현상학적 직관단계를 거쳐 내담자가 원하는 대로 표현하였는지를 파악하고, 내담자는 작품 속에 있는 내용들을 정확하게 묘사하여 말할 수 있게 해야 하는 것이 현상학적 묘사이다. 이런 과정을 거치면서 자신의 자아를 인식하게 되고 현상학적 통합을 이루게 된다.

내담자의 미술표현 과정에서 노력과 실제 생활 경험에 대처하기 위한 노력 사이의 유사점을 찾게 함으로써 내담자의 대처 능력과 설계 능력을 길러 줄 수 있고, 미술작품을 감상하고 고찰하는 과정에서 자신의 작품을 원래 의도와 실제 표현과의 관계에 대해 관찰하는 과정에서 본연의 자아를 발견하는 것이다.

5 게슈탈트 미술치료

펄스(1893~1970)의 게슈탈트 심리학은 현상학과 실존주의, 정신분석의 영향을 받아 정립되었다. 게슈탈트는 삶을 통한 자아의 통합을 이루는 데 목적을 두고 '지금-여기(here and now)' 를 강조하여 현재 상황을 경험하고 인식하는 작업이다. 즉 현재 개인이 사물이나 형상을 지각할 때 떠오르는 어떤 모양(형태)에 치료의 초점을 맞춘다. 예를 들면, 치료자가 내담자 개인의 생활과정에 대한 여러 가지 연습을 시켜 자연스럽게 변화를 받아들일 수 있도록 돕는 방법으로 주로 워크샵 형태의 치료법을 사용하고, 치료자는 여기에서 연출자 역할을 담당한다.

게슈탈트 기법 중 꿈 작업 기법은 미술매체를 이용해 꿈의 형태를 현실화시킨다. 미술로 재연한 시각적 심상은 자유롭고 자발적인 표현으로 내담자의 의식을 인식한다. 다시 말해 꿈은 내담자 자신이 만들어낸 것이라는 것을 인식시키고 그 꿈을 재연시켜서 생생하게 끌어낼 수 있다.

게슈탈트 치료에서는 무용, 동작, 연극, 조형, 그림 등 예술적 수단으로 자신의 감정을 표현할 수 있게 형태 작업을 주로 한다. 페촐트(Petzold)는 기존의 게슈탈트 치료를 발전시키며 '창의적 치료', '통합치료'로 새롭게 사용한다(Petzold & Orth, 1991). 이런 페촐트의 게슈탈트 미술치료는 다양한 매체와 기법을 이용한 인간은 창의적인 예술활동을 통해 자유로운 언어를 표현을 할 수 있고, 이로 인해 자신의 생활 세계를 분석하여 편안함과 안정감을 찾을 수 있다. 이런 과정은 자아의 힘을 길러 주어 자아정체성을 키워 준다.

미술치료사는 모든 내담자가 자기 자신의 시각적 메시지로 욕구와 감정을 인지시키기 위해 최대한 잠재력을 이끌어 주고 활성화시킬 수 있게 노력해야 한다. 그래서 내담자가 자신의 감정을 표출시킬 수 있게 자유롭고 편안한 분위기에서 다양한 예술적 매체를 활용하여 진행시킨다.

게슈탈트 미술치료는 점토 작업을 이용한 게임, 느낌에 대한 그림 그리기 기법, 선 게임 등을 역할놀이나 명상, 연주, 시, 음악 등과 같은 매체와 함께 사용한다.

아른하임(Arnheim, 1969)은 내담자가 만들어 낸 심상은 행동 패턴과 동일 구조라고 가정하여 그림에서 인지된 구조의 역동성은 행동 패턴의 인지로 바꿀 수 있다고 보았다. 이처럼 게슈탈트 미술치료에서는 내담자가 느끼는 정서적 불안과 괴로운 감정(분노, 공포, 슬픔, 놀람 등)을 자유롭게 그리게 하고, 그린 그림을 동시에 볼 수 있게 정리한다. 그래서 실제 생활에서 현재 느끼는 관심과 어떤 관련이 있고 어떤 영향을 주는지를 내담자에게 질문하여 파악한다. 이처럼 게슈탈트 미술치료는 내담자와 치료자 사이에 책임 있고, 정직하며, 직접적인 의사소통을 이끌어나가게 하고자 한다.

6 인간 중심 미술치료

로저스(Rogers, 1940)의 인간 중심적 치료는 행동주의 및 정신분석적 접근의 반발과 동시에 대안적인 치료방법으로 인본주의 심리학의 대표적인 치료 방법이다. 이는 인간의 긍정적인 목표를 향해 건설적으로 발전키는 자아실현의 경향성을 가지고 있다. 즉, 인간을 바탕으로 존경과 신뢰의 풍토가 조성된다면 긍정적인 방향으로 발전하려는 경향성을 지닌다는 기본 가정하에 내담자들의 과거보다는 현재를 중요시하며, 치료자는 내담자에 대한 무조건적인 지지와 배려, 공감적인 감정이입 등으로 내담자의 전인적 성장을 위해 도와준다. 예를 들면, 내담자가 정신질환자이지만 정신질환을 인식하지 않고 그냥 현실의 적응 과정에 문제가 있다고 보고 편견 없는 무조건적인 믿음을 통해 한 인간으로서 내담자를 대해야 한다. 내담자가 정신 깊은 곳에 있는 문제에서 헤어나올 수 있게 지지, 공감해 주므로 의지와 힘을 길러 준다.

인간 중심적 치료는 한 개인에 대한 총체적인 연구가 필요하고, 일상생활의 적응과 편안함을 느끼게 해 주는 것도 중요하지만 먼저 삶의 의미와 주체성을 제공하는 자기실현과 성취에 인간 존재의 기본 목표로 둔다. 인간은 끊임없이 자기성장을 해나가는 존재로서 자신의 삶을 능동적으로 건설할 수 있는 능력을 지닌 존재로 믿고 인간관과 인간에 대한 태도를 더 중시한다.

치료자는 내담자를 치료하기 위한 이론적 지식과 기법보다 치료자가 내담자에게 왜 필요한지의 존재 양식과 내담자에게 대하는 태도가 더 중요하다. 치료 관계의 핵심은 치료자의 진실성과 무조건적인 긍정적 관심, 공감적 이해를 바탕으로 내담자의 문제를 치료해 주는 진실한 관계를 맺을 수 있어야 한다.

인간 중심적 치료에서는 관심 기울이기, 관찰하기, 경청하기 등의 촉진적인 차원과 반응해 주기와 같은 주도적인 차원의 기법들을 이용하여 치료자의 적극적 경청과 수용, 존중(관심 기울이기), 명료화, 반영(반응하기), 직면, 자기개방 등으로 내담자의 행동 변화를 촉진시킨다.

인간 중심적 미술치료에 특별한 기법의 미술치료가 있는 것이 아니고 미술치료 과정에서 적극적 경청을 해 주므로 내담자를 수용해 주고 존중해 줌에 따라 명료화와 반영을 통해 이루어진다. 이는 치료자와 내담자 간에 서로 상호 의견이 활발히 일어날 수 있는 미술치료 기법들을 많이 사용하면 좋다.

다음은 치료자와 내담자 간의 상호 의견을 활발히 할 수 있는 기법들이다.

1) 스토리텔링

스토리텔링(Storytelling)은 이야기를 꾸며 가는 것으로, 치료자와 내담자가 각각 연상되는 하나의 이미지를 그림으로 그리거나 점토 등으로 만드는 과정이나 완성된 작품에 대해 언어적 상호작용을 활발히 할 수 있는 방법이다. 이미지에 대해 이야기를 만들어가는 스토리텔링은 경청과 수용, 존중, 반영, 명료화 등이 모두 가능한 좋은 방법으로 미술치료에 이용된다.

2) 연상하기

연상하기(돌려 그리기, 돌려 만들기)는 점토나 화지를 놓고 서로 어떤 작품을 그릴지 이야기하지 않고 치료자와 내담자가 서로의 작품의 이미지를 모른 채 진행한다. 작품을 만들어 나가는 과정 중에서 치료자가 내담자의 작품을 만들 때 내담자는 치료자의 작품을 만들어 가는 식으로 서로 작품을 바꾸어 가며 작업을 한다. 이런 방법은 비언어적 커뮤니케이션이 개발할 수 있고 상호관계를 수용할 수 있게 되며, 미술작업을 끝마친 후 서로 이야기를 나눌 수 있는 점들이 많아져서 자연스럽게 경청과 수용이 적절히 일어날 수 있다.

3) 그림으로 대화하기

그림으로 대화하기는 하나의 그림을 치료자와 내담자가 같이 그림을 그리는 도중에는 말을 전혀 하지 않고 그림을 주고받으면서 그림으로만 대화를 하는 기법이다. 이때 치료자와 내담자 간의 비언어적 커뮤니케이션이 활발히 일어나게 되고, 서로간의 상호 관계를 수용하게 되며, 또한 그림의 의미를 알아내기 위해 상당한 관심과 경청을 필요로 하게 된다.

7 행동주의적 미술치료

행동주의적 이론의 행동치료 기법은 부적응행동이나 문제행동 모두 행동원리와 절차로 형성되어 습관화(강화) 된다는 견해를 가지고 내부 성찰 또는 자기성찰과 같은 방법을 거부하고 오직 관찰이 가능한 행동만을 연구한다. 이는 객관적인 관찰이 가능한 대상, 즉 행동 관찰이 가능하여 겉으로 드러나는 행동을 대상으로 치료하기 때문에 '빙산의 일각' 이라고 비유할 수 있다. 이는 겉으로 들어나는 빙산(문제행동)만을 생각하지 수면 아래에 있는 거대한 빙산(콤플렉스)들을 보지 못한다고 할 수 있다. 즉 겉으로 보이는 문제를 어떤 방법을 이용해 제거했다고 해도 숨어 있는 증상들이 다시 표면으로 나오기 때문에 또 다른 문제가 나타난다. 이러한 입장에서 행동 치료는 인간의 내면을 부정한다고 해서 비판을 받아 왔지만 심리학 수준에서는 내담자의 행동을 파악하여 그 문제를 수정해 주어야 하고, 무리하게 내면세계를 파고들지 않고 오히려 내담자를 존중한다는 입장에 있는 것이 특징이다.

행동치료는 꿈이나 공상, 그림 등을 통해 표현하는 무의식과는 관계가 없다. 행동이론은 객관적으로 보이는 행동을 효율적으로 완화시켜 긍정적이게 새로운 형태로서 바꾸어 준다. 또한 진단이나 치료 과정에서 가능한 객관적인 평가를 기초로 이루어져야 하기 때문에 내면의 갈등을 단지 추론하는 의미는 수용하지 않는다.

행동치료와 심리치료는 미술활동과는 관계가 없지만 문제가 보이는 사람들을 도와주는 것에 대한 공통적인 특징이 있다. 미술치료에서 행동치료 기법들은 정서장애 아동과 정신지체 아동에게 유용하다. 정서장애 아동의 부적절한 행동을 감소시키거나 정서적 욕구도 표현하게 해 준다. 언어적 표현 능력이 매우 부족하거나 지적인 수준이 낮거나 논리성이 부족한 대상에게 효과가 있다. 또한 불안장애나 공격행동을 보이는 사람들에게도 좋다.

1) 행동치료(수정)

인간 행동의 변화를 의도적으로 유도하여 치료사, 교사, 부모 등은 행동수정 기법을 이용하여 그의 행동을 바람직스런 방향으로 유도한다.

1 바람직한 행동을 증가시키는 방법

▸▸▸ 정적 강화

아동이 바람직한 행동을 할 때 보상을 해 주는 방법(예: 휴식, 음식, 돈 등)이다.

▸▸▸ 부적 강화

싫은 것을 제거해 줌으로써 그 행동이 일어나는 확률이 증가하는 것을 말한다(예: 꾸지람, 화장실 청소, 벌금 – 운전사의 속도제한 통제).

벌
작동 행동 후에 불쾌한 자극을 주므로 발생의 가능성을 감소시킨다.

차별 강화

어떤 사람의 여러 가지 행동 중에 하나만 골라서 선택적으로 강화하는 방법이다.

촉 구

행동이 일어날 가능성을 크게 증가시킬 수 있도록 실마리를 제공한다. 촉구(prompting)의 종류에는 언어, 몸짓, 신체에 의한 촉구 등이 있다. 초기 단계는 분명하게 촉구를 제시하고, 후기 단계로 갈수록 쇠퇴시켜야 한다. 초기에는 언어, 몸짓, 신체적 촉구를 모두 사용하다가 신체적 촉구를 먼저 없애고 언어, 몸짓 촉구는 마지막에 쇠퇴시킨다.

부분 강화(간헐 강화)

하나의 행동을 학습하는 과정에서 부분 강화를 받는 사람은 보상을 받을 때는 물론이고 그것이 없을 때도 반응하는 것을 배운다. 소멸의 경우에도 상당한 기간 이전에 강화가 주어지던 행동을 지속하게 된다. 일단 형성된 행동을 유지시킬 때도 유용하다.

토큰 강화

토큰이 돈처럼 교환 가치가 부여될 때 강화 자극으로서의 힘을 발휘한다. 예를 들면 일정 기간 인사를 잘하여 토큰 10개를 받았다면 나중에 교사는 그것을 아동이 좋아하는 초콜릿과 교환해 준다.

행동 형성

한번도 해본 적이 없거나 거의 하지 않는 행동을 가르칠 때 사용하는 기법이다. 이는 행동 목표를 정하고 그 목표를 목표 행동까지 작은 단계로 나누어 한 단계 한 단계 이룰 때마다 강화를 주어 목표 행동을 이루는 것이다.

용암법

어떤 특정한 행동을 일어나게 하는 자극(촉구)을 점차 제거하는 것이다. 대상에게 바람직한 행동을 할 수 있게 하며 나아가서 독립심을 키우게 한다. 특수교육이 요구되는 아동에게 용암법을 적용하는 경우는 매우 많다. 예를 들면 쓰기 장애 아동에게 쓰기를 가르치고자 할 때 진한 글자에서부터 점차 희미한 글자에 이르기까지 여러 단계로 자극을 변화시키면 나중에는 빈 칸에 글자를 쓸 수 있게 된다.

2 바람직하지 못한 행동을 감소시키는 방법

▸▸▸ 상반 행동 강화

문제 행동과 반대되는 바람직한 행동(상반 행동)을 강화하면 나쁜 행동은 줄어들고 새로운 행동이 학습된다. 차별 강화와 같다.

▸▸▸ 소 멸

어떤 작동에 계속적으로 강화를 주다가 그 강화가 중단되면 그 작동은 당분간 계속되다가 점점 그 강도가 약화된다. 이러한 현상을 소멸이라고 한다.

▸▸▸ 벌

바람직하지 못한 행동에 대해 혐오자극을 줌으로써 그 행동이 앞으로 일어날 확률을 줄이는 방법이다.

▸▸▸ 홍수법

본래 불안을 소멸하고자 하는 방법으로서 아동을 조건 자극에 계속 노출시키는 방법이다.

▸▸▸ 타임아웃

문제 행동이 나타날 때 일시적으로 다른 장소로 격리시키는 것을 말한다. 이때 격리시키는 장소는 강화 자극들이 없어야 한다.

8 인지학적 미술치료

인지학적 미술치료는 의사인 하우쉬카(1962) 박사가 사람을 치료하는 데 있어서 '무엇'이 문제가 아니라 '어떻게' 치료를 하느냐를 중요시 여기면서 시작하였다. 그녀는 환자에게 약을 처방해 주는 것이 아니고 미술작업을 하게 했다. 이와 관련하여 미술치료는 자아-유기체의 부조화를 통하여 나타나는 인간의 불균형적 상태를 미적 혹은 심리적 수단으로 조성했다(Menzen, 1994).

인지학적 미술치료에서 인지란, 첫째로 외부세계의 자극을 조절하는 수단이며, 둘째는 언어와 관련이 있고, 셋째는 인지와 언어는 미술의 상징성과 관련이 있다는 기본적인 이론을 바탕으로 하고 있다. 이는 그림 관찰을 통해서 공간 개념 개발이나 색의 농담을 혼합하면서(유채색 + 흰색) 계열성의 개념, 찰흙으로 모양 꾸미기를 통한 공간 순서 부류 등의 개념을 발달시킨다.

이를 자세히 살펴보면 다음과 같다.

1 그림을 통한 계열적 순서에 대한 개념을 개발하기

① 아동 스스로 빨강색과 노랑색을 혼합하여 색을 만들어 보게 한다.

② 빨강, 빨강 – 오렌지, 오렌지, 오렌지 – 노랑을 네모 모양에 색칠하고 자른 후에 밝은 순서나 어두운 순서로 놓게 한다.

2 관찰을 통한 공간 개념을 발달시키기

① 사과, 장난감, 자동차 등을 책상 위에 놓고 스케치하게 하고 아동의 자리를 바꿔서 다시 스케치하게 한다.

② 선반 아래와 선반 위의 사물을 그리도록 한다.

3 그림 자극을 통해 부류의 개념을 발달시키기

자극적 그림은 연상적 사고에 자극을 주기 위해 사용되고 개념 형성의 능력을 발달시킨다. 치료사는 자극적인 그림(자동차, 도형, 동물, 과일)을 섞어 모아 "서로 같은 것을 찾아보아라", "이 그림과 같은 것을 찾아 볼 수 있겠니?"라고 제시한다.

4 찰흙으로 모양 꾸미기를 통해 공간, 순서, 부류의 개념 발달시키기

사람, 동물, 숫자, 채소, 과일, 여러 가지 도형을 벽돌 기법(작은 블록에 찰흙을 눌러 모양 만들기)으로 만들어 공간, 순서, 부류의 개념을 형성한다.

9 발달적 미술치료

발달적 접근은 프로이트, 에릭슨, 피아제 등의 발달이론을 기초로 정상 발달 단계에 있지 않은 치료대상자를 이해하고, 조정하기 위한 것으로 정상발달 과정에 초점을 두고 있지만 정상적인 개인에게도 적용할 수 있다.

미술치료의 발달적 접근은 인지가 외부 세계의 자극을 조절하는 수단이며, 인지와 언어는 미술의 상징성과 관련있다는 기본적 이론을 바탕으로 창의성과 분리될 수 없으며, 사고를 표현하고 받아들이는 유용한 매체임을 전제로 한다. 인지나 창조적 기능을 평가 · 개발하며, 언어를 통해 발달되지 못한 개념들이 미술을 통해 비언어적으로 발달하고, 공간 개념, 수 개념, 계열적 순서, 분류, 유목화, 시 · 지각 발달, 뇌성마비, 손 근육 발달, 학습장애 등의 발달과 치료에 도움이 된다.

발달적 미술치료는 일반 아동, 발달장애, 학습장애, 언어장애, 시 · 지각 손상 등의 장애가 있는 아동 및 청소년, 정신분열증 환자, 영재아 등에게 활발하게 사용되고 있다.

피아제(Piaget)의 발달 단계적 미술치료

(1) 0~2세의 감각 운동기 수준에 머물고 있을 경우에는 미술매체에 있어서 비정형매체들이 중심을 이루게 될 것이며, 비정형매체와 상호작용하여 감각, 지각, 운동 영역을 확대시킨다. 그러나 인지 기능에 심한 장애가 있는 경우 재료를 제한할 필요가 있다. 이는 매체를 삼킬 우려가 있기 때문이다. 자기와 타인, 사물의 애착과 분화를 촉진시키기, 긍정적인 감각 성향과 단순한 운동 도식을 습득하기 위해 치료자는 애정적인 음성과 몸짓으로 이야기를 하면서 장난감과 자연물을 가지고 한다. 인과관계를 발견하기 등을 치료의 목표로 할 수 있을 것이다.

(2) 2~7세의 전조작기 수준에 머물고 있을 경우에는 폭넓은 미술매체가 요구되며, 자율성 증진, 감정 표현과 분화의 촉진, 감각 분화의 발달, 상징화 능력 발달에 중점을 둔다. 자기와 대상을 식별하고 감각 반응과 운동 반응의 협응이 정교화되며 환경을 탐색하고 조작하는 데 많은 관심을 가지기 때문에 폭넓은 재료가 사용될 수 있다. 물과 모래 등은 표현과 긴장 완화의 출구로서 매우 중요하다. 크레파스, 물감, 점토의 사용도 좋다. 자신감을 길러 주는 성공적인 미술활동을 한다.

① 자율성을 증진시키기 위해 자율적으로 미술매체를 발견하고 선택하도록 한다.

② 감정 표현과 분화를 촉진시키기 위해 치료사는 아동이 특별한 감정 상태를 인식하는 능력을 증진시킬 필요가 있다. 예를 들면 언어장애의 내담자에게는 여러 가지 감정의 사진을 제시하고 "너의 오늘 기분상태를 나타내는 그림을 골라 보자."고 말한다.

③ 감각 분화의 발달을 위해서는 정형매체와 비정형매체를 이용하여 꽉 찬, 텅 빈, 젖은 것, 마른 것의 특성을 조사할 수 있다.

④ 상징화 능력을 발달시키기 위해서는 모방(몸짓과 소리로 흉내 내기), 연상(빨강-사과, 노랑-병아리), 접근(내담자가 관심 있어 하는 모델을 제시하고 만들도록 한다)의 순서를 통해 상징 형성의 능력을 향상시킨다.

교육 가능한 지적 장애인들은 추상화된 일반화 능력에 문제가 있으므로, 미술활동을 통해 단계적으로 성취하게 해 주는 것이 중요하며, 이들에 맞게 천천히 학습하여야 한다. 3차원적 미술학습은 공간 관계, 공간 개념, 환경 개념의 문제, 시각적으로 사물을 인식하는 능력, 물체를 변별하는 능력을 길러 주는 내용이 많이 포함되어 있다.

이런 아동에게 현재의 미술 발달 단계를 넘어설 수 있도록 하기 위해 다양한 미술매체를 이용하여 자신의 표현력을 개발할 시간을 제공하고, 이들은 짧은 집중력과 제한된 기억력을 지니고 있기 때문에 간단한 활동의 반복을 통해 기본적인 개념을 형성시켜 주어야 한다.

- 반복 연습이 중요
- 한 번에 한 단계에만 집중하도록 작은 단계들로 미술과제 구성
- 여러 가지 미술재료, 다양한 미술활동, 많은 선택은 아동에게 혼란 야기
- 학습매체는 발달 단계, 치료대상자의 특성, 매체 사용 능력, 조작 수준, 매체 특성에 대한 반응, 감정의 표현 능력에 따라 다르게 적용되어야 함

Chapter 03

미술치료에서의 상징

1. 상징으로 보는 의미와 해석
2. 선의 상징
3. 형태의 상징
4. 공간의 상징
5. 색의 심리학적 의미와 상징

******

03_ 미술치료에서의 상징

1 상징으로 보는 의미와 해석

상징은 수 세기를 거쳐 서서히 그 의미가 축적되어 내려오고 있다. 상징이 가진 힘과 그 의미가 불변하고, 지금까지 남아 있거나 혹은 훨씬 더 좁은 범위 안에서 다양화 되고, 인간의 생각과 중요한 이념을 나타내기 위한 방법으로 문자보다 먼저 생겨났다. 또한 시대별 문화에 따라 조각과 그림, 부적, 의복, 장신구 등에 새겨져서 악을 쫓거나 신의 비위를 맞추고 길들이기 위한 목적 등 주술적인 의미로도 쓰였다.

상징은 사람들이 알지 못하는 어떠한 뜻을 암시해 주거나 어떤 현상을 간단한 의미로 함축하여 설명하기도 한다. 어떤 형상이 직접 나타내는 분명한 뜻 이외에 다른 것을 암시한다면 또 다른 하나의 상징이 된다.

일반적으로 상징은 보는 사람의 마음 속에 어떤 연상으로 인해 좀더 복잡한 아이디어나 시스템을 나타내는 단순화된 이미지를 말한다. 즉, 과거의 경험을 현재의 사실과 연결시키는 연상작용을 통해서 무엇인가를 보증하는 하나의 표시를 말한다. 예를 들어, 상품이나 회사의 심볼마크를 보면 설명하지 않아도 의미가 전달된다(예: 십자가, 국기, 국가명(KOR · USA), 회사(삼성 · LG · GIA) 등).

미술이라는 도구는 그림 상징의 대표적인 예술이며, 이를 이용하여 인간은 무의식 중에 물체에 심리적 중요성을 부여하고 상징으로 변형하여 표현한다.

문자가 만들어지기 전부터 존재한 그림은 인류의 역사와 문화의 흔적을 나타내며, 그 시대를 이해하는 데 중요한 역할을 한다. 즉, 그림에 나타난 형상들은 화가의 그림이든 일반 사람의 그림이든 그린 사람 개인은 물론이고 그 시대의 정신을 상징하는 것이다. 그림언어의 상징성은 시대와 문화를 초월하는 힘을 지니고 있는데, 그것은 그림이 인류 최초의 단일 언어이며, 공통 언어이기 때문이다(Riedel, 1988).

미술이 감정의 본질적 생명을 이해하려는 것이라면 작품 속에서 치료대상자가 무엇을 표현하려고 했으며, 누구를 나타내려고 했는가? 또 무엇이 마음 속에 강하게 잠재하고 있는가? 자신의 존재 여부를 그림이나 작품 속에서 파악해야 한다. 즉 내적 세계에 숨겨져 있던 욕구, 소원, 갈등, 불안, 공포, 두려움, 콤플렉스, 충동들을 알아내기 위해 치료사는 충분한 임상적 경험과 기술, 훈련, 가치관을 바탕으로 관찰하고 기록해야 한다. 상징은 우리 상상력에 무한한 영향력을 주고 언어를 초월하여 사고의 영역을 확장시켜 준다. 또한 인위적으로 창조될 수도 없고, 개인적인 해석도 할 수 없으며 지어낼 수도 없는 것이다.

그림 상징은 회화의 기본 요소인 선, 형태, 공간, 색채로 구성되어 있으며, 이와 관련하여 미술치료에 적용되는 상징은 선 상징, 형태 상징, 공간 상징, 색채 상징으로 나눌 수 있다. 이 상징들이 그림에서 어떻게 표현되는지 살펴보면 그린 사람의 심리 상태를 대략 짐작할 수 있다. 일반적으로 어떤 선을 주로 썼는지, 어떤 색을 즐겨 쓰는지, 얼마나 많은 색깔을 사용했는지, 전체적으로 어떠한 형태를 이루는지, 공간은 얼마나 사용하는지 등을 살펴보면 그린 사람의 마음을 읽을 수 있는 것이다. 다시 말해 미술치료에서의 그림 상징은 내담자의 내적 활동과 무의식을 언어로 읽어내는 좋은 자료가 되며, 심상을 이해하는 데 많은 도움이 된다.

미술치료에서 작품을 분석할 때 어떤 상징들은 문화, 지역, 사회에서 공통성을 갖고 있으나 그렇지 않은 경우도 많이 있다. 그리고 그림의 다양한 요소들은 일반적인 상징성에 맞춰 일률적으로 해석하는 것은 매우 위험한 해석이 될 수 있다. 다시 말해, 상징은 해석에서 실수를 범하기 쉽기 때문에 상징으로 무의식을 해석하고자 할 때는 여러 가지 모순되는 해석들을 충분히 고려해야 하고, 치료사는 개인의 상황과 의도에 맞춰 적절한 유연성과 융통성 있게 해석하는 능력, 치료대상자의 표현에 잠재된 의미를 파악할 수 있는 능력을 가져야 한다. 예를 들어, 검은색은 대체로 어두운 심리 상태를 의미하나 당시의 유행이나 기분에 따라 검은색을 사용할 수도 있기에 검은색을 많이 썼다고 해서 무조건 그 사람의 심리상태가 무겁고 어둡다는 결론을 내리는 것은 위험한 일일 수 있다. 이러한 오류를 피하기 위

| 표 3-1 | 상징 해석

표 현	상징(해석)	표 현	상징(해석)
집	다리미	숨긴 손	상황 처리에 대한 회피
단 추	어머니에 대한 의존	서 적	지적 욕구, 합리화
그림자	불안과 갈등	연, 풍선	공상, 이탈, 도피
음 식	욕구 충족 결핍, 퇴행	꽃	아름다운, 사랑
태 양	아버지	나 비	사랑, 아름다움, 공상
다리미	애정, 과잉 보호, 부적절한 관심	비, 물	슬픔, 억울함
불	애정 욕구, 증오, 분노, 파괴	호 박	황금빛의 투명함, 응축된 빛
나무의 옹이	외상(위치는 외상 발생 시기)	마 녀	적대감
나무 구멍 속의 동물	의존	쓰레기	바라지 않는 존재, 수용하기 어려움
자동차, 자전거	용기, 독립성, 자율성의 노력	분 노	불꽃, 멧돼지, 천둥과 번개, 옷을 찢는 행위, 창
사 과	풍요, 즐거움, 예지, 기만, 죽음	개 미	근면, 질서 바름, 덕
곡 식	잠재적인 힘, 생명의 갱신, 풍요	종	지수화풍(地水火風)의 움직임, 마력, 파괴력, 선과 악, 죽음
상 자	여성의 자궁, 에워쌈, 젊음, 생기	새	신과 교류, 사고, 상상력
돌고래	구원자, 안전, 날쌤	문	희망, 기회, 여는 것
코끼리	힘, 충성, 인내, 지혜	배설물, 변	금과 부(富)
여 우	술책, 교활함, 위선,	곡 식	지혜, 생명의 술, 피
무지개	하늘의 영광, 가교 또는 경계	쥐	동물의 죽음, 부패, 지하
지팡이	권위, 위엄	바 위	안정, 신뢰성, 경직, 차가움, 딱딱함
계 단	상승, 초월	별	영원한 것, 희망
나 무	하늘과 땅과 물의 총체, 생명	파 도	변화, 허망

해서는 먼저 치료사는 치료대상자와의 충분한 대화를 통해 그들이 표현하는 상징들의 의미를 파악할 수 있어야 하고, 재인식하는 과정을 이해하며 분석할 필요가 있다. 그렇기 때문에 상징의 해석에서 유의해야 할 점은 상징이 주는 의미를 치료의 과정에 적절하게 연결시켜 최종적인 결론을 이루어야 하므로 하나의 특징만으로는 성급하게 판단하지 말아야 한다. 또한 치료대상자의 치료과정의 행동을 유의해서 살펴보아야 한다.

2 선의 상징

선은 점의 움직인 흔적이며, 점의 이동에 따라 생기는 직선과 곡선으로 이루어진 것이고, 경계가 되며, 경계를 나타내는 줄이라고 할 수 있다. 점을 선으로 변화시키는 외부로부터의 힘은 다양하다.

힘의 방향은 문자와 그림의 기본 요소로서 이미 원시 시대의 동굴벽화에서도 다양한 표현방식으로 사용되었다. 선의 형태는 직선, 곡선, 꼬불거리는 선, 강한 선, 약한 선, 모난 선, 기저선, 대각선, 끊어지는 선 등의 모든 선을 말하며, 색채와 형태, 더불어 회화의 기본을 이루고 있다. 선은 또한 그림에 있어서 역동성을 불러오는 요인이며 그러한 역동성이 지니는 상징적 의미를 전달한다.

아동화의 발달적 관점을 관찰해 보면 아동들은 그들의 최초 시각적 표현이 점과 선으로 시작한다. 아동들은 자신의 손에 의해 '움직이는 점의 현상' (Klee, 1987)을 발견하면서 집중력과 에너지로 그들의 역동적 상태를 선으로 표현한다. 이러한 선의 작업은 난화(선으로 아무렇게나 긁적거린 그림)로서 유아기에 오랫동안 유지되고 변화하면서 그림의 바탕을 이룬다. 그림의 형태를 파악하고 표현하기 위해서는 선에 대한 연습이 선행되어야 하며, 이것을 아동의 교육에 가장 기초적인 것으로 여긴다(Clausen · Riedel, 1994).

선은 모든 대상이 그린 그림의 의미를 읽는 중요한 도구로서 운동성, 목적과 방향성, 활기와 허약함, 자극성, 역동성 등 선이 나타나는 힘, 속도, 방향, 강약, 율동성 등에 의해 선이 주는 의미와 해석이 달라진다. 또한 사람의 심리적 상태와 신체적 상태까지 모두 표현할 수 있는 것처럼 그림에서 선이 나타내는 상징적 의미는 중요하다.

선의 형태에 따른 상징적 의미와 심리적 특성을 살펴보면(Riedel, Pütz, Bachmann, ete.) 표 3-2와 같다.

그 밖의 선들을 살펴보면, 찌르는 듯한 선이나 구멍을 내는 선은 지나치게 골똘히 생각하는 성격이나 강하고 몰인정한 성격을 지니거나, 막힘이 있는 선은 본능 억제가 강하고, 끊어지거나 여러 번 그은 선은 불안을 나타내며, 거침없는 선은 목적의식이 분명하기도 하며 때로는 문제를 무시하거나 넘어가려는 심리적 특성과 예민함이 결여되어 있기도 하다. 또 필압이 강한 선은 내면에 영향을 미치는 강렬함과 독창적 · 창의적 힘이 강하며, 묵직한 선은 그 부분에 있어서 무겁거나 중요

| 표 3-2 | 선의 형태에 따른 상징적 의미와 심리적 특성

선의 형태	선의 명칭	상징(해석)
	대각선	넘치는 에너지, 상승 혹은 추락, 패배, 승리, 역동성을 의미한다.
	수직선	바로 서 있는 것, 조용한 침착성, 현세와 신성의 결합을 의미한다.
	수평선	고요, 편안함, 현세적, 모성적 에너지, 땅과 하늘의 분리를 의미한다.
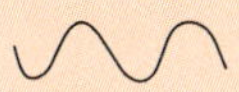	물결선	상하의 운동성, 감각적 민감성을 의미한다.
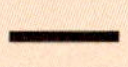	강한 선	창조적인 힘, 내면에 영향을 미치는 독창적인 힘을 의미한다.
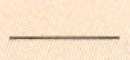	가는 선	의지가 약하고 내면의 힘이 없는 것을 의미한다.
	원 · 반원	원은 고요함, 보호, 영원성, 완벽성, 초월, 자기체험, 운동성을 의미하고 반원은 모성적 포옹 등을 의미한다.
	엉켜 있고 헝클어진 선	절제되지 않은 강한 본능, 격앙과 흥분을 의미한다.
	격렬한 선	충동 조절을 못하고 난폭함을 의미한다.

합을 나타내며, 더듬거리는 선은 불확실하고 예민, 민감하며 불안전스럽고 감정, 억제 등을 의미한다.

3 형태의 상징

형태는 자기의 내적 방향을 가지고 있으며, 그 형태와 같은 성질의 정신적 실체, 내적인 내용을 가지고 있다. 다른 형태들과의 상호작용을 통하여 다른 느낌도 주지만 근본에 있어서는 형태 자체의 주관적 특성을 지니고 있다(Kandinsky, 1997).

기하학은 사물의 형과 크기를 취급하는 과학 혹은 공간의 성질과 공간 안의 물체에 대한 성질을 다루는 수학의 한 분야이다. 자와 콤파스로 그릴 수 있는 삼각형, 사각형, 원 등의 수학적 계산이 가능한 창조적 형태로서 복잡한 자연적 형태이며, 파생된 간결한 형태를 '기하학 형태' 라는 명칭을 사용하고 있다. 따라서 기하학 형태는 인간의 이지적 사고 체계에 의한 도형으로 시각적 전달이 빠른 특징을 가지며, 그 형태가 다양한 특성을 표현하도록 조작되었다.

원시 시대부터 도형은 인간 각자의 쓰임새대로 사물과 형태에 의미를 부여하여 상징적으로 표현되었다. 해, 달, 물, 불과 자연에서부터 인간이 만든 삼각형, 사각형, 원과 같은 기하학에도 여러 상징이 내포되어 있다.

1) 역동적이고 활동적으로 균형을 상징하는 삼각형(트라이앵글)

삼각형은 평면을 나타내는 기본형으로 가장 단순한 평면도형이다. 두 개의 대각선을 가지고 있으며, 형태도 다양해서 기본적인 기하 형태에서 가장 역동적인 현상을 지닌다. 미술적 숫자인 3은 신성한 삼위일체를, 인간의 삶에서는 청년기와 중년기, 노년기로 나눌 수 있고, 시각적으로는 과거와 현재, 미래로 구분할 수 있다. 이러한 점은 역동성으로 볼수 있으며, 균형을 이루고 있는 능력을 지니고 있다고 할 수 있다. 또한 물체의 형태인 피라미드, 화살촉, 산과 관련이 있으며, 자기발견과 계시의 주제로 목표와 꿈의 비전을 뜻한다. 다시 말해, 삼각형은 바라고 있는 목표가 성취하는 것으로 그 목표에 자기를 동일시하여 달성하고 미래를 위해 몰두하며 집중한다. 이때는 자기가 갖고 있는 비전을 다른 사람이 공감하고 존중해 줄 때 사랑 받고 있고 수용됨을 느끼기 때문에 가족과 친구들이 이들이 추구하고 있는 비전과 목표를 존중해 주고 실질적인 지지를 해 줄 때 그 관계가 유익해진다.

삼각형은 아버지 · 어머니 · 자녀와의 관계와 인간의 육 · 혼 · 영적인 3인조를 나타내기도 한다. 숫자 4가 공간과 땅을 나타낸다면 3은 활동적인 힘과 공간의 위쪽으로의 연장, 즉 하늘을 상징하고, 피타고라스의 정의에서 삼각형은 남성적이고 활동적인 것을 상징하는 반면, 사각형은 수동적인 여성다움을 상징한다.

형태에 따라 의미를 보면 뾰족한 끝이 위로 향한 삼각형은 하늘로의 상승, 불, 창의적임 힘, 생명력, 변화, 능동적인 남성을 나타내고, 거꾸로 놓인 역삼각형은 하늘로부터 내려오는 은총, 물, 변화, 잠재력, 무의식, 수동적인 여성적 요소를 뜻한다. 심리적 맥락에서 본다면 관계를 의미하고 독립성, 자율성과 새로운 관계의 가능성을 가질 수 있는 기회, 변화의 시도를 암시한다. 아동이 느끼는 삼각형의 형태적 상징은 산, 지붕, 트라이앵글, 피라미드, 표지판, 다이아몬드, 피자, 용, 주사바늘, 뾰족함, 숫자 3, 연필, 세모 등으로 대체로 보편적인 형태의 상징과 일치한다.

또한 아동이 느끼는 삼각형의 정서적 상징은 예쁘다, 편안하다, 아프다, 이상하다, 위험하다, 무섭다, 딱딱하다, 재수없다, 굴러가지 않는다 등 남성성의 상징인 보편적 삼각형과 아동에게 부정적인 정서와 안정성을 추구한다.

2) 정직함과 완전함, 안정감을 상징하는 사각형

사각형은 견고하고 안정감이 있으며 균형이 이루어진 느낌을 가져다주는 편안한 형태이다. 사각형은 네 개의 면을 가지고 있다는 점에서 원과의 대립 관계를 이루고 있다. 네 개의 틀리면서도 같은 요소들의 균형을 나타내고, 숫자 4를 나타내는 4방위, 4계절, 4원소, 4기질 등 4와 긴밀한 관계를 가진 다른 표현의 하나라고도 할 수 있다. 자연에서 잘 볼 수 없고 주로 인위적으로 조심스럽게 측정하여 만들어진 물체에서 찾아볼 수 있는 사각형은 서양 문화에서는 논리적인 사고나 인간의 성취, 목표 지향적인 행동을 상징하고, 동양의 전통에서 나타나는 사각형은 물질을 대변하고 물질 속에서 정신이 그 모습을 나타낸다는 원칙을 상징하고 있다.

정사각형이 원 안에 있으면 땅과 하늘의 결합, 자신의 에너지를 가진 충만함과 정화를 상징한다. 사각형은 긍정적인 의미에서 고요 · 창조 가운데 휴식을 의미하고, 놀이나 집회의 공간으로서 공동체 의식이나 소속감을 준다. 부정적인 의미에서는 폐쇄적이거나 답답함, 심지어는 감옥과 같은 의미를 지니기도 한다. 그래서 미술치료에서는 자신의 감정을 억압하고 답답한 마음에 사로잡혀 있는 사람을 대상으로 미로를 그리게 하거나 만다라에서 미로 문양을 그리게 하여 외적인 혼란이나 어려움에서 벗어날 수 있고, 자신을 보호하고 자기 자신에게 신뢰를 형성시켜 줄 수 있는 치료제 효과를 볼 수 있다.

사각형은 신의 정체성을 상징하며 정직, 솔직함, 성실함, 품행 방정, 지상의 존재, 정적인 완전함, 항상성, 단단함, 통합의 의미를 지닌다. 따라서 그림에 사각형의 형태를 자주 그리는 사람들은 안정감 있게 정돈의 욕구가 내포되어 있으며, 어떤 계획을 세우고 이행하며 자기의 생각을 드러낼 준비가 되어 있는 사람이다. 이런 사람은 꾸준함과 책임감, 강한 완성의 욕구를 갖고 있으므로 현세적이며 물질적인 완벽성을 추구한다. 또한 솔직하고 직접적이며 명확성과 지속성을 가지고 있으며, 책임감, 신뢰성, 정직함도 가지고 있다. 한결같고 신뢰할 수 있는 확고한 기초가 존재할 때 창조성, 책임감, 획일성이 존재한다. 그리고 종교적으로 힌두의 상징적 표현에서 가장 흔히 나타나는 형태인 사각형은 우주의 질서, 피난처, 안전과 서로 반대되는 것들의 균형을 나타낸다.

아동이 느끼는 사각형의 형태적 상징은 안정감, 균형 등으로 상자, 창문, TV, 종이, 칠판, 네모, 에어컨, 컴퓨터, 액자, 필통, 태극기, 책, 사진, 집, 지우개, 버스, 책상, 방석, 로봇, 우편함, 돈, 블록, 벽돌 등으로 인위적인 형태가 다수이며, 정서적 상징은 굴러가지 않는다, 딱딱하다, 잘생겼다, 흔하다 등이 있다.

3) 무안함과 완벽함, 영원성을 상징하는 원

원은 도형이 지니는 운동감으로 인해 시각적으로 우수한 형태로 설명됨과 동시에 우리의 생활과 깊게 연결되어 죽음으로도 끝나지 않는다는 인생의 생활철학을 의미하기도 한다. 그리고 기하학적인 형태로 인간에 의해서 창조되고 발전되어 무한한 움직임의 순환과 회전의 향상성을 가진 동적 형태인 동시에 특정한 방향성을 갖지 않은 정적인 형태이다.

칸딘스키(Kandinsky)에 따르면 추상적인 사고나 상상 속에서 우리가 생각해 볼 수 있는 작고 가장 둥그런 원은 '점' 이라고 정의하고 있으며, 두 개의 힘이 변화되지 않는 조건아래 이러한 점을 계속 굴려나가면 여기서 생겨나는 곡선은 조만간에 다시 그것의 출발점에 도달하게 될 것이라고 하였다. 다시 말해, 원은 조형적으로 가장 안정되어 있는 동시에 불안정한 동적 형태이다.

현대 추상에서 나타나는 원은 개인의 의식 속에 하나의 통일체로 표현되고, 나선형은 리듬, 속도, 공간, 시간의 변화 속에서 무한히 선회함을 역동적으로 표현한다.

그림 3-1은 원의 형상을 통해 자신을 표현하였던 로버트 들로

그림 3-1 로베르 들로네의 〈원형〉 (1912~1913, oil on canvas)

그림 3-2 만다라

네(Robert Delaunay)의 작품 <원형(Circular Forms)>으로 밤과 낮의 순환을 주제로 해와 달을 오랫동안 관찰한 후 오른쪽에는 따뜻한 톤으로 빛을 발하는 해와 왼편에는 조용하고 차가운 인상의 달을 표현하였다. 이는 원이 희미하고 무질서하게 일그러져 있고 흩어져 있으며 자아를 상징하고 있다고 설명할 수 있다. 그림 3-2의 <만다라>는 '중심 또는 본질을 얻는다'를 의미하고, 원이 상징하는 회전은 단순한 원의 움직임이 아닌 신성한 영역, 중심의 집중을 의미하고 우주 속에서 뿌리 내린 인간의 자아를 상징한다.

원은 자연현상과 일상의 생활 주변에서 가장 많이 볼 수 있다. 원은 인류의 문화에서 주로 신과 초월자를 나타내는 상징적인 형태로 완성과 영원설을 의미하고, 종교적으로 신을 상징이기도 한다. 초창기엔 남성 신을 상징하였으나, 후에는 천사들의 머리 주위의 후광으로 나타나게 되었다. 또한 모든 것을 감싸는 것과 연관하여 어머니의 상징이기도 하고, 미술치료에서는 원을 이용해 우울증 치료와 주의집중을 향상시키고 산만한 아동에게 적용하기도 한다.

아동이 느끼는 원의 형태적 상징으로 아동이 지각하는 것은 공, 바퀴, 얼굴, 시계, 해, 동그라미, 눈, 지구, 과일, 꽃, 달 등으로 대체로 자연의 형태를 나타내어 보편적인 도형의 상징과 일치한다. 원의 정서적 상징으로 착하다, 안 삐뚤어졌다, 잘 굴러간다, 싸우지 않는다, 잘 뚫렸다, 포근하다, 귀엽다 등이 있다.

4) 역동적이고 창조적인 힘을 상징하는 나선형

나선형은 아주 복잡한 의미를 가진 상징으로 우리가 살고 있는 우주는 나선형으로 휘감듯이 나타낸다. 나선은 밖으로 뻗어나가는 동시에 안으로 수축되는 여러 가지 느낌으로 태양 힘의 증대와 감소, 달의 힘을 나타내며, 대기와 하천, 바다, 번개 등을 상징한다. 또한 소용돌이 모습을 띠고 위대한 창조력, 해방, 죽음 탄생 등을 상징한다.

나선형은 안에서 밖으로 회전하는 형태이거나 밖에서 안으로 회전하는 두 가지 운동성을 지니고 있고, 이는 시계 방향으로 시작하는 운동과 시계 반대 방향으로 시작하는 운동 두 가지로 다시 나누어 볼 수 있다. 안에서 밖으로 회전하는 형태 중 시계 방향(오른쪽으로 감아 돌아가는 나선형)의 나선형은 삶에서의 발전, 미래의 전진의 의미하고, 시계 반대 방향(왼쪽으로 감아 돌아가는 나선형)의 나선형은 근원, 어머니 자궁, 죽음의 길로 다시 돌아가는 것을 의미한다.

내향성이 강한 사람은 자신의 중심에서 출발하여 점차 외부로 향해 나아가면서 외부 세계, 타인들과 새로운 접촉을 하는 단계를 익히게 된다. 반면 외향성이 강한 사람은 밖에서 안으로, 그것도 오른쪽 시계 방향으로 나아가는 나선형의 운동을 통해 회전 때마다 집중력을 얻는다. 이는 바로 자신의 내면의 과정을 찾아가는 과정이며, 나아가 자신 안으로 되돌아가는 과정을 경험하게 된다. 인간의 중심과 안식처를 찾게 하여 자신이 무의식적으로 바라보던 보호를 의식하게 된다. 또한 생각과 행동에서도 피상적이던 성향에서 심사숙고하는 성향으로 변할 수 있다. 이러한 회전은 발산과 확장을 의미하는 발전 과정을 순환적인 발전과 창의적 문제해결력의 모든 것을 의미한다. 다시 말해, 나선형은 계속 반복해서 같은 지점으로 돌아오지만 그것은 다른 차원의 것으로서 모든 것을 새로운 지각을 보게 만듦으로써 어떤 문제나 사람이나 장소에 대해 새로운 관점으로 보게 되는 것이다.

나선형을 추구하는 사람은 다양성과 새로운 변화에 강한 욕구를 가지고 있어 독창적이고 여러 가지 일을 잘 처리할 수 있는 능력이 있다. 여기에서 도전은 또 다른 의식의 차원으로 성장하고 개발하는 것이므로 일상적인 것을 피하고 새로운 변화를 위한 삶의 상태와 도전을 성실하게 다루기 위해 새로운 에너지와 창의력이 요구된다. 이때에 생각지도 못한 새로운 선택을 할 때에 주변 사람들은 개방적인 자세를 취하는 것이 중요하며, 다양한 일들을 숨기기보다 변화시키도록 지지해 주면 다양한 과업을 잘 수행할 수 있다.

아동이 느끼는 나선형의 형태적 상징은 알파벳 S, S 라인, 뱀, 용, 지렁이, 숫자 8, 라면, 달팽이, 개미집, 물음표, 소라 등이며, 아동의 정서적 도형 상징으로는 시원하다, 꼬불꼬불하다, 재미있다, 신기하다, 느낌이 좋다, 멋있다, 이상한 느낌 등이 있다.

4 공간의 상징

공간은 모든 시대와 문화에서 인간이 존재하고 인식하는 새로운 세계의 근거가 되며, 우주에 관한 신비를 탐구하는 기본적 틀이 된다. 공간은 보통 2차원적 영역으로 평균 감각이 내재되어 있으며, 3차원적인 영역을 가지는 경우도 있다. 즉, 눈

| 표 3-3 | 오행소속 일남표

오행	방위	색	계절	오상	오장	오관	맛	음
木(목)	동	청	봄	仁(인)	간장	눈	신맛	각
火(화)	남	적	여름	禮(예)	신장	혀	쓴맛	지
土(토)	중앙	황	4계절	信(신)	비장	몸	단맛	궁
金(금)	서	백	가을	義(의)	폐장	코	매운맛	상
水(수)	북	흑	겨울	智(지)	신장	귀	짠맛	우

으로 본 것을 재현해야 한다는 단순한 요구가 아닌 주어진 자극에 대해 끊임없는 검증의 과정으로 새로운 세계, 본질적인 공간을 창출한다. 그리고 공간의 구성은 화면에 그림의 구성이 이루어지는 위치를 말하는 것으로, 그려진 위치에 따라 그 사람의 심리적 상태나 정신적인 상태를 알 수 있다(정여주 외, 2006).

공간이란 인간이 존재하는 모든 공간은 표현의 장으로 제공된다. 동양에서는 대표적으로 음양오행(陰陽五行)의 원리에 근거하여 우주의 질서를 이해하였다. 음양오행에서는 인간이 존재하는 공간은 하늘과 땅으로 이루어졌으며, 하늘은 둥글고 땅은 네모난 것으로 받아들인다. 또한 기본 공간은 오방(五方), 즉 동 · 서 · 남 · 북과 중앙으로 이루어진다. 이러한 공간은 오행에서 색, 계절, 오상, 오장, 오관, 맛, 음과 더불어 연결되어 있으며 모든 것이 순환관계를 가진다(구미래, 2000).

서양에서는 공간의 기본을 십자가형에서 찾고 있다. 기독교의 십자가 형태를 신이 우주에 각인한 공간의 기본 도식으로 받아들이고 예수의 희생 상징이며, 남성성과 여성성이 하나로 통일되는 것을 상징한다(Koch, 1977). 그리고 융 학파인 프레이(Frei)는 십자형은 인간의 육체와 정신, 하늘과 대지, 과거와 미래, 나 개인과 공동체 사이를 펼쳐 놓은 것으로 본다. 그에 의하면 인간은 십자형이 지니는 이러한 다양성을 조절하고 극의 대립을 수긍하기 위해 그들간의 긴장 속에서 전력을 다하고 있는 것이며, 그러한 극을 의미 있게 연결함으로써 인간의 목적인 자기를 발견하게 된다는 것이다(정여주, 2003).

이처럼 융 학파는 공간 상징적 관점에 따른 해석을 목적론적 관점보다는 인과론적 관점에 더 큰 비중을 두었다. 즉, 오른편 아래쪽 모퉁이에 그려지는 그림은 모성적인 것이 이끌려 그려졌다고 해석하면서 그림을 그리는 사람의 마음 속에 품고 있는 기분이나 심신 상태에 맞는 색과 선과 형태를 사용하여 하나의 그림으로 그린다. 다음에 그것을 보완시킬 수 있는 어떤 것을 색과 형태와 상징을 이용하여 더 그린다. 여기에서 그림 해석에 배려되고 강조되어야 할 조형 과정의 목적론적 관점이 첨가된다. 무의식적으로 그린 그림은 꿈과 마찬가지로 인과론과 목적론적 두 관점에서 해석할 필요가 있다.

예를 들어 설명하면 다음과 같다.

- 조용하고 편안한 느낌을 찾고 싶은 욕구나 안정을 갈망하는 표현 : 오른편 아래쪽과 가까운 공간 사용
- 밖을 내다보고 자신을 뛰어넘고자 하는 상반된 욕구 표현 : 위쪽 하늘에 근접한 공간 사용
- 의식화와 현실화의 욕구 표현 : 방향감각을 잡는 것으로 윗부분 화면 사용, 신체의 머리와 가슴을 표현
- 의식화 과정과 외부세계에서 활동하고 싶은 욕구 표현 : 오른쪽 윗부분 사용, 의식에 더 가까움(오른손 사용자)
- 뿌리로 가려는 무의식적 욕구와 동경의 욕구 표현 : 그림의 아랫부분, 신체의 복부와 생식기 영역에 해당
- 현실의 확고함을 토착화하려는 욕구 표현 : 그림의 아랫부분 전체 사용(그 곳에 정착하고 관계할 수 있는 노력과 자신을 포기하는 경향과 심연까지 가려는 욕구를 내포한다)
- 그림을 반으로 나누었을 때 : 위쪽 사용, 허리 윗부분, 위장과 가슴(머리 높은 곳에서 조망할 수 있는 욕구와 한계를 초월하려는 노력과 그에 따라 바라보고 눈에 띄게 할 수 있는 경향을 나타냄)
- 그림의 오른쪽 : 숙련적이며 의식적
- 그림의 왼쪽 : 미숙련적 · 무의식적, 심장에 가까우며 감정과 정서에 가까운 의미

공간의 상징에 대한 입장은 학자마다 조금씩 차이가 있지만, 공간이 지니는 공통적인 면을 파악하게 되면 치료대상자의 심리적 상태를 좀더 잘 이해할 수 있을 것이다. 공간의 상징에 대한 십자형 관점을 적용하여 영역 이론을 설명하면 다음과 같다.

1) 윙어의 방향 모델

윙어(Jünger)는 그림의 방향을 인간의 신체 구조와 관련지어 상징화하여 생활공간인 화면에 두 팔을 벌리고 서 있는 상태에서 십(+)자 축을 중심으로 상 · 하 · 좌 · 우를 구별하였다. 즉, 화면을 인간의 생활공간으로 비유하여 상징화하였다.

- 위 : 하늘, 높은 세계
- 아래 : 발, 현세
- 지상 수평 : 누워 있음
- 오른쪽 : 숙련한 팔, 선
- 왼쪽 : 미숙련한 팔, 악
- 앞 : 얼굴, 눈
- 뒤 : 보이지 않는 면

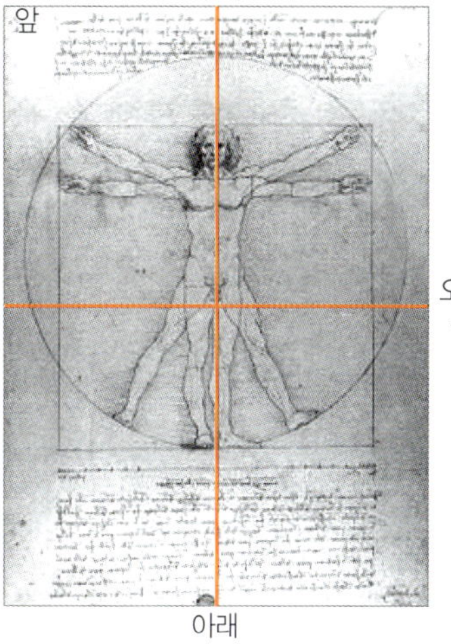

그림 3-3 비트루비우스의 인체비례론을 바탕으로 그린 레오나르도 다빈치의 인체비례도

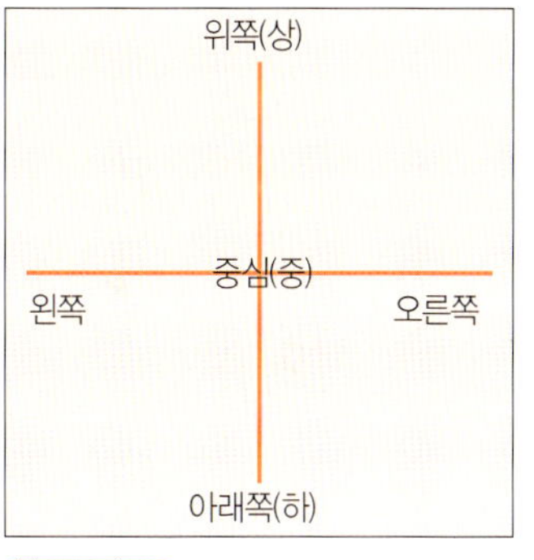

그림 3-4 십자 축에 의한 공간 상징

2) 풀버(Pulver)의 십자 축에 의한 공간 상징

1 왼쪽(중심에서 왼쪽)

자신과 과거에 관계된 민감한 영역, 내향적, 과거의 것과 종료된 것과 잊혀진 것에 대한 관심/지향

2 오른쪽(중심에서 오른쪽)

타인과 미래나 목표에 관계된 민감한 영역, 외향적, 미래와 추구하는 것과 계명이나 법칙에 대한 관심/지향

3 상 · 중 · 하 영역

의식의 형태와 연결, 의식 내용의 상징

- 상 : 초개인적 의식화, 지적 형태와 형상, 지적, 정신적 종교적 – 윤리적 내용과 그에 해당하는 느낌
- 중 : 개인적 일상의식 상태, 자아경험 영역

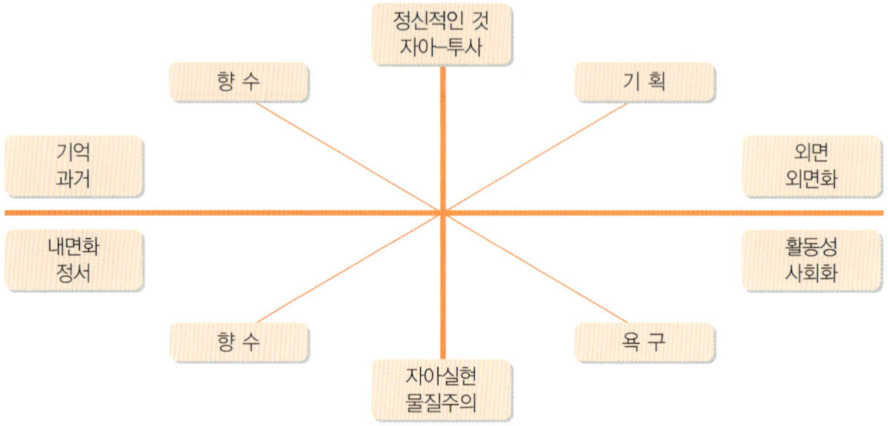

그림 3-5 마을 검사에 의한 공간 상징

- 하 : 전의식, 무의식, 물질적, 육체적, 육감적 – 성적 내용과 무의식에서 나온 집단적 상징들

3) 아르투스의 마을 검사에 의한 공간 상징

아르투스(Arthus)는 직사각형 테이블을 투사 영역으로 보고 주어진 형태를 구성하여 마을을 만드는 것에서 공간이 주는 상징성을 설명하였다.

4) 미헬의 공간 상징

융 학파의 미헬(Michel)은 과거의 다른 공간 상징들을 분석하고 보완하여 다양한 관점들을 종합적으로 제시하였다.

그 밖의 그륀발트(Grünwald)의 공간 도식과 상징은 사각형의 틀을 중심으로 설명하였는데, 화면을 크게 상 · 하는 의식과 무의식, 좌 · 우는 과거와 미래로 분류할 수 있다.

1 중앙(C)

가장 안정된 중요한 부분으로 그림의 비중이 중심에 있으면 그림을 그린 사람의 정신 상태는 안정, 통합된다.

그림 3-6 미헬의 공간 상징

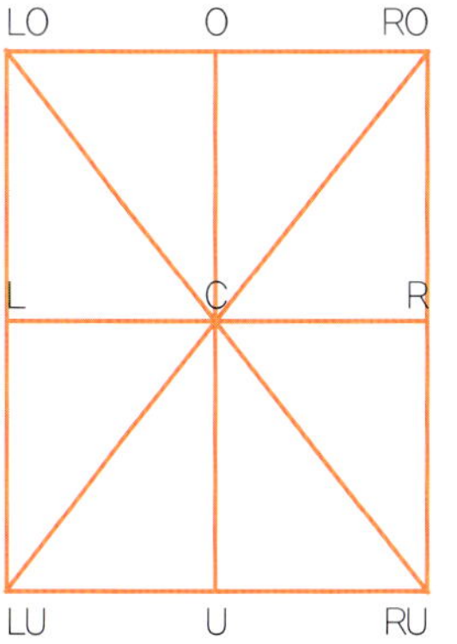

그림 3-7 표현의 공간 구성과 심리

2 수평 방향에서 오른쪽(R 방향)

능동적인 정신 에너지 방향을 나타내며, 현재에서 미래로 향한 힘이 내재하고 권위와 적극성을 포함한 아버지의 이미지를 포함한다.

3 왼쪽 방향(L 방향)

수용 혹은 수동적인 정신 에너지의 방향을 나타내며, 과거로 향한 힘과 어머니의 이미지를 나타내는 것으로 내성적인 심리를 나타낸다.

4 수직 방향에서 위 방향(O 방향)

하늘을 향하는 방향이며 현실에서 초월한 방향을 향하며 정신성을 나타내고 의식을 나타낸다.

5 아래 방향(U 방향)

땅 밑을 향하는 방향으로 사물의 근원과 무의식을 나타낸다. 또한 인간의 육체를 나타내며 미분화된 상태를 뜻한다.

6 오른쪽 위 방향(RO 방향)

정신을 향한 이상적인 방향으로 소망의 도달점, 인간의 최종 목표를 나타낸다. 또한 정신적 에너지가 목표를 향하는 동시에 부적인 에너지가 인간에게로 향한 때에는 공격적인 에너지를 나타낸다. 중심(C)에서 오른쪽 위 방향(RO)으로 향하는 것은 인간 정신의 적극성을 말한다.

7 왼쪽 아래 방향(LU 방향)

사물의 시작이나 원천의 방향을 나타내며 심리상태로는 후퇴를 나타낸다. 중심(C)에서 왼쪽 아래(LU)로 향하는 것은 사물의 원초적 상태이며, 유아기의 퇴행 또는 유아기의 고착 상태를 의미한다.

8 왼쪽 위 방향(LO 방향)

공허상태 혹은 억제, 틀에 박히는 상태를 말한다. 중심(C)에서 LO 방향으로 향하는 그림은 수동적인 심리 상태, 인생에 대한 방관자적 태도 혹은 욕구불만 경향을 나타낸다.

9 오른쪽 아래 방향(RU 방향)

사물의 근원 혹은 물질이며, 심리적으로 쇠퇴와 부정 등을 의미한다. C에서 RU 방향으로 향하는 것은 인간의 본능적 경향을 나타내며 내면의 갈등 상태를 의미한다.

이와 같이 화면의 공간 구성은 그린 사람의 심리 상태를 관찰하기 위한 자료를 제공해 주지만, 그림의 공간 위치만으로 인간의 심리 상태를 결정 지을 수 없으므로 유의하여 사용하여야 한다. 또한 바흐의 공간 도식과 상징은 환자들의 자율적 그림에서 나타난 사물의 위치에 따라 그림과 환자의 상태를 진단해서 설명을 하였다.

5 색의 심리학적 의미와 상징

1) 색의 심리학적 의미

색에 대한 이미지는 인간이 생활하는 모든 것과 관련이 있으며, 우리 환경의 모든 것이 색채이고 우리의 생활 감정을 움직이는 중요한 요소이다. 우리와 공존하는 색채는 우리가 인식하는 것과 무관하게 많은 영향을 주는데, 각각의 색은 사람의 감정을 자극하는 효과가 있고 색에서 받는 인상도 가지각색으로 사람에 따라 감정이 다양하게 나타난다. 이렇게 사람은 누구나 색채의 영향을 받고 색채와 개인적인 관계를 맺으며 색 속에서 산다고 해도 과언이 아니다. 색이 사물을 판별하는 물리적 현상과 관계가 깊다면, 색채는 심리적 현상을 추가한 것이라고 할 수 있다. 가령 각 개인이 같은 빛을 통해 색을 지각한다 하더라도 그들이 경험하고 느끼는 심리적인 반응은 다르게 나타난다. 물리적인 의미의 색과 심리적 의미의 색인 색채는 인간의 내부에 깊숙이 자리 잡고 있는 무의식적 충동을 자극시켜 억눌려 있던 공포, 기쁨, 슬픔, 갈등 등을 외부로 불러내어 표출시켜 자연스런 정화작용이 일어나게 한다.

색채는 자라나는 어린이들에게 있어서 매우 중요한 부분이다. 아동은 마음 속 생각을 항상 표현하려는 욕망이 있지만 감정을 말이나 글로 충분히 전달하지 못하기 때문에 색채를 통해 자신의 내면세계와 그들을 둘러싸고 있는 주변의 환경을 표현한다. 그러므로 아동화에 나타난 형태와 색채는 가장 솔직한 자기표현이라고 할 수 있으며, 정신적 불만이나 고통을 해소하게 하여 정서를 순환하게 하는 중요한 역할을 담당한다.

색채는 여러 가지 기능을 가지고 있다. 첫째, 색채는 상징적인 의미를 내포한다. 예를 들어, 사람들은 똑같은 빨강을 보고 개인의 주관과 경험이 다르기 때문에 각각 다른 연상의 개념을 떠올린다. 둘째, 색채는 환경 안에서 중요한 역할을 한다. 예를 들어, 아동은 자신의 경험을 통해 환경과 사물의 관계에서 여러 가지 연상적인 감정을 보고 느낀대로 표현하기 때문에 환경과 아동의 색채 표현의 관계는 밀접하다. 마지막으로 색채는 정서적인 특성을 가지고 있다. 예를 들어, 색은 사람들을 즐겁게 하고 슬프게 하는 등의 감정을 나타내고 동시에 색채 그 자체로 색이 주는 심리적 효과도 다양하다. 또한 색채 그 자체의 아름다움을 나타내기도 하며, 직접적인 호소력을 가지고 있다.

미술치료에서는 색의 일반적인 상징, 심리적 진단 및 치료로서의 적용 가능성을 다루고 있다. 각각의 색이 주는 고유한 상징성은 인간이 오랫동안 자연을 통하여 체험하게 된 원형적 근거를 이루어 있다는 것을 인정할 수 있어야 한다. 이미 수천 년 전부터 색이 되는 빨강, 노랑, 파랑은 인간의 신체, 전신, 영혼과 교신을 하고 있다는 것을 인정할 수 있어야 한다고 가르쳤으며, 이러한 가르침은 인간 세계에서 항상 받아들여지고 있고, 이러한 가르침은 인간 세계에서 항상 받아들여지고 있으며 끊임없이 발전되고 있다(Muths, 1998). 이와 관련하여 미술치료 상황에 색의 일반적 상징성을 읽어내는 것은 중요하며, 그림에 나타난 형태와 주제, 아동 혹은 내담자 상황을 함께 고려하여 그러한 상호관계 속에서 색이 주는 상징도 살펴보아야 한다. 인간의 감정은 다양하여 여러 색으로 표현될 수 있으며, 같은 색이라도 다양한 영향을 미칠 수 있다. 색채는 어느 하나 무의미한 색은 없으며, 색의 영향은 주변 색의 관계에서 결정한다. 결국 색채란 물리적 · 심리적 면을 동시에 가지고 있는 통합체로서 색채와 관련하여 인간의 반응을 연구하는 심리학의 중요한 분야로 떠오르고 있다.

2) 색의 분류와 감정효과

물체의 색을 구별하면 흰색, 회색, 검은색과 같이 채색을 가지지 않는 무채색과 빨강, 파랑 등과 같이 채색을 가진 유채색 두 가지로 나누어진다. 다시 말해, 무채색의 흰색은 밝고, 검은색은 어둡고, 회색은 중간 밝기를 가지는 것처럼 명도라는 성질이 있고, 레몬의 노랑은 밝고, 포도의 보라는 어두우므로 유채색에도 명도가 있는 것이다.

유채색에는 빨강, 노랑, 초록, 파랑, 보라와 같이 색에 특성을 부여하는 색상으로 색의 강약을 나타내는 채도가 있다. 결국 색상, 명도, 채도는 색의 기본적 성질로 색의 3속성이라고 한다. 유채색은 3속성을 전부 가지고 있으나 무채색은 명도만 있고 다른 두 요소는 없는 특별한 색이라 할 수 있다.

우리는 생활하면서 여러 가지 색명을 사용하는데 식물에서 오는 쑥색, 오렌지색 등과 동물에서 오는 쥐색, 살색 등이 있고, 광물에서 오는 금색, 은색, 루비색 등 여러 곳에서 그 예를 찾아 볼 수 있다. 학술적인 면에서는 색상의 성질과 계통을 체계화하여 사용하는데 이를 색상명이라 한다. 이는 원색과 2차색의 관계, 그 사이에 나타난 중간색과의 관계와 성질을 그 색명에서 밝히고 있다.

색채는 그 사람의 개성과 환경, 기억 등에 따라 서로 다른 감정을 일으키며 성별이나 나이에 따라 다소 다르다. 이러한 심리적 작용은 본능적일 때와 대상을 통한 경험에 의해 고유한 감정을 가질 때 환경과 사물의 관계에서 여러 가지 연상적인 감정이 일어난다.

색의 온도감을 나타내는 색은 대체로 따뜻한 색과 차가운 색으로 나눌 수 있다. 이러한 구분은 실제로 색에서 느끼는 높고 낮은 온도에 의한 것보다 경험에 의해 지각하는 것이다. 이러한 경험적 측면에서 따뜻한 느낌을 주는 색을 난색이라 하고, 유채색에 있어서 노랑, 주황, 빨강색계가 여기에 속한다. 색의 자극 작용의 측면에서 볼 때 일반적으로 난색계의 색은 자극적이며 한색계의 색은 조용하고 정적이고, 난색과 한색의 중간색인 자주색, 녹색, 황록색은 온도감이나 자극의 작용이 중성적인 느낌이다.

색채는 보통 거리감과 운동감에 의하여 똑같은 위치에 있는 색도 가운데 있는 듯 하고 먼 데 있는 것처럼 느끼기도 하는데, 이러한 느낌을 색의 운동감이라 한다. 거리감을 나타내는 데는 진출색과 후퇴색이 있고, 대·소를 나타내는 팽창색과 수축색이 있다. 이것은 색에 의한 면적과 다르게 보이기 때문에 나타내는 색의 성질이다. 진출색과 팽창색은 주로 난색계에서 빨강, 주황, 노랑 등이 해당하고, 후퇴색과 수축색은 주로 한색계로서 자주, 파랑 등이 여기에 속한다. 진출색은 고명도, 고채도, 따뜻한 느낌의 색이고, 후퇴색은 저명도, 저채도, 차가운 느낌의 색이라는 것을 알 수 있다.

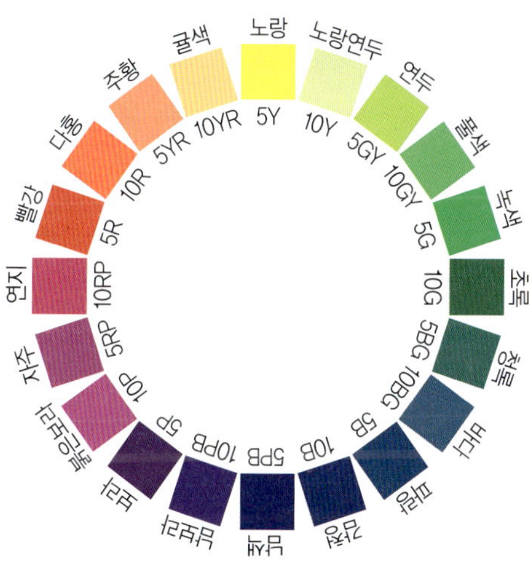

그림 3-8 먼셀의 20색상환

그림 3-9 색채의 명도단계

색의 중량감은 우리 인체 근육이 긴장한 상태에서 나타난다. 시각의 감각 현상에서 오는 것으로 명도에 따라 일어난다. 즉, 색채의 시각적 경험에 의해 고명도일수록 가볍고, 저명도일수록 딱딱하고 부드럽게 느끼기도 한다. 또한 투명색의 저명도, 고채도의 색과 한색, 저명도계는 딱딱한 느낌을 준다. 난색계의 채도가 낮고 명도가 높은 색, 흰색이 많이 섞인 색은 부드러운 느낌을 준다. 색의 이름 중에는 개나리색, 살색, 바다색, 하늘색 등과 같이 특정 대상의 일반적인 빛깔에 관련한 색명이 있는데, 이것은 일종의 경험이나 기억과 관련한 색으로 인간의 감각, 사고, 사상, 정서 등의 혼합체인 인간의 마음에 남아 있는 과거의 기억이 색의 자극에 의해 그것과 관련한 여러 가지 사항들을 떠올리게 하는 것을 관념색이라고 한다. 그리고 계절에 관한 연상을 일으키는 색채도 여기에 속한다.

3) 색의 연상과 상징

1 색채의 연상

사람들은 어떤 특정한 색을 보았을 때 그 색과 관련하는 무엇인가를 느끼고 여러 가지를 연상한다. 즉, 이전에 경험한 여러 가지 것을 되살려 주관적인 느낌이나 기분을 연상시키고 구체적인 물체를 연상하기도 한다. 보편적으로 빨간색을 보면 불이나 태양을 연상하게 되고, 파랑이나 청색을 보면 바다나 물을 떠올리는 등 색채는 사물과 연계한 연상의 기능을 가지고 있다. 이와 같이 색채의 자극에 의해 연상되는 사물이나 경험을 되살리게 하는 것은 색채가 인간의 생리기관이나 기능에 주는 자극, 그 외의 감정, 정서에 미치는 영향 때문이다. 이러한 마음의 움직임을

| 표 3-4 | 무채색 연상 언어

색 명	색의 연상		연상 언어
	긍정적	부정적	
흰 색	신성, 청순, 깨끗함, 순진성, 순결함 등	뼈, 항복, 실패, 냉기, 단순함, 너무함 등	빛, 웨딩드레스, 토끼, 청정, 우유, 진주, 의사, 간호사, 밝음, 숭고함, 희망, 결백, 절제, 차가움, 설탕, 백합, 국화 등
회 색	안정, 고상함, 겸손 등	쓸쓸함, 후회, 소극적 등	평범, 차분, 스님, 수수함, 회개, 단념, 겨울, 먼지, 쥐, 도시, 연기, 아스팔트 등
검은색	신비, 강함 등	죽음, 그림자, 비구름, 연기, 허무 등	밤, 정숙, 슬픔, 불안, 장엄함, 공포, 상복, 연탄, 타이어, 장례식, 석탄, 자장면, 축소, 머리카락 등

색의 연상이라고 한다.

연상은 개인적인 사건, 경험, 사상, 기억, 지식, 정서 등을 색에서 직접 투영하는 것이다. 색채의 연상을 자유연상법으로 실시해 연상어를 분류 · 정리해 보면 불이나 태양 등의 구상적인 것과 흥분이나 정열 등의 추상적인 것으로 나눌 수 있는 것처럼 사람들의 느낌을 색으로 잘 표현하고 있다. 특히 유아기에는 정서 상태나 마음 속에 느끼고 있는 감정들을 색으로 잘 표현한다. 이러한 색의 분석을 통해 치료자는 치료대상자의 마음을 조금 더 잘 이해하게 된다. 그러나 이러한 분석은 결코 절대적일 수는 없기 때문에 치료자는 색에 대한 선입견을 배제하고 순순한 마음에서 치료대상자의 마음을 이해하고 도움이 되는 방향으로 해석되어야 한다.

색을 사용하는 치료대상자의 일반적 특성을 임상적 의미로 살펴보면,

| 표 3-5 | 유채색 연상 언어

색 명	색의 연상		연상 언어
	긍정적	부정적	
빨강색	행복, 강인함, 역동성, 낙관주의, 생동력 등	폭발성, 죽음, 악마, 피, 고통, 공격성 등	피(건강과 생명), 불, 태양, 사과, 딸기, 장미꽃, 입술, 사랑, 신호등, 정열, 즐거움, 섹시(에로스), 긴급, 금지, 혁명, 정지, 혁명, 전쟁, 활발, 에너지 등
노란색	희망, 기대, 기쁨, 행복, 활발, 귀여움 등	질투, 외로움, 연약함 변덕 등	개나리, 가을, 태양, 영웅, 바나나, 밝음, 봄, 어린이, 나비, 해바라기, 풍요, 레몬, 레인코트, 프리지아 등
주황색	원기, 활력, 희열, 태양, 사랑, 노을 등	천박, 사치, 거부, 버림당함, 요란함 등	힘, 인내, 오렌지, 가을, 귤, 태양, 명쾌, 기쁨, 창의, 산뜻, 적극, 감, 과일주스, 따뜻함, 화려함 등
초록색	위로, 치료, 평화, 시원함, 안전, 희망 등	이기심, 질투, 게으름, 우울, 공포 등	젊음, 청순, 평안, 비상구, 안전지역, 신선함, 자연, 생명, 휴식, 건강, 풀, 잎, 채소, 수박, 칠판, 신호 등
파란색	고요함, 안전성, 평안, 신뢰감 등	놀라움, 우울, 차가움, 침체, 황폐함 등	하늘, 바다, 평화, 신, 희망, 이상, 냉정, 진리, 물, 의무감, 복종, 여름, 남성적, 수영, 무안 등
보라색	고귀, 신비, 부드러움, 신성함 등	불만, 질투, 광기, 공포 등	예술, 지혜, 분열, 질투, 병, 불행, 우아, 그늘, 근엄, 포도, 와인, 도라지꽃, 가지, 고전의상 등
분홍색	기품, 사랑스러움, 소녀, 귀여움, 달콤함 등	나약함, 유아적임, 유치함 등	사랑, 사춘기, 행복, 애교, 사탕, 감성, 여성, 쾌락, 섬세함, 내성적, 에로틱, 딸기 아이스크림, 언약, 원피스, 립스틱, 신데렐라 등
갈 색	풍요로운 들판, 대지, 사을, 안정감 등	건조함, 쓸쓸함, 쇠퇴, 외로움 등	커피, 오물, 가을, 건조함, 초콜릿, 고독, 가구, 나무, 밤, 한약, 가죽, 갈등, 낙엽, 고상함, 항문기, 불굴의 정신, 향수 등
금 색	행운, 부, 명예 등	사치, 자만 등	돈, 행운, 황금, 영광, 명예, 신성함, 과시, 황실, 태양 등
은 색	순수성, 세련됨 등	경직, 차가움 등	광채, 예리함, 은, 돈, 겸손, 정직, 지적, 별, 침묵, 현대적 등

색의 선택

- 색의 가짓수가 적게 나타난다 : 감정적 적응도가 약하고 창의력이 부족한 의미를 가지고 있다.
- 불필요한 색이 많다 : 마음을 개방하지 않고, 부족함을 많이 느끼고 자란 아동의 욕구를 표현하는 의미를 가지고 있다.

색채의 사용방법

- 배색의 고려 없이 사용한다 : 자기 통제력이 부족한 의미를 가지고 있다.
- 윤곽선을 강조한다 : 검은색의 윤곽은 부모의 엄격한 훈육을 의미한다.
- 필요이상으로 몇 겹으로 덧칠한다 : 열등감이 강하고 밑에 칠한 색은 자기감정을 숨기는 것을 의미한다.
- 색칠이 선명하지 않다 : 부모의 보살핌(훈육)이 부족하고 무의식적으로 움츠리는 경향을 의미한다.
- 부분적으로 색칠을 해서 지워버린다 : 자신감의 결핍과 열등감을 의미한다.
- 색을 문질러서 흐릿하게 한다 : 그 대상물에 대한 불안을 의미한다.
- 선의 끝 부분에 힘이 빠져 있다 : 신체가 허약하고 퇴행적인 경향을 의미한다.
- 선보다 색칠에 더 치중한다 : 정서적인 움직임이 강함을 의미한다.
- 화면의 일부에 색이 엉켜 있다 : 자폐적이고 말이 없고 행동이 둔한 사람에게 많이 보이고 때로는 반항을 의미한다.
- 밝은 색에 어두운 색을 입히고 있다 : 억압된 감정을 가지면서 희망을 잃어가고 있다.
- 어두운 색에 밝은 색을 입히고 있다 : 희망을 잃지 않는 것을 의미한다.
- 한 곳에 여러 가지 색이 엉켜 있다 : 부모의 보살핌이 불충분함을 의미하고 때로는 엄격한 훈육을 의미한다.
- 화면의 둘레를 색으로 칠한다 : 환경과 단절된 상태를 의미한다.
- 주된 상층의 색 : 환경을 의미한다.
- 주된 하층의 색 : 내부적인 압력상태를 의미한다.
- 여러 가지 색의 띠를 둘렀다 : 소극적이고 도피하려는 경향을 의미한다.

2 색의 상징과 심리적 의미

색채가 본질적으로 중요한 것은 우리에게 주는 시각적인 전달만이 아니고 색채는 우리들의 가장 의미 깊은 감성적인 감각과 동일하기 때문이다. 즉, 색채가 우리에게 보여 주는 물리적 작용뿐 아니라 감정적 효과의 심리적 요인도 함께 가지고 있기 때문이다.

이와 같이 색의 분석을 통해 치료사는 색의 일반적인 상징성을 읽어내고, 치료 대상자가 체험한 색이 일반적인 상징과 또 다른 의미를 가지고 있는가를 살펴볼 수 있어야 한다.

1차색
원래의 자기가 기지고 있는 색을 말하고, 색상에는 빨강, 노랑, 파랑이 있다.

빨 강

① 빨강의 상징

인류가 최초로 의식한 색으로 고분 내부나 동굴 벽화에서도 빨강이 표현되고, 인간의 내면에 흐르는 피와 호응해서 빨강색에 눈을 떴다. 오랫동안 사람들의 사랑을 많이 받아온 빨강은 색채 중 시각적으로 가장 멀리까지 보이는 색이다. 그래서 시각적인 반응을 가장 먼저 느끼는 색으로, 세계 어디에서나 공통적으로 '정지' 라는 의미로 사용한다. 또한 애정에 관한 각종의 감정을 표현하는 데 사용하며, 행복한 상태와 적의에 찬 격한 심리 상태일 때에 나타내는 상반적인 경향이 있다. 빨강은 활동, 건강, 외향성의 상징이지만 그것이 강하면, 난잡한 필법으로 격렬한 자기주장, 흥분, 불만, 노여움, 광기 등의 상징이 된다. 빨강은 밖으로 행하여 팽창하고 발산하는 색인 동시에, 고양된 마음의 에너지를 불태워 버리는 색이기도 하다.

빨강이 갖고 있는 의미를 더 살펴보면,

- 여성적 빨강 : 구심적, 육체적, 세속적, 모성적, 내면화된 것
- 남성적 빨강 : 원심적, 전쟁, 무력, 외면화된 것
- 정치와 종교적 의식 : 속세의 권위, 성령, 그리스도의 수난의 상징색, 혁명과 전쟁과 테러집단의 상징, 자유, 노동자, 사회주의색, 교정과 통제 그리고 법의 색
- 현대적 의미 : 광고효과, 구매의욕 증가
- 신호의 상징 : 정지, 불자동차, 빨강과 흰색의 줄무늬 – 출입금지
- 시점의 상징 : 현재
- 외향적인 사람이 선호한다.
- 에너지가 넘치는 아동들이 선호한다(활동적, 의욕적, 적극적).

- 친구를 오래 사귀지 못 하고 친구들 간에 자기의 주장을 많이 내세운다.
- 소심증, 우울증 치료에 사용한다.
- 의식적으로 거친 행동을 많이 하고 주의를 분산시켜 발산하게 한다.
- 성자와 범죄자, 애국자와 무정부주의자, 사랑과 증오, 연민과 전쟁들을 나타내며 격렬하고 열정적인 색이다.
- 사업에서 이익을 보지 못했을 때 '적자' 를 나타내고, 금전출납부에도 빨강색으로 기록한다.
- 달력에 red letter day가 있다.

② 빨강의 심리적 의미

온기와 생기, 강한 자극, 자율신경에 관계되어 맥박과 혈압, 호흡수를 증가시키며, 감각적인 작용, 활동적이며 일의 성취와 성공을 지향, 운동성을 높이며 충동적이고 활기가 넘침, 투쟁적이며 정복 의지를 가지게 하며, 나아가 혁명의 투지를 고취시키고, 귀족과 부자의 색이다.

- 빨강이 검정을 만나면 : 위험과 금지
- 빨강이 보라와 분홍을 만나면 : 섹스, 유혹, 섹슈얼리티
- 빨강을 선호하는 사람 : 삶을 즐기는 낙천성, 생에 대한 애정, 신체적 활동, 모험, 운동 경기 등의 외적인 활동을 즐김, 흥분을 잘하여 성급하고 불안정, 공격적, 떠들썩한 성향이 많은 반면 객관적인 면이 적고 단순 · 피상적 경향, 냉혹하고 탐욕적이기도 한 성향
- 기피하는 사람 : 모성적인 관계에 부담을 가지고 있으며 너무 생각이 많거나 움츠리는 성향이 있거나 냉담한 사람

일반적으로 빨강을 즐겨 쓰는 아동은 비교적 자유롭고 느낀 대로 행동하며 반응이 빠르다. 주변 사람들과의 관계가 좋고 협동적이지만, 굵고 진하게 칠하는 경우는 적의가 있는 공격성을 보이기도 한다. 빨강을 좋아하는 아동은 비교적 활동적이고 원만하나 굵은 색으로 다른 선 위에 덧칠하는 경우는 욕구 불만이 많고 고집이 센 경우가 있다.

생리학적으로 생식기관과 관계가 되기 때문에 주의하여 사용되어야 한다. 장기간 빨강을 보면 혈압과 맥박을 증가시키기 때문에 부부관계나 성적인 것에 무심

한 사람에게 자극을 줄 수 있고, 임신과 생리에 문제가 있는 여성들에게 자극을 준다. 또한 감각적이고 자극성이 강하기 때문에 아이디어를 창안해 내는 환경에 사용하면 좋다. 또한 어떤 활동에 있어 동기유발을 얻게 되며 용기를 얻고 몸을 움직여야 하는 일을 새롭게 시작할 수 있다. 빨강의 체험은 불안을 떨치고 관계나 상황에 안정감을 얻는 데도 도움이 된다.

노 랑

① 노랑의 상징

노란색은 모든 색상 중에서 어떤 색보다 밝고 부드러우며 뚜렷하고 가벼운 느낌을 주면서 아름답고 따뜻한 색이다. 아동들은 대부분이 노란색을 좋아하고 대단히 선호한다. 또한 색이 주는 느낌대로 행복감과 명랑함, 희망적이며 생동감이 넘치고 활기찬 느낌을 준다. 그러나 다같은 노란색이라도 노랑 순색에 비해 어두운 노랑은 싫어하는 경향을 보인다.

노란색은 같은 넓이보다도 더 크게 보이는 팽창의 효과를 보이며 어두운 색을 배경으로 했을 때도 그렇고 멀리서도 식별하기 쉬운 색이다. 그래서 교통 표지판이나 장애물, 도로 분리선, 건설현장 등의 안전 색채로서 큰 역할을 하는 중요한 색상 중의 하나이다.

동양에서 보면 노랑을 선호하는 사람들은 대부분 혁신적이고 독창적이며 지혜롭다. 이런 유형은 개성적이고 분석적인 면이 있고 재능 있는 사람들이 여기에 속한다. 서양에서는 비겁함, 편견, 박해를 상징한다. 이런 이유 때문에 정신장애가 있거나 의식적으로나 무의식적으로 지적인 것과 관련한 복잡한 모든 것을 경멸하는 사람들에게서 노란색이 많이 나타나는데, 이는 단순히 자신이 정신적으로 불안함에 대한 방어본능이다. 이 색은 상쾌하고 찬란한 느낌을 주기도 하며, 색채 조절을 할 경우에는 노란색이 흰색보다 더 밝게 보이는 경향이 있다.

노랑이 갖는 의미를 더 살펴보면,

- 성격이 매우 냉정하다.
- 친구들을 골라서 사귄다.
- 신경이 예민하다.
- 외부와의 접촉을 많이 하지 않으려고 한다.
- 결단력과 의지력이 강하다.

• 권위주의적이다.

② 노랑의 심리적 의미

노란색은 일반적으로 사람을 행복하고 즐겁게 만들어 주고, 인체의 신진대사에 유리한 영향을 준다. 노란빛에 대해 생리학적 반응들은 대체로 인체에 별다른 영향을 미치지 않는다고 밝혀졌지만, 이 색은 정신적이고 영적인 인상을 강하게 주는 색이며, 퇴보하거나 유아 수준을 넘어서는 데 실패한 환자들은 거의 노랑을 선택한다.

노랑은 왼쪽 뇌를 자극하는 색으로 학문이나 지적인 일을 하는 데 도움이 된다. 정신력을 강화하고 기억력과 지적 학습을 개발하는 목적을 가지고 있으며 너무 현실성이 적거나 보호를 많이 받지 못하는 사람들을 개선시키는 데 도움이 된다. 다시 말해, 노란색을 좋아하는 사람들은 변화를 즐기며 지적 영역에 대한 모험심이 강하고 새로운 것과 자기 성취를 추구한다. 그렇기 때문에 긍정적인 에너지를 얻거나 생각을 정리하고 정보를 기억할 때 노랑을 사용하거나 노랑을 상상하면 도움이 된다. 반면에 지적인 활동으로 머리를 많이 쓰는 사람은 노랑과 연관된 것을 줄이는 것이 스트레스를 줄일 수 있다. 또한 책임을 회피하려는 경향, 질투심과 시기심, 적대적 행위와도 연관이 되며, 조금은 안이함을 느끼게 하는 색이다. 고집이 센 사람과 자기에게 고루한 사람에게는 연노랑을 연습하게 함으로써 그 자신에게 따뜻한 느낌이 흘러나오도록 경험시켜 주는 것이 좋다. 이 색은 억제되어 있는 색이기에 경직된 사람에게 도움이 되지만, 명상을 위해서나 마음이 잘 풀어지고 흐트러지는 사람에게는 적당하지 않다.

아동이 노란색을 즐겨 쓰는 경우는 경우 과잉보호 속에서 아무 걱정이 없고, 어리광스럽고 사교적이며, 행복하고 명랑하게 자란 아이가 많이 사용한다. 그림 전체가 노란색의 색채를 가지고 있다면 미성숙하고 의존성이 있으며 응석부림 등의 유아기적 행복감에 찬 상태라 볼 수 있다. 또한 노랑을 기피하면 자신의 내면을 깊이 들여다보거나 자신만의 동기를 찾는 데 어려움을 가질 수 있고, 자신만의 생각에 빠지기 쉬우며, 불쾌한 생각들을 밀어 내려고 한다. 노랑과 파랑을 동시에 사용하면 성장하고 싶은 욕구가 있는 것이고 노랑을 많이 쓰면 남에게 자신을 드러내고 싶은 속마음을 표현한 것이라고 볼 수 있다.

자신이 기대하는 바를 전혀 이루지 못할 때에는 노랑을 싫어하게 되고, 노랑을 거부함으로써 실망과 손실과 소외를 무의식적으로 방어하거나 손실을 보상하려고 하기 때문에 위선적이고 피상적인 느낌을 준다.

노랑은 따뜻하고 인자한 어머니의 살결이 연상되어 어머니의 부드러운 품 속에서 충족하기를 기대하는 젖먹이의 마음을 반영한다. 의지적인 노력의 의미를 지닌 파랑과 반대적 성격을 반영하는 노란색은 애정을 갈구하는 퇴행 욕구를 나타내며 '좀 더 어린아이이고 싶다', '사랑받는 아이이기를 원한다', '응석을 부리고 싶다' 등의 메시지를 담고 있다. 파랑과 노랑을 사용한 그림에서의 대립은 의존과 자립으로서의 대결로 해석할 수 있다.

▸▸▸ 파 랑

① 파랑의 상징

파랑은 마음을 차분하고 편안하게 해 주며 빨강과 함께 많은 사람들이 좋아하는 색으로 숭고, 평화, 행복, 무안, 충실성, 지성, 진실, 희망 등의 상징적 의미를 가진 색상인 동시에 사무적이고 독선적이며 보수적인 느낌을 준다. 또한 파랑은 미래 지향적으로 성장의 의미도 가지고 있다. 파랑이 가지고 있는 이미지를 구체적으로 보면, 밝은 계열은 소극적인 성격을 가지고 있으며 고요함과 편안함, 온건함, 안전성 등의 적극적인 인상을 준다. 어두운 파랑색은 신뢰감과 믿음을 주며 안정감과 고품질의 이미지를 나타내어 파란색만큼 가볍지도 검은색만큼 어둡지도 않기 때문에 신뢰감과 진지함을 결합시켜 놓은 효과를 준다. 그렇기 때문에 파랑은 노동의 색으로 활동적이고 근면한 사람을 상징하는 색으로 여겨진다. 작업복, 제복에 사용되는 파랑은 일상적이면서 제복이라는 성격에 맞게 업무 수행, 질서, 합리성, 규율의 의미가 될 수 있다.

또한 파란색은 내성적이며 보수적인 신념을 가지고 있는 경우가 많기에 본능적이고 자기중심적인 욕망을 억제, 순종하려는 심리와 상응한다. 노란색이 유아 심리의 반영이라고 한다면 파란색은 성인 심리의 반영이라고 하겠다.

아동들이 애호하는 색인 파랑은 맑은 하늘과 드넓은 바다, 시원한 그늘을 연상시켜 차갑게 느껴지고 남성적인 느낌을 주는 뚜렷한 색이다. 파란색을 좋아하는 아동 중에는 비교적 밝은 성격에 명령, 규범, 규칙을 잘 준수하고 주위에 잘 적응하는 아동들이 많다. 시각효과 면에서도 파란색을 칠한 넓이나 부피는 실제보다 작아 보이는 축소된 느낌을 주며, 멀리 있는 것 같이 보이게 하는 후퇴적인 느낌도 준다. 온도 감각에서도 한색이나 진정색의 대표적인 색이기 때문에 물, 얼음, 찬 공기 등을 연상시켜 추위, 냉각의 표시로 쓰인다.

파랑은 동 · 서양의 감정이 비슷하다. 동양에서는 청자, 청송, 녹주, 독야청청 등의 감정을 주는데, 이건 실제적으로는 초록 계열이지만 이미지에 있어서는 파란색을 연상하는 특색이 있는 고귀하고 숭고함, 충성 등을 상징하며, 서양에서는 우울함, 병적임 등을 상징하고 있다. 색채 기호 조사 같은 것을 보면, 일반적으로 여성보다 남성 쪽이 파랑을 좋아하는 비율이 높은 것은 자제와 적응을 상징하는 내향적인 색이기에 사회 활동이 많은 남성 생활이 모든 방면에서 자제를 강요받고 있는 사실을 반영한 것이라 할 수 있다.

파랑이 갖는 의미를 더 살펴보면,

- 긴장하고 불안스러운 성격이며 공상적인 꿈을 많이 꾼다.
- 잘 놀라고 기분이 좋을 때 밝은 파랑을 칠하는 경우도 있다.
- 밝은 청색은 순종하며 순응의 의미(이 색을 잘 쓰는 아이는 말을 고분고분 잘 들음)이다.
- 짙고 어두운 청색은 불만이 있으면서도 복종하는 상태다.
- 지혜롭고 자기 통제력을 가지고 있다.
- 의무감, 책임감이 강하고 양보를 잘하며, 성인의 경우 신앙생활을 하는 사람들이 이 색을 즐겨 쓴다.

② 파랑의 심리적 의미

파랑은 다양한 색 톤을 가지고 있으며 그에 따른 치료적 목적과 개입도 다르고 색채 중에서 감각적인 자극이 가장 약하면서 정신 자극은 가장 높아 신경조직을 편안하게 해 준다. 다시 말해 파랑은 뇌파를 이완시켜 맥박이 감소하고 호흡이 깊어지며 체온의 저하를 가져와서 신경조직을 편안하게 해주기 때문에 식욕을 감퇴시키고 비행 및 싸움의 반응을 감소시키는 효과가 있다. 파란색의 영향을 받고 있으면 시간은 빠르게, 물체의 무게는 가볍게 느껴진다. 또한 초점이 잘 맞지 않은 색으로 밝은 곳보다 어두운 곳에 조명과 함께 쓰면 안락하고 편안함을 주어 피로하고 병이 있을 때 파랑에 대한 욕구가 커진다. 이때는 파랑의 원색보다는 변색을 많이 사용하는 게 좋다. 예를 들면 종이 위에 파랑의 원을 그리거나 낙서를 하면 신체가 이완되고 마음이 고요해지는 효과가 있다. 남청색은 눈의 건강에 도움이 되기 때문에 눈이 피로할 때 이 색을 보면 도움이 되고, 또 하늘색은 광활함과 자유로움, 모든 구속과 물질 세계에서 해방되는 느낌을 주기 때문에 이 색으로 인하여

한숨을 내쉴 수 있게 된다.

파란색을 엷게 칠하는 아동은 비교적 성격이 밝고 주위 환경에 잘 적응하며, 성격이 이지적이고 이상적으로 영원을 바라보는 심정이 강하다. 또한 파랑을 많이 쓰는 아동은 심신이 지칠 대로 지쳐서 '가능하면 쉬고 싶다'는 생각을 하는 반면, 한편으로는 '맡은 일을 성실하게 하지 않으면 안 된다'는 생각이 교차하여 정서적으로 외적인 규범에 맞추려는 경향이 짙다. 하지만 그림을 그리는 경우는 달라질 수 있는데, 아동이 예민하고 긴장된 필치로 그림물감의 파랑을 덩어리째 진하게 칠하면 자기중심적이고 주위와 잘 조화되지 못하는 경향이 있다. 그리고 청색을 덩어리채로 집중적인 그림을 그렸다면 놀고 싶은 욕망을 강렬하게 억제당하고 있어 반항하고 싶어도 주위에 수긍은 하지만 잘 적응하지 못하고, 선과 형태로 그리는 경우는 비교적 명랑한 성격의 아동으로 주위에 잘 적응하는 행동을 보인다. 또 파랑을 즐겨 쓰는 아동은 냉철한 사고력을 가지고 있다. 하지만 자기감정을 억제하고 명상에 잠기거나 냉정하고 내성적이어서 우울감에 빠지는 경우도 있다.

미술치료에서 파랑을 적용하면 어려운 상황에 인내심을 가지게 되고 문제 해결력도 생기며 영적 발전을 지속시키기 위해 파랑을 치료에 적용할 수 있다. 남색은 이완을 할 수 있게 하며 타인들을 받아들일 수 있게 한다. 남색을 사용함으로써 치료대상자는 사고와 정서의 조화를 이루게 되고 정신적 이해력을 넓힌다. 그러나 이 색이 들어간 옷을 너무 자주 입거나 사용하게 되면 자기고립적 경향을 불러일으킬 수 있다. 터키색은 자신감과 안정을 주는 색으로 불안한 상황이거나 수줍어하고 타인들 앞에 자신을 개방해야 하는 사람에게 필요하다.

2차색은 1차색+1차색으로 색상은 빨강+노랑=주황, 노랑+파랑=초록, 빨강+파랑=보라이다.

주 황

① 주황의 상징

주황은 활력과 에너지가 강한 색으로서 활동성과 호기심, 생생한 활력을 상징한다. 또한 이성적인 색이면서 빨강에 비해 목표 지향적인 운동과 형상을 더 잘 나타내는 사회적인 색이기에 명예를 상징하고 사람들과도 금방 친해진다. 이해심과 환희, 사치적이고 발랄한 성격도 가지고 있다. 그리고 영감과 유쾌한 자극을 줄 수 있는 외향적인 색으로 축제와 즐거움, 충만함을 상징한다. 주황색의 불은 사랑과 자비, 온기를 의미한다. 떠오르는 태양과 일몰을 상징하는 이 색은 종교적 깨달음의 색이기도 하다.

주황은 일반적으로 선호하지 않는 편이나 옅은 색, 짙은 색은 상당히 선호하는 색으로 부드럽고 야하지도 않으며, 아동의 학교 내벽에 많이 칠해지기도 한다. 주황을 좋아하는 아동은 주위와 잘 적응하는 사회적 성격을 가지고 있으나 어떤 경우는 강한 감정적 표현을 도피하려고 사용하기도 한다. 동정과 우애를 구함과 동시에 수줍은 아동에게서 주로 나타나는 색이다.

주황이 갖는 의미를 더 살펴보면,

- 극도의 애정 결핍상태
- 구애의 상징
- 높은 포부
- 사랑스럽고 단순한 것을 즐김
- 강렬한 요구
- 주황 또는 주홍이 파랑과 동시 표출될 때 지능이 낮고 우둔한 어린이, 자기 몸의 불결감을 나타낼 수 있기 때문에 이 색을 즐겨 사용할 때는 곧 목욕을 시켜주고 의복을 갈아 입혀 주는 것이 바람직하다.

② 주황의 심리적 의미

빨강과 비슷한 성격을 가진 주황은 뇌의 조절 중추를 자극하고 식욕이 완성해지며 나른함을 유발하여 졸립게 한다. 혈류 속의 속도가 감소하며, 주황과 파랑이 결합하면 안정감, 고요함, 침착함 등의 감각을 발달시킨다. 주황은 갈등을 이완시켜주고 편안함을 주기 때문에 호흡이 짧은 사람이나 간질 환자에게 좋고, 소극적이고 내성적인 아동이 이 색을 많이 사용하면 원기왕성한 생동의 충동성을 느끼고 적응력이 생겨난다. 하지만 지나치게 많이 사용하면 이기적이고 경박한 경향이 있다. 또한 자신의 강한 감정을 표현하기를 주저하는 소심한 아동이 내적인 불안의 출구로 이 색을 많이 사용한다. 주황을 좋아하는 아동은 주위 환경에 잘 순응하고 공상적인 놀이로 실생활에서 도피하려는 경향이 있는 반면, 적극적이고 활동적이며 명랑한 아동이 많이 사용한다.

주황은 침울하고 우울한 사람에게 도움이 되며, 무기력하고 무감각, 모든 일에 관심이 없는 사람에게 필요하다. 이런 때 주황의 옷을 입거나 주황으로 낙서를 하거나 그림을 그리게 하면 긍정적인 변화를 일으킬 수 있고 좀 더 사회적인 성향을 길러 줄 수 있다.

미술치료에서 주황의 치료가 필요로 하는 사람들에게는 처음부터 주황을 사용하게 하기보다 먼저 남색에서 흰색, 가라앉은 파랑, 복숭아 색, 보라, 차분한 초록을 연습하게 한 후에 주황을 사용하면 효과를 높일 수 있다. 치료 시 주황만을 너무 많이 사용하기보다 채도를 조금 낮추게 하여 귤색으로 강도를 낮추어서 실시하는 것도 좋다.

▸▸▸ 초 록

① 초록의 상징

자연의 풍요함을 연상시키는 초록색은 자연을 대신하는 색상이며, '미래의 색' 이라고 해서 평화나 안전을 기대하는 희망을 포함하고 있고 있다. 그리고 이른 봄에 피어나는 새싹의 연두에서부터 한여름 무성한 숲의 청록에 이르기까지 자연의 색이다.

인간에게 가장 친밀한 색으로 꼽히는 초록은 안전, 진행 등의 표시로 쓰이고, 대부분 사람들은 주위의 자연이 가지고 있는 초록색으로부터 안정감을 느끼기 때문에 건강을 상징한다. 또한 가장 휴식을 주는 색상으로 자연, 비옥함, 생명, 성장, 위안 등의 의미를 지니지만 때로는 무료함과 단조로운 느낌을 주기도 한다. 초록은 동서양을 막론하고 풍요로움과 젊음, 신선함, 희망, 평화, 안전, 이상, 안락함 등 유사한 상징적 의미를 가지고 있다. 종교적으로는 화해의 색이며 위로자, 성령의 색이기도 한다.

초록이 갖는 의미를 더 살펴보면,

- 집안이 완고하고 자기주장이 강하며 친구들과 잘 어울리고 사물의 판단을 잘 한다.
- 상상력이 풍부하고 노력형이다.
- 참을성이 많으며 온순하고 감정을 자제하며 친구들에겐 자기감정을 강하게 표현하지 않고 적응성이 강하며 감정의 결여로 도피적 경향이 있다.
- 몸이 허약하거나 무기력하며 건강한 어린이라도 이 색을 쓰는 경우에는 피로하거나 슬프다는 뜻이며 침통과 안식의 욕구로 나타난다.
- 한편 질병에서는 회복과 소생의 의미로도 표현되며 건강과 질병의 중간색이다.

② 초록의 심리적 의미

초록은 심리적으로 조화롭고 균형 잡힌 효과를 주며, 마음을 진정시키고 평화로운 느낌을 불러일으킨다. 또한 내적으로 물러설 수 있는 능력과 집중력을 주며 쉽게 흥분하지 않도록 조절한다. 초록은 모든 색 중에서 가장 편안한 느낌을 주면서 마음을 진정시키는 효과를 가지고 있기 때문에 인간을 치유하는 효력이 있다. 그리고 심신을 균형 있고 조화롭게 하며, 긴장된 눈을 이완시키므로 시력이 약한 사람들은 초록색을 자주 보는 것이 좋다. 그렇게 때문에 교실의 칠판 색깔이 초록인 것이다. 초록은 신경계에 도움을 주어 균형과 평형을 갖게 하는 역할을 하며, 심장의 박동을 고르게 진정시켜 준다. 사람들이 삼림욕을 하는 이유도 이 때문이다. 반면에 초록을 너무 많이 사용하면 기분이 저하되어 우울해질 수도 있다.

초록을 즐기는 사람은 자신을 분명하게 표현하지 않으면서 자제하고 겸손하며 사려 깊게 행동하는 특성을 지닌 사람으로 여겨지기도 한다. 아동에게 있어서 초록색은 노란색 다음으로 선호하는 색이며 밝고 뚜렷하며 깨끗한 색이다. 초록을 좋아하는 아동은 빨강을 좋아하는 아동에 비해 비교적 자기 억제가 강하고 주로 자기감정을 강하게 표현하지 않는 내향적인 성향을 기지고 있다. 성격은 안정되어 있으나 감정은 결여되어 있는 것으로, 주로 엄격한 가정에서 자란 아동이 즐겨 쓴다. 즉 충동에도 잘 견디며 자기감정을 잘 조절하는 능력과 자신에게 스스로 만족할 줄 알고, 모든 일은 생각해서 행동하며, 매사에 신중하고 협조적인 태도를 보인다.

미술치료에서 불안 증세를 보이는 치료대상자에게 초록을 사용함으로써 현실성과 지구력을 길러 줄 수 있고 심신의 안정을 줄 수 있다. 초록은 억압과 압박을 받은 사람, 조화를 얻기 어려워하거나 분열된 사람, 정신이 혼란한 사람, 운동성이 강한 사람에게 침착함과 태연함을 줄 수 있는 꼭 필요한 색이라고 하겠다.

▸▸▸ 보 라

① 보라의 상징

보라는 고귀함과 권력의 상징으로 빨강의 강인함과 파랑의 불안함을 동시에 내포하는 양면성을 가진 신비롭고 절묘한 중성색이다. 또한 빨강의 자극과 파랑의 억제를 동시에 지니고 있는 혼합색으로 통일성과 균형을 맞추기 가장 어려운 색이다. 따라서 보라는 일반적으로 슬픔과 고통을 상징하고, 기독교에서는 참회와 단식의 색이며, 본래 귀족의 색으로 고귀, 우아, 평안, 신비, 영원, 장엄과 신비 등을 상징한다. 고대 중국에서는 태평성대의 상징이나 형이상학적 세계의 사상적 표현으로 사용하기도 하였다. 또한 우아하게 보이는 색이기도 하고, 예술가들과 문화적인 취향의 사람들이 좋아하는 색이며, 여성을 더욱 여성스럽게 보여 주기도 한다.

이 색을 좋아하는 사람은 섬세하고 뛰어난 재능과 취향을 가지고 있으며 허영심이 있는 반면, 재능이 뛰어나 모든 예술, 철학, 발레, 심포니, 그 밖의 고상한 일을 즐겨하는 사람들이다. 반면에 이 색을 싫어하는 사람은 겉치레, 허영심, 자만심이 있으며 문화적인 것들을 중요하게 여기지 않는 경향이 있다.

쿠퍼(Cooper)는 보라를 네 가지의 의미 범주로 분류하는데, 첫째는 지능과 지식, 둘째는 종교적 헌신과 성스러움, 겸손과 속죄, 셋째는 근심, 고통, 비탄과 슬픔, 마지막으로 노년을 상징한다(Riedel, 1985).

보라가 갖는 의미를 더 살펴보면,

- 긍정적인 면 : 직관적, 감각적 이해와 파트너와의 일치를 바라며 양극단의 분열을 지향하려고 한다.
- 부정적인 면 : 마음이 흔들리는 미결정, 미분화의 경험을 나타내며, 도주와 도피의 경향도 있다.
- 밝은 보라 : 최상의 취향을 가지고 있고 속세에 물들지 않고 자신만의 세계를 고수한다. 그러나 이러한 사람은 오만하거나 여성성을 너무 강조하고 허영심을 보일 수 있다.
- 보라를 싫어하는 사람 : 타인과의 융화하고자 하는 동경을 자주 억누른다.
- 고집이 세고 지구력이 강하며, 지능이 높고 응용력이 강한 치밀한 성격으로 어떤 일이든지 잘한다.
- 운동을 좋아하며 친구를 잘 사귄다. 반면에 친구들과 그다지 잘 어울리지는 못한다.
- 이 색을 고립적으로 많이 쓰면 행동을 많이 제한하여 불안해 하는 경우가 많으며, 질병과 상응된다.
- 질환, 수술, 부상의 표출이며, 보라색 나비는 입원환자나 사망한 사람이 있음을 의미한다. 맑은 보라는 현재의 증상이며, 탁한 보라는 지나간 증상을 나타낸다. 이 색을 조심스럽고 부드럽게 칠하면 폐나 호흡기 질환이 있는 경우가 많다.

② 보라의 심리적 의미

보라는 빨강과 파랑의 혼합 비율에 따라 다양한 색조를 나타낼 수 있다. 빨강이 더 많이 섞인 보라는 매혹적이고 분열적이며 쇠약해지는 영향을 주는 반면, 파랑 톤이 더 많은 보라는 신비롭고 초조하며 번거로운 영향을 준다. 보라색이 필요한 사람은 정신분열 환자, 의기소침하고 우울증의 증세가 있는 사람, 감정의 기복이 심한 사람, 숨을 내쉬는 데 어려움이 있는 사람에게 도움이 된다. 붉은 보라는 신진대사의 변화가 심한 사람과 숨을 들이쉬는 데 어려움이 있는 사람에게 도움이 되고, 보라색으로 낙서를 하면 그 색이 주는 정서와 에너지를 얻게 되어 창의성을 높이고 직관력과 개성을 발전시킬 수 있다.

보라색을 고집스럽게 잘 사용하는 아동의 경우는 불행한 느낌과 관계를 가지고 있으며, 심리상태가 불안정하여 친구를 많이 사귀지 못하고 고립된 경향을 보이며, 자신의 감정을 잘 표현하지 않고 사랑을 그리워하는 편이다. 이런 아동은 우울하고 감상적이어서 우울을 경험하고 고독한 감정에 빠지기 쉽다. 또한 보라색은 아동들의 질병과 상응한다. 예를 들면, 어느 한 미술대전에서 있었던 실화로, 심사위원이 아동화를 평가하는 과정에서 보라색의 강한 인상을 남기는 작품의 주인인 아동에 대한 신상을 알아보았더니 그 아동은 얼마 전에 죽었다는 얘기가 있다. 이런 예처럼 임상적 통계를 보면 질병으로 야기되는 감정은 보라색을 택하며, 소아천식을 앓고 있는 아동들은 보라색을 즐겨 사용한다. 병원에 입원한 아동들에게 나타난 색채의 사용 빈도를 보면 보라가 가장 많고 분홍, 빨강, 노랑순으로 나타났다고 보고하고 있다. 보라는 선호하는 사람을 보면 고집이 세고 비사교적 · 자기중심적이며, 남과 다투는 성격이 나타난다. 그렇기 때문인지 예술가들은 보라를 선호하는 경향이 높다.

3차색은 1차색+2차색으로 색상은 빨강+주황=주홍, 노랑+주황=귤색, 노랑+초록=연두, 파랑+초록=청록, 파랑+보라=남보라, 빨강+보라=붉은보라가 있다.

▸▸▸ 갈 색

① 갈색의 상징

갈색은 빨강과 노랑이나 오렌지색과 파란색을 혼합하여 만들 수 있는 색상이다. 이러한 혼합색은 아동의 어머니와 갈등 관계를 나타낸다고 할 수 있다. 그래서 충동과 억제 사이의 중간적인 입장에 있는 색상이라 볼 수 있다. 갈색은 심리적으로 수동적이며 수용적인 느낌을 준다. 또한 활력 있고 감각적 느낌을 주기도 하며, 심리적인 저항력을 나타내고 자기주장과 관찰력을 표현한다. 이 색은 충동성을 완화하며 현실적이고 책임감을 높여 주는 동시에 인내력과 지구력을 나타내기도 한다.

갈색은 자연과 밀접한 관계를 보여 환경적으로 건강한 색이다. 씨를 뿌리고 거두어들이는 풍요로운 들판과 대지를 연상시키는 색이기에 가을이 연상되기도 한다. 그리고 청빈함, 단순함을 표현하기도 하고 불모의 대지에서 검소하고 가난을 나타내기도 하며 흙으로 돌아가는 의미로 죽음을 의미하기도 한다. 갈색은 일하고, 놀고, 잠자고, 정상적인 신진대사 작용을 수행하기에 좋은 건강한 외적 환경을 제공한다.

갈색이 갖는 의미를 더 살펴보면,

- 우유를 많이 먹고 자란 아동
- 의지력이 약하여 의존심이 강함
- 항상 불만이 많고 자기의 주장을 잘 나타내지 않으며 외로움을 많이 탐
- 자기 행동과 손의 사용에 자신감이 부족하여 무조건 참음
- 아동 상태에 머무르고자 하는 욕구가 많으며 놀이나 행동에 제한을 받음

② 갈색의 심리적 의미

갈색은 흙을 만나기 어려운 현대인에게 필요한 색이다. 갈색의 물체들은 신체 기관과 정신을 강화시켜 안정감을 주고, 정신적 고통은 없애 주며, 신경 전달 물질의 합성을 촉진하고, 불안감을 해소시키며, 만성 피로감을 약화시킨다. 그러나 지나치게 많이 사용하면 잠정적인 권태감이나 게으름을 유발시킬 수 있어 적절한 조화를 이루어 사용하여야 한다. 불합리한 색채의 환경은 학습 의욕을 저해시키고 신체적으로 성장할 시기인 아동의 활동력을 약화시키므로 건강과 위생에도 좋지 못한 영향을 줄 수 있다.

갈색을 고집해서 쓰는 아동은 모성애의 결핍과 관련이 깊어 애정의 욕구가 강하며 더러운 것을 싫어한다. 갈색이 진한 고동색인 경우는 극도의 애정 부족이며 항상 불만이 많고 자기주장을 잘 나타내지 않는다. 비옥한 땅, 단단한 나무기둥, 떨어지는 낙엽, 생명력과 더불어 쇠잔함, 세월의 아픔과 정취의 색이기도 한 갈색은 보호를 받고 싶은 욕구를 무의식적으로 드러낼 수 있는 것으로 해석할 수 있다.

특히 갈색의 점토는 미술치료에서 중요한 매체 중 하나로 사용되며, 치료적 효과를 많이 본다. 그리고 아동이 갈색을 즐겨 사용하면 유아적인 상태로 의존적이고 현실에 적응 능력이 떨어지는 경향을 보인다. 청결한 습관을 강요받거나 너무 빨리 대소변을 가리게 했을 때 이 색을 많이 사용한다. 억압과 청결에 대한 반발심을 보이기도 한다. 자연공간에 장시간 보내는 아동들의 경우 갈색을 선호한다.

갈색은 치료적 측면에서 신경과 감정이 양극화하는 경향의 사람, 피상적인 사

무채색은 색상이나 채도는 없고 명도의 차이만을 가지는 있는 것으로 색상에는 흰색, 검정, 회색이 있다.

람에게 많은 도움이 된다.

흰 색

① 흰색의 상징

깨끗함과 순수함을 상징하는 흰색은 순결하고 청순한 이미지를 가지고 있으며, 화려하고 경쾌, 밝고 고상해 보이기도 한다. 신성하고 축복받는 새 출발을 의미하기도 하며 청결한 이미지를 갖고 있다. 빛의 색으로 상징되는 흰색은 깨달음, 부활, 그리고 완전성을 나타낸다. 흰색은 모든 것을 희생하면서 어떠한 힘도 요구하지 않을 준비가 되어 있는 색으로 받아들여지므로 포기를 의미하기도 한다. 또한 다채로움을 거부하는 무채색으로 생명의 결핍, 감정의 결여, 엄격함, 절망을 뜻한다. 종교적으로는 고행과 금욕을 상징하며, 나아가 죽음을 상징하기도 한다. 흰색은 모든 것을 포용하는 미덕과 봉사하는 숭고함, 성스러움, 희망, 순결, 청결, 깨끗함, 평화 등의 긍정적인 색상이다. 그리고 겸손하고 고귀하며 진실을 상징하는 색상으로 우리에게 신뢰감을 주는 색상이지만, 지나친 완벽함으로 인해 공허함, 지루함, 빈약함, 상실감 등의 느낌을 주기도 한다.

흰색은 죽음과 탄생의 양면성을 지닌다. 우리나라는 사람의 죽음과 관련된 의미로 가족의 죽음을 애도하기 위해 흰색의 옷을 입고, 서양에서는 새 삶을 시작하는 신부의 색으로 순결이나 결백을 상징하는 의미로 결혼식에 사용된다. 심리적으로 개방과 자유로움, 내적 동요가 숨겨져 있으며, 그러한 내면 정화의 작용을 하여 순수, 신선, 솔직함을 표현한다. 또한 절대적인 커다란 침묵으로 모든 표정과 본질이 사라져버린 세계를 상징한다. 자기 고유의 색을 보이지 않는다는 것으로 무관심을 나타내기도 한다. 검정의 반대색으로 흰색은 신(神), 검정은 악마를 상징한다. 또한 흰색은 긍정을, 검정은 부정을 상징한다.

흰색이 갖는 의미를 더 살펴보면,

- 내성적이며 폐쇄적
- 고집이 강하고 친구가 적음
- 자기 주관이 강해 남에게 과시
- 사고력 부족과 신체 건강에 문제가 있음
- 두려움과 무기력 또한 이 색으로 표출되며, 반대로 거짓말을 잘하는 어린이가 그림을 그릴 때 이 색을 집 창문에 사용하는 사례가 많음

② 흰색의 심리적 의미

흰색은 일반적으로 머리가 멍하거나 마음을 편안하게 하는 데 사용하게 되는 색이다. 그래서 생각이 많고 머릿속이 복잡하거나 불안감이 있을 때 흰색이 도움이 되고 새로운 일을 시작할 때 흰색을 사용하면 도전을 높일 수 있다.

아동이 흰색을 자주 쓰는 경우, 그 선택의 심리는 외부 또는 과거에 대한 후회 등으로 결백한 심정으로 돌아가고픈 마음에서 흰색을 많이 표출한다. 흰색은 유아기를 벗어난 아이가 주로 사용하며, 자기 모습을 남에게 드러내 보이고 싶을 때 이 색을 쓴다. 그리고 두려움과 무기력도 흰색으로 표출되며 거짓말을 잘하는 아이는 다른 색 위에 흰색을 덮어 칠하는 경우도 있다.

▸▸▸ 검 정

① 검정의 상징

검정은 색 파장을 반사하지 않는 색으로 무겁고 장엄한 느낌을 준다. 또한 모든 색을 흡수하기 때문에 억압과 지배의 느낌도 준다. 어둠의 힘을 대표하는 색이고, 암울하고 알려지지 않은 미지에 대한 공포이며, 밤의 어두움, 슬픔, 죽음을 상징한다. 자신을 숨기는 색으로 사용되기도 하며, 무의식을 대변하기도 한다. 자유로운 감정의 흐름이 결여되어 있고 공포나 불안을 느끼는 아동이 선호한다. 공격적이고 사치스러운 경우에도 검정을 사용한다.

검정은 자기방어와 자극적인 영향을 억제시키고 폐쇄성과 포기를 상징한다. 또한 외부와 차단하는 경향이 있어서 우울 성향, 통제된 욕구 및 지적 능력과 관계가 있다. 그리고 검정은 암흑의 색이며, 모든 것을 감싸주는 은신처로 감추고 싶은 가정을 상징한다.

검정이 갖는 의미를 더 살펴보면,

- 짓궂고, 실천력이 강하고, 적응력이 있다.
- 가정환경이 대체로 밝지 못하다.
- 지능 지수가 높다.
- 감정적이고 행동의 부족, 억압 속에서 불안과 공포의 압박을 느끼며, 주위의 강한 간섭으로 공격적이거나 고독해지고 모든 감정을 검정으로 감추어 덮어 버리고 싶은 심리를 나타낸다.
- 밖으로 보기에는 순종하고 온순하며 적응된 행동을 보이지만 내면에 있어서

는 자기를 과도하게 통제하고 있다.

② 검정의 심리적 의미

검정을 선택하는 심리는 정서 행동에 결함이 있는 것을 표시하는데, 주위의 간섭으로 스스로 억압하고 있는 상태이며, 자유로운 감정의 호흡의 절제하고 있는 상태이다. 또한 공포와 불안으로 압박을 느끼며 고독해지거나 공격적으로 변하거나 어느 한쪽으로 기울어진다. 어머니의 강한 간섭으로 가장 민감하게 검정이 나타나며, 가정환경이 대체로 밝지 못한 경우가 많다. 엄격한 훈육, 권위적 부모, 결손 가정, 신체적 결함에 대한 공포와 불안에 의해서 생겨난 자기의 억압을 검정으로 표현하고 공포와 싸워 이기려는 의욕을 거의 상실한 상태를 보여 준다. 밖으로 보기에는 순종하고 온순하며 적응된 행동을 보이지만 내면생활에 있어서는 자기를 과도하게 통제하고 있다.

파란색은 비교적 자율적인 감정 제어에 대응한다고 할 수 있는데 비하여 검정은 타율적인 어쩔 수 없는 불만을 감춘 감정을 제어해야 할 것이다. 다시 말해, 파란색은 자아를 살린 제어이고, 검정은 자아를 죽인 제어라고 할 수 있다.

일본의 아동화 연구가인 아사리는 검은색을 많이 사용하는 아동은 그의 부모에 대한 문제로 보았다. 부모가 잘못된 적극성을 뜬 교육을 시행하거나 히스테리적 성격의 부모에게서 심한 꾸지람과 훈육적인 가정환경에서 자란 아동이 검은색을 자주 사용한다. 아동이 노란색과 검은색과의 대조를 쓰는 경우, 아동의 아버지가 사망하거나 부재중이거나 꾸지람을 당했을 때이며, 성인의 경우 배우자를 잃었을 때 많이 사용한다. 고동색과 검은색을 쓰는 아동의 경우는 도벽성을 가지고 있다.

우리의 문화에서는 서예를 통한 먹이 주는 검은색의 의미를 서양과는 달리 긍정적으로 받아들이고 있다. 먹으로 표현하는 검정은 정신을 깨어 있게 하며, 집중하게 하고 마음을 안정시키는 역할을 한다. 또한 검정은 자궁 속의 어두운 색으로 그 안에서 어머니에게 보호 받는 것을 무의식적으로 느끼는 상황과 관련이 있다.

검정을 즐겨 쓰는 아동은 자유로운 감정의 흐름이 결여되어 있고 공포나 불안을 안고 있으며 압박감을 느끼는 경우가 많다. 또 공격적이고 사치스러운 경우에도 검정을 많이 쓴다. 그림을 그린 뒤에 테두리에 검은 선을 두르는 것은 정서적인 결핍으로 고립된 자신을 인정 · 사랑받고 싶다는 의미로 해석된다. 색을 겹쳐 칠하는 경우에는 밑의 색은 본래의 감정을 의미하고, 위에 덧칠하는 색은 자기감정을 외부에 노출되지 않게 숨기려는 의도적인 행동을 의미하기도 한다.

미술치료에서 일반적으로 검정은 권장하지 않는다. 그러나 검정은 슬픔, 우울 등의 감정이나 억압된 정서를 표현하려는 사람에게는 자신의 상황을 자유롭게 표출할 수 있는 기회를 줄 수 있다. 이는 검정을 사용함으로써 카타르시스를 느낄 수 있기 때문이다.

회 색

① 회색의 상징

순수한 회색은 보수적이고 조용하며 고요한 성질을 갖는 의미로 안개, 스모그, 먹구름의 색이다. 뿐만 아니라 황량함, 지루함, 수동성 그리고 무생명의 분위기를 자아내기도 한다. 회색은 빛과 어둠의 양면성을 갖는다. 또한 주저하고 삼가는 특징을 지니며 조용함의 상징이기도 하고 반대와 대립되는 것을 피하는 색으로 회색지대, 회색분자의 의미로 어떠한 방향으로 분명함을 갖지 않고 중립을 지키는 것을 의미한다. 그리고 공격적 표현을 억제하는 색이기도 하다. 회색은 변화를 바라지 않은 색이며 생동감을 거부하는 색이다. 이 색은 침착하고 흥분하지 않은 색으로 조심성을 가지고 극단에서 균형과 타협을 찾는다.

회색이 갖는 의미를 더 살펴보면,

- 경계심이 많고 외로움을 많이 타며 냉철하고 내성적인 성격
- 창의력이 있으며 편식 습관이 심함
- 대인관계가 원만치 않으며 열등감을 많이 가지고 있음
- 가정에서 억압당하는 느낌을 만성적으로 갖고 있는 아동
- 아주 밝은 회색은 흰색과 같은 상징이며, 그 외의 진한 회색은 검정에 가까운 의미

② 회색의 심리적 의미

회색을 선호하는 사람은 흥분과 자극을 회피하고 칭찬이나 인정받는 것에 상관없이 열심히 일하며 사업을 잘한다. 그리고 아무 근심 없이 여유롭게 살고 싶어 하는 노인들이 즐기는 색이기도 하다. 회색을 좋아하는 사람은 변화를 좋아하지 않고 은폐하고 가리는 성향이 있고, 흥분된 기분을 가라앉히거나 과도한 생각을 자제하기 위해서는 회색과 관련된 생각을 많이 하도록 권해 주면 좋다.

회색을 많이 사용하는 아동은 어린이답지 않고 노숙하고 점잖게 보이려고 노력

을 한다. 성격은 겸손하고 내성적이어서 무난하지만, 우울한 면도 있고 적극성과 생동감이 약하다. 또 대인관계가 원만하지 않으며 경계심이 강하고 열등감을 많이 가지고 있다. 가정에서 억압당하는 느낌을 만성적으로 가지는 경우가 대부분이다. 아주 밝은 회색은 이 같은 상징성을 가지나, 어두운 회색은 검정에 가까운 의미를 담고 있다.

Chapter 04

아동미술치료의 이해와 해석

04_ 아동미술치료의 이해와 해석

1 미술치료의 이해와 해석

아동의 그림은 미술치료에 있어서 중요한 도구이다. 이는 대상자의 그림에는 내적 심상이나 개인적 진술이 담겨 있기 때문이다. 또한 아동의 의식적 · 무의식적 내용을 담고 있기 때문에 그림으로 가장 단순하고도 풍부하게 자신을 표현할 수 있는 것이다. 그림을 통해 검사자 혹은 치료사와 접촉할 수 있는 가능성을 확장시킬 수 있는 매개체로 그림은 언어적 치료법을 보완해 줄 수 있는 도구가 된다.

미술치료의 활동은 치료자에게는 대상자에게 좀더 쉽게 다가갈 수 있는 도구로서 사용되고, 대상자에게는 자신을 탐색하는 과정을 통해서 자신의 내면을 새롭게 조명해 보고 객관화하는 작업을 통해서 자신의 문제에 접근할 수 있는 통로가 된다. 다시 말해, 사람의 문제는 개인이 갖고 있는 제각기 다른 정서나 사고방식, 행동 특성을 알아내기가 쉽지 않기 때문에 그림을 통한 진단과 분석은 올바른 치료 계획을 세우기 위해서 반드시 필요한 전제조건이다. 즉, 효과적인 치료를 위해서는 내담자가 드러내는 증상은 무엇이고, 이 증상들이 지니는 의미는 무엇인지를 바로 이해할 수 있어야 한다.

내담자의 치료를 담당하는 치료사는 같은 행동이라도 내담자의 발달 수준, 개인차와 나이를 고려하여 다르게 해석할 줄 알아야 한다. 예를 들어, 작품을 구성하던 치료대상자가 갑자기 화를 내거나 작품의 표현이 변화하며 어느 부분을 파괴한다면 치료사는 관련된 인물이나 상황을 부가적으로 조사하고 이와 관련하여 이야기를 나누는 것이 필요하다.

치료대상자의 미술치료 활동에서 작품에 대한 정확한 이해와 해석이 이루어져야 이를 기초로 올바른 치료 계획이 수립될 수 있고 이를 통해 대상자의 문제를 도울 수 있다. 또한 치료대상자의 작품 활동 관찰은 현재의 문제에 대한 가설을 제공할 수 있기 때문에 치료사는 언제 어느 부분에서 치료대상자가 분노하고 작품을 파괴하는지, 어느 부분에서 망설이고 혼란스러워하고, 두려워하며 슬퍼하는지를 살펴보아야 한다. 그리고 정서적으로 어떤 영향을 받는지 살펴보면서 치료대상자가 미술매체에 어떻게 반응하고, 어떤 매체를 선택하여 작품 활동이 이루어지는지를 주의 깊게 관찰하고 기록해야 한다.

2 그림의 형식

1) 공간 사용

그림의 크기는 그린 사람과 그를 둘러싸고 있는 환경과의 관계를 나타낸다. 대개 공간 사용 정도가 높은 것이 더 건강한 징후로 본다(공간을 70% 사용한 사람이 30% 사용한 사람보다 건강하다). 아동의 정서가 의기소침하거나 우울해 하고, 극히 수동적이며, 그림 그리기를 싫어하거나 귀찮아하는 아동들은 공간을 극도로 제한적으로 사용한다. 열등감이 심한 아동은 보상심리로 인해 인물을 크게 그릴 수 있고, 과잉 활동적이고 주의집중에 문제가 있으며, 정서적으로 불안정해서 쉽게 폭발하기도 하고, 급작스럽게 우울해지기도 하는 등 감정의 기복이 심한 아동의 경우 조증이나 충동 통제에 문제를 보여 도화지를 넘쳐 테이블 위에까지 색칠하는 것처럼 과도하게 공간을 사용한다.

또한 경계나 한계에 대한 개념이 불분명해서 대인관계 양상에서도 지나치게 의존적이거나 요구적이며, 다른 사람의 일에 부적절하게 개입하기도 한다.

2) 대상의 위치

그림을 그릴 때 항상 같은 위치에서 항상 그림을 그린다면 경직성이나 자기중심적인 성향을 엿볼 수 있다. 이런 사람들은 문제 해결 방식에서 고지식하고 융통성이 없으며, 경직되어 있어 대인관계에서 어려움을 호소하기도 하고, 의심이 많거나 회피적이고 변화에 둔감하기도 한다.

도화지 중앙에 그림을 그리는 것은 가장 보편적인 반응이며 아동의 정상적 발달 수준을 볼 수 있으며, 도화지 아래쪽만 사용해서 그리는 경우 우울한 경향을 보이거나 일반화된 불안정감을 나타내므로 외부 지원이 필요하다.

그림 4-1 사과따기

도화지의 위쪽에만 그림을 그리는 경우 아동의 감정이 흥분되어 있거나 들떠 있는 반면, 자신이 우울하고 침체되어 있음을 과도하게 숨기고자 하거나 생각이 불안정한 경우 자아성취 목표를 높게 잡고 있을 때에도 도화지의 한쪽 구석에만 그리는 경우는 대개 부적절감이나 비관, 우울, 자기비하나 우유부단, 의기소침하고 자신감이 없는 아동에게서 자주 볼 수 있다. 도화지의 가장자리만 사용하는 아동은 소극적이고 의존적이며 불안한 경우이다. 이는 자신감과 자기 확신이 매우 낮고 위축되어 있으며 눈치를 많이 보는 아동들에게 많이 나타난다.

가장자리 때문에 그림이 잘려지는 경우도 있지만 아동을 주의 깊게 관찰하여 뇌 손상은 없는지, 지나친 억제 경향은 없는지, 과대화나 행동화 경향은 없는지 살펴보아야 한다.

3) 그림의 크기

그림 안에서 표현 대상을 얼마만큼 크게 그렸느냐는 그림을 그린 아동의 자아강도, 그려진 대상의 영향력, 인지도 등을 알 수 있다. 예를 들어, 가족그림 중 아빠에 비해 엄마가 유난히 크게 그려졌다면 실제 엄마가 몸집이 클 수도 있지만 가족 안에서 엄마의 위치가 중요하거나 비중이 크다고 볼 수 있다. 이는 대체로 아동이 지각하고 느끼는 각 인물의 중요도, 가족 내 심리적 위치 등으로 살펴볼 수 있다.

또한, 지나치게 큰 그림은 공격적이고 과대망상적이며, 충동적인 성향의 아동에게도 자주 볼 수 있으며 충동조절이 어렵고 행동이 난폭한 아동, 반항적인 아동에게서 흔히 나타난다.

반대로 아주 작게 그려진 그림은 불안감, 낮은 자존감과 과도한 방어기제, 부적절한 열등감 등을 가진 아동에게서 흔히 찾을 수 있으며, 의존적인 태도로 볼 수 있다.

그러나 유치원, 초등학교 저학년 아동에게서는 흔히 볼 수 있는 정상적인 현상이므로 너무 병리적으로 해석하는 것은 지양하며, 아동의 발달적 개인차를 고려하여 진단과 해석을 해야 한다.

3 그림의 내용

1) 완성의 깊이

아동의 그림을 볼 때 가장 먼저 눈에 들어오는 내용은 그림의 완성도와 전체적인 짜임새이다. 그림의 완성도란 그림의 미적 성취도가 아니라 아동이 그릴 수 있는 만큼 다 그렸는지, 어느 정도 그렸는지 하는 정도인데, 자신의 능력만큼 그렸다면 완성도는 높은 편이고, 자신이 그릴 수 있는 것보다 덜 그렸다면 완성도는 그만큼 떨어지는 편이다.

완성도가 낮은 그림은 아동이 그림을 그리기 시작하다 중간에 그만두었거나 대충 그려 놓은 경우인데, 이때 치료사는 왜 완성도가 낮은 것인지를 판단해야 하며, 학교에서의 다른 과제 수행도를 파악하여 어느 정도인지 연결해서 관찰해 보아야 한다.

아동들은 표현 기법이 새롭거나 흥미롭고, 표현 주제가 생활과 익숙한 것이라면 완성도 높은 꼼꼼한 그림을 그린다.

그림 완성도가 높은 아동은 미술활동뿐만 아니라 다른 모든 활동에도 적극적이고 능동적인 높은 성취 욕구를 가진 경우가 많다. 그래서 단순히 성취 욕구로 인한 집중된 완성인지, 아니면 아동의 내면 욕구가 표출되도록 자극된 주제였는지 확인하고 다양한 주제를 제시해 주어 자유롭게 표현할 수 있게 해 주며, 때로는 자유화를 그리게 하는 것도 좋다.

2) 전체 짜임새

아동이 어느 정도 인지적 측면뿐 아니라 동기적 측면, 정서적 측면에서 통합력이 있는지를 알아볼 수 있다.

그림의 전체 짜임새가 질서정연하고 어떤 내적인 질서 상태를 유지하면 안정적이고 건강한 것으로 해석한다. 반면, 혼란스럽고 마구 헝클어진 무질서한 상태라면 주의집중과 사고력이 뒤떨어지며 성취동기가 낮거나 그리는 과정에 집중되지 못한 것으로 해석한다.

전체 짜임새를 파악하기 위해서는 무엇보다 아동의 발달 단계를 먼저 파악하고 아동의 표현 특성을 살펴보아야 한다. 그래서 전체 짜임새가 불안정하거나 떨어지는 아동은 다른 행동 특성에서의 관찰과 생활 측면을 종합하여 이해해야 하고, 간혹 갑자기 짜임새가 엉성하고 변화가 보이는 아동은 가족과 생활환경의 변화 등을 조심스레 살펴볼 필요도 있다. 그러나 이러한 짜임새 요인을 볼 때 미적 균형을 바라보는 시선으로 보아서는 안 된다.

3) 왜곡과 생략

그림의 내용을 이해할 때 주목해서 보아야 하는 중요한 요인으로 아동의 그림에서 어떠한 부분이 독특한지, 생략된 부분은 어디인지 먼저 눈여겨 보아야 한다.

아동에게 있어 사실과 다르게 해석하거나 그릇되게 생각하는 왜곡이나 생략은 그림의 발달 단계에서 자연스럽게 나타나는 정상적인 것으로 간주된다. 그러나 지나친 강조로 인한 왜곡이 계속해서 반복적으로 등장하거나 묘사되거나 다른 부분과 비교하여 상대적으로 파격적인 생략은 신체적 학대나 성적 학대로 인한 외상 후 스트레스 장애(Post Traumatic Stress Disorder)를 앓고 있는 아동의 그림에서 자주 발견된다.

폭력과 같은 외상을 경험한 아동은 자신이 당한 폭력이 어떠했는지 표현하고자 애쓰기도 하고, 자신의 상황을 설명하기 위해 그림의 내용이 어떠한가 하는 것으로 직접적으로 환자가 알리고자 하는 내용이 왜곡을 사용하여 그려진다.

그러므로 아동의 그림에서 간혹 없어도 되는 부분을 그리거나, 반드시 있어야 될 부분이 빠진 경우에는 왜 생략되고 왜곡된 부분과 관련된 갈등이나 걱정이 무엇인지 살펴보고, 그 부분이 갖는 상징적 의미와 연관이 있다고도 볼 수 있으므로 왜 그렇게 표현했는지 아동에게 먼저 물어보고 유의해 한다.

4) 추상적 그림

그림 4-2 나의 오늘

추상화 경향은 한 가지 이유에 의해 촉발된 행동으로 보기보다 몇 가지 이유가 복합적으로 작용해서 영향을 미치기도 하고, 완전히 다른 이유에서 추상화라는 동일한 결말을 표출하기 때문에 사실적 재현이 아니고, 일반적인 대상의 형태를 해체하여 그려진 그림이다. 그렇기 때문에 아동의 추상화를 대할 때는 열린 마음을 가지고 왜 추상적인 표현을 썼으며, 그 의미는 무엇일까 생각해 보아야 한다.

아동이 추상화를 그리는 이유 중 한 가지는 그것이 의식적일 수도 있고 무의식적일 수도 있다. 자기방어를 목적으로 그림에 표현할 내용을 비밀로 남겨야 할 경우에 아동들은 추상화를 그리고, 내용에 대해서도 은유적인 언급 이상을 하지 않는다.

이런 속성을 가지고 있는 아동은 그리지 않는 것이 가장 안전함에도 불구하고 의외로 이런 부류의 아동들은 그림을 그리고 싶어 한다.

아동 중에는 자신의 미술 실력에 대한 부담감 때문에 계속해서 추상화만을 그리기도 하고, 비판이나 실패를 겁낼 때 자주 나타나며 자신의 추상화가 아름답다는 칭찬을 들으면 매우 흐뭇해 한다. 따라서 무리한 해석보다는 아동의 즐거운 활동에 관심을 가지고 아동의 내면 표출이 나타날 때까지 기다려 주는 여유가 필요하다.

5) 주제와 제목

그림의 제목은 그림의 내용을 압축한 말이고, 그림을 대표하는 말로서 그림 과정 동안 아동의 관심사가 무엇이었는지 드러내 보이는 도구이다. 무엇이든 자유롭게 마음대로 그릴 수 있는 상황에서 무엇을 그렸는가 하는 것은 대단히 중요하다. 또한 그림의 내용을 이해하는 데 있어서 제목이 차지하는 의미는 흥미롭고도 중요하다. 즉, 제목을 매개로 불분명한 그림의 내용이 이해되기도 하고, 아동과 대화의 물꼬가 트이기도 하므로 되도록 작품의 제목을 붙이도록 한다.

6) 반 복

아동이 무엇을 반복해 그리는지를 살펴보면 그 이유를 찾을 수 있다. 주제가 반복되면 그 주제를 깊이 이해하고, 반복해서 그려지는 대상이나 반복적인 상황 묘사 등에 관심을 기울여야 한다. 색이나 수가 반복되었다면 그러한 반복이 아동의 그림 스타일 혹은 도식일 가능성과 반복된 색이나 수가 그 사람에게 특별한 상징적 의미를 가졌을 가능성도 생각할 수 있다. 의미 없이 계속해서 반복된 선을 그리는 것은 기질적 손상을 의심해 보기도 하지만, 간혹 반복적인 활동을 통해 인지적 · 신체적, 때로는 정서적 경험을 하므로 반복적인 활동의 의미까지 확대 해석할 필요는 없다.

4 그림의 일반적 특성과 이해

1) 눌러서 그린 정도

매우 힘을 주어 눌러서 그리는 아동은 상당한 긴장을 하고 있을 수 있고, 단호함이 나타나고 힘이 세며, 야망을 갖고 있음을 알 수 있다. 또한 공격적이기도 하며 뇌염이나 간질 상태일 수도 있다. 반면, 연하게 그린 경우는 부적절한 적응을 보이고 위축, 고립, 망설임, 소심함, 두려움, 불안정감을 나타내며, 에너지 수준이 낮고 우울증적 상태, 의지 상실의 경향이 있으며, 학교활동에 소극적인 아동이 많다.

2) 선이나 획의 특징

수평적 움직임을 강조하여 그린 경우는 연약함, 두려움, 자아 보호적 경향, 여자다움을 시사한다. 수직선을 많이 강조하면 남성적인 단호함이나 경쟁력을 나타내고, 곡선은 건강한 성격이나 관습적인 것을 혐오할 수도 있으며, 직선을 강조할 때는 엄격하거나 공격적일 수도 있다.

긴 획은 통제된 행동과 억제를 보이거나 짧고 끊겨진 획은 충동적이고 흥분을 잘하는 아동에게 많이 나타난다. 또한, 매우 짧고 둥글며 스케치식의 획은 불안, 불확실감, 우울증, 수줍음을 나타내며, 음영을 넣었거나 어둡게 그린 획은 불안을 나타낸다.

Chapter 05

미술치료의 실제

1. 미술치료사
2. 미술치료의 적용대상자(내담자)
3. 미술치료의 환경
4. 미술치료 시간의 구성
5. 미술치료 매체의 이해
6. 미술치료의 과정

******

05_ 미술치료의 실제

1 미술치료사

1) 미술치료사의 자질

미술치료의 성공 여부는 많은 부분 치료사의 능력에 좌우된다. 따라서 치료사는 전문인으로서의 능력과 자질을 향상시키고, 인간적인 면에서의 성숙과 자기개발을 위해 꾸준히 노력하여야 한다.

치료사는 윤리적인 문제가 발생하지 않도록 무리한 치료를 진행해서는 안 된다. 즉, 자신의 능력을 넘어선 치료를 해서는 안 되며, 치료과정에서 자신의 능력으로 치료대상자를 도울 수 있는지 스스로 자기진단을 평가해서 치료를 진행해야 한다.

그리고 치료사의 성품은 내면적인 면과 외면적인 면의 전체성이 치료의 첫 회기부터 환자가 민감하게 느낄 수 있는 부분이다. 치료사와의 만남은 다른 어떠한 치료도구나 기법보다 중요하기 때문에 정신적 · 심리적 상처와 고통을 겪고 있는 사람에게는 자신의 마음을 열 수 있는 치료사에게 민감하다.

다시 말해서 이들에게는 관계의 문제를 해결하는 것이 치료의 중심적 과제가 되는 경우가 많다. 그러나 많은 경우에 치료사는 치료대상자를 도와주기 위한 입장이라는 관점에서 그들의 입장에 서기보다는 그들을 주도적으로 이끌어가려는 경향이 있다. 이것은 치료의 결과와 성과를 향해서 가는 지도자는 될 수 있을지 몰라도 동반자는 되기 어렵다.

동반자가 되기 위해서는 생각만으로는 어려우며 치료사 자신의 억제된 감정, 불안, 분노, 수치심 등의 자기표출과 자기경험, 자기이해의 과정을 거쳐야 한다. 이러한 것은 바로 '자기-인식(self-awareness)' 의 과정이다. 자기-인식은 와더슨에 의하면 이미 만들어진 것이 아니라 진행되는 것이며, 일생 동안 민감성을 가지고 채워나가야 되는 것이다. 즉, 치료사의 자질이란 이미 갖춰진 것이 아니라 일생 동안 가꾸어야 하는 것이다.

자신의 한계성을 알고 치료대상자의 문제가 자신의 능력 밖이라고 여겨질 경우에는 다른 치료사에게 도움을 요청하거나 치료대상자를 다른 치료사에게 의뢰해야 하며, 다음과 같은 사항을 유념해야 한다.

- 미술치료사는 자신의 교육, 훈련, 경험, 기타 관련 있는 전문 경험의 범위 내에서 자신이 할 수 있는 영역에 대해서만 미술치료를 제공해야 한다.
- 미술치료사는 치료대상자에게 효율적으로 도움이 되기 위해 적절한 전문가와 협조하여야 한다.
- 미술치료사는 자신이 활동하고 있는 분야의 최근 과학적 · 전문적 정보와 지식을 유지하기 위해 지속적인 교육과 연수의 필요성을 인식하고 참여해야 한다.
- 미술치료사는 치료대상자의 연령, 성별, 문화, 종교, 능력, 교육, 가치 등에 따른 개인간의 차이를 이해하고 존중해야 한다.

2) 미술치료사의 인성적 자질

- 겸손함, 고요함, 인내심, 온화함, 성실성, 안정감, 진실성과 열정이 있어야 한다. 이러한 성품은 환자가 자신을 열 수 있는 신뢰성의 기초를 마련해 준다.
- 자기 자신을 존중할 수 있어야 한다. 치료사의 자기수용과 자기존중은 바로 타인을 존중하고 올바르게 바라보며 받아들일 수 있는 치료의 기초가 된다.
- 자율성이 있어야 한다. 치료대상자가 자신의 모든 감정을 자유롭게 표현할 수 있도록 치료사가 치료대상자를 격려한다는 것이다. 수치심, 두려움, 증오, 적의, 원한, 후회, 번민, 죄책감 그리고 일상 생활에서 금지된 충동과 감정, 태도까지도 자유롭게 표현하도록 격려하는 것이다. 또 치료를 받으러 오는 데 대한 혐오감, 치료사에 대한 적의까지도 허용하는 것이다. 이러한 능력은 치료의 과정을 성공적으로 이끌어갈 수 있는 힘이 된다. 진정한 자율성은 주도적이지 않으면서도 위기의 상황에 흔들림이 없는 능력이다.
- 공감 능력이 있어야 한다. 공감은 치료대상자가 경험한 정서를 치료사가 같이

경험하는 것을 의미한다. 치료대상자의 감정을 그의 입장에서 느끼고 이해하며, 이것을 치료대상자에게 전달해 주어야 한다. 치료사는 치료대상자의 입장에서 그의 마음 깊이 들어가려는 시도를 해야 한다. 특히 공감 능력은 관찰에 의해서 생기는 것이 아니라, 자기 자신의 감정, 분노, 무력감, 두려움 등을 경험하고 작업함으로써 이루어질 수 있는 것이다. 치료사가 치료대상자의 감정, 행동, 사고가 무엇이든간에 그것을 평가 · 판단 · 비난하지 않고 있는 그대로 받아들이는 것이다. 수용은 치료대상자에게 성장 · 발전할 수 있는 긍정적 변화를 가져오며, 문제 해결 능력을 키워 준다.

- 선입견과 편견을 가지지 않는다. 치료에 있어서 선입견과 편견은 치료의 전개와 결과를 모호하고 혼란스럽게 만드는 걸림돌이다. 선입견과 편견을 가지지 않기 위해서는 타인에 대해 개방적이고, 자신의 가치관을 초월하여 타인의 생각과 행동을 수용할 수 있는 능력을 키워야 한다.
- 유머감각이 있어야 한다. 치료사의 유머감각은 치료과정에서 치료대상자에게 올 수 있는 경직된 상태를 이완하거나 실수로 인한 문제점들을 유연하게 대처할 수 있게 하며, 직선적이고 단일적 문제 해결이 아니라 우회적이고 다양한 문제 해결 방법을 적용할 수 있게 된다.
- 민감성, 직관력 및 통찰력이 풍부해야 한다. 치료대상자의 생각과 감정을 예민하게 느끼고 그에 적절하게 대처하는 것을 말한다. 이러한 치료사의 민감성은 치료대상자와 깊은 정서 관계를 수립할 수 있게 해 준다. 그러나 치료사의 정서적 관여는 엄격하게 치료대상자의 치료를 위해서라는 것을 알아야 한다. 즉, 한계를 가진 관계여야 한다는 것이다. 치료사가 치료대상자와 정서적으로 분리되어 있을 때 치료사는 치료대상자에게 공감하면서도 치료대상자가 보지 못하는 점, 지각하지 못하는 면을 지각하고 비추어 줄 수 있다. 이러한 직관력은 치료사가 치료 상황을 빠르게 파악하고 즉흥적으로 적절한 대처를 할 수 있게 한다.
- 많은 말을 삼가도록 한다. 너무 많은 질문과 개입 및 해석을 하지 않도록 한다. 또한 특정 환자에게 반감이나 너무 큰 동정심을 보이는 것을 삼가야 한다.
- 창의성이 있어야 한다. 창의성은 유연성과 탄력성을 동반한다. 치료사는 자신의 창의성을 계속적으로 개발하기 위해서 자신 스스로 지속적인 미술작업을 해야 하며 다른 예술적 작업에도 참여할 수 있어야 한다. 이러한 치료사의 창

의성은 미술치료의 기본적인 과제인 환자의 잠재된 창의성을 이끌어 내거나 영감을 줄 수 있는 원천이 된다.

- 양면감정에 대응해야 한다. 치료사의 중요한 태도로서 치료대상자의 양면감정에 응하는 자세와 기술이 필요하다. 복잡한 여러 감정 중에서 한 감정만을 치료사가 인지하면 치료가 지연될 가능성이 있다. 가족에 대해서 긍정적인 감정도 가지고 있는데 좋지 않은 감정만 인지되는 경우에는 나중에 치료대상자가 좋은 감정을 충분히 표현하기 어려워질 수 있다. 따라서 양면감정이 나타날 때는 긍정적인 감정과 부정적인 감정 모두 인지되어야 한다. 서로 모순되는 여러 감정들이 모두 표현될 수 있다면 이런 감정들을 정리할 수 있는 기회를 갖게 되고 문제 해결을 위한 기틀을 마련하게 된다.
- 치료대상자의 비밀을 보장해야 하는 책임이 있다. 치료대상자는 치료사가 자신의 비밀을 완전히 보장해 주리라 믿고 치료에 임한다. 그러므로 치료사는 직업상의 이유로 따라야 하는 경우를 제외하고는 치료대상자의 비밀을 보장해 주기 위해 노력해야 한다.

3) 미술치료사의 전문적 자질

- 병의 개념과 배경을 알기 위해 정신의학에 관한 지식, 인간의 이해를 위한 인간학, 철학, 심리학, 교육학과 사회학의 지식이 필수적이다.
- 장애 아동 및 청소년을 위한 특수교육의 기반이 필요하다.
- 미술치료의 다양한 이론적 관점, 진단 및 평가에 대한 안목이 필요하다.
- 미술에 대한 지식과 미술 실기의 기초적 훈련이 이루어져야 한다. 치료적 의미에서의 매체의 사용법, 기법, 적용 목적 등을 알아야 하며, 치료적 미술작업을 여러 분야에서 연습하여 자신의 기법과 구상을 자유롭게 적용할 수 있어야 한다. 미술치료적 분야로는 소묘, 그림, 점토 작업, 목재 작업, 조각, 탈 만들기, 판화, 만들기 작업 등이 있다.
- 치료대상자의 욕구를 정확하게 인식할 수 있어야 한다.
- 상호관계의 훈련과 대화에 대한 훈련이 필요하다.
- 미술치료를 위한 실습으로 자기경험과 실습에 대한 슈퍼비전을 받아야 한다.
- 미술치료사 자신도 개인치료와 집단치료를 지속적으로 받아야 한다.

- 미술치료에 대한 계획과 평가에 대한 작업을 문서로 기록할 수 있어야 한다.
- 치료에 대한 윤리적·법적 책임을 알고 지켜야 한다.

4) 미술치료사의 윤리적 문제

개인과 밀접한 관계를 유지해야 하는 미술치료사들은 전문적 활동을 수행하는 동안 다음과 같은 문제 상황에 자주 봉착하게 된다.

- 미술치료를 통해 알아낸 개인의 사적인 세계에 대한 비밀은 어느 정도까지 보장해야 하는가?
- 내담자가 법적인 문제에 개입되어 있음을 알았을 때 어떻게 처리해야 하는가?
- 미술치료의 사례를 연구나 교육의 목적으로 사용할 수 있는가?
- 내담자가 미성년자이거나 학생인 경우, 부모나 교사가 내담자를 지도하기 위해 미술치료의 결과를 알고자 하면 어떻게 해야 하는가?
- 자신의 전문 분야가 아닌 문제로 상담을 받으러 온 내담자는 어떻게 도와줄 것인가?
- 유료상담의 경우 내담자가 경제적 능력이 부족함을 알았을 때 어떻게 해야 할 것인가?
- 치료사의 욕구와 내담자의 욕구가 상치될 때 어떻게 할 것인가?
- 치료사의 가치관과 내담자의 가치관이 서로 어긋날 때 어떻게 해야 할 것인가?
- 내담자와의 개인적인 친분은 어느 정도로 유지할 것인가?
- 이성의 내담자에게 성적인 매력을 느낄 경우 어떻게 하는 것이 바람직한가?
- 미술치료를 받는 과정에서 내담자가 자해 또는 자살 행위를 시도했을 경우 전문가의 책임은 어느 정도인가?
- 과중한 업무로 피로에 지쳐 있는데 위급한 문제를 가지고 미술치료를 청해 오면 어떻게 해야 할 것인가?
- 정서적으로 매우 불안하고 흥분되어 있을 때 내담자와 약속한 시간이 되면 어떻게 해야 하는가?

이때 치료사가 어떤 행동을 취하느냐에 따라 도움의 결과는 달라질 수 있으며, 자칫하면 전문가로서의 활동에도 큰 지장을 초래할 수 있다. 따라서 미술치료사는 개인을 돕기 전에 자신의 가치관을 확고히 정립하고 행동의 기준을 명확히 설정하여 그에 따라 판단하고 실천해야 한다.

미술치료의 상황은 도움을 주는 사람과 도움을 받는 사람 사이의 사적이고 비밀스러우며 심층적인 1대 1의 관계이다. 따라서 둘 사이에는 윤리적이고 도덕적이며 준법적인 차원에서 객관적이고 정당함과 신뢰에 바탕을 둔 관계가 형성되고 유지되어야 한다. 치료사는 자신이 습득한 전문적 지식과 능력 그리고 도덕적·윤리적·법적 기준 및 가치관에 따라 올바른 판단을 하고 최선을 다해야 하는 것이다.

2 미술치료의 적용대상자(내담자)

미술치료는 모든 사람에게 적합한 것은 아니지만 유아에서 아동, 청소년, 노인에 이르기까지 전 대상에게 활용될 수 있다. 다시 말해 정신병원, 다양한 복지기관, 쉼터, 고아원, 교도소, 각종 상담기관, 발달장애치료소, 요양원, 장애아 통합 어린이집, 초·중·고 특수학교 등과 같이 병원이나 치료센터에 그치지 않고 각종 교육기관에서도 활용이 증가되고 있다.

적용대상을 선행연구나 미술치료사의 임상경험 등을 통해 종합하여 보면, 정신질환자(정신분열증, 우울증 등), 심신장애인(감각장애, 중복장애, 지체장애, 지적장애, 정서장애, 행동장애, 전반적 발달장애, 학습장애 등), 비행청소년(폭력, 절도, 약물중독 등), 이혼(별거)부부, 가족관계 개선, 성폭력, 노인치매, 노인상담, 임산부의 분만에 관한 불안, 자기 성찰과 성장에 관한 대상 등 면접과 상담을 통하여 그들의 삶을 정리하는 데에도 미술치료가 도입될 수 있고, 개인이나 집단미술치료, 가족을 대상으로 한 가족미술치료 등 치료적·예방적 차원에서 심리적 변화와 정화를 통해 심신의 안정을 줄 수 있는 범위로 미술치료를 필요로 하는 모든 내담자에게 유용하게 사용되어 그 범위를 넓혀가고 있다.

3 미술치료의 환경

미술치료를 하기 전에 먼저 준비되어야 하는 것이 미술치료실이다. 대부분의 미술치료사는 이상적인 미술치료실에서 일하지는 않지만 계획된 활동을 차질 없이 할 수 있게 최소한의 환경은 마련되어 있어야 한다. 미술활동을 위한 작업공간은 적당히 넓은 공간, 충분한 채광, 다양한 미술도구, 어질러도 되는 자유 등이 갖추어져 있으면 된다.

첫째, 조용하고 비밀을 유지할 수 있으며 방해받지 않는 공간에서 미술치료가 진행되는 것이 바람직하다. 치료대상자가 치료사를 만나기 어려운 장소나 주의가 산만하고 방해받는 공간에서 미술치료가 이루어진다면 서로의 신뢰를 쌓기가 어렵다. 그러나 많은 미술치료사들은 그렇지 않은 환경도 치료대상자에 따라서 유용할 수 있고, 최소한의 사생활이 보장되면 된다. 예를 들어, 움직임이 어려운 신체 장애인의 경우는 대상자의 집을 방문해서 실시할 수 있는데, 이는 치료대상자가 평안하다고 느끼면 작은 방에서도 가능하다.

둘째, 미술치료실의 바닥은 미끄럽지 않고 물로 닦아 낼 수 있는 바닥으로 청소를 쉽게 할 수 있어야 좋다. 일반적으로 많은 미술치료실에서는 부드러운 모노륨이나 비닐장판을 많이 사용한다. 딱딱한 타일은 사고를 일으킬 수 있고 싸늘한 느낌을 주기 때문에 피하는 것이 좋으며, 벽도 청소가 가능한 자재가 좋고, 색상은 마음을 밝게 해 주는 밝은 색이 좋다. 옷이나 바닥, 벽에 미술재료들이 묻더라도 괜찮은 것으로 치료대상자를 억제하는 것이 아닌 받아들이는 환경이 준비되도록 하는 것이 중요하다.

셋째, 미술치료실을 더럽힐 수 있는 공간으로 자유를 제공해 주면 좋은데, 만약 바닥에 카펫이 깔려져 있고 잘 꾸며진 가구들로 배치되어 있으면 치료대상자가 활동을 하는 데 방해를 받게 되고 치료실을 깨끗하게 써야 한다는 강박관념에 쌓이게 되어 치료의 효과를 볼 수 없으므로 바람직하지 못하다. 또한 미술치료사는 미술치료실에서 감정을 마음껏 표출할 수 있게, 그 무엇에 의해서도 방해받지 않게 자유롭게 표현할 수 있는 자유를 보장해 주고 격려해 주어야 한다.

넷째, 미술치료실의 크기를 보면 개인치료를 실시하는 데는 큰 방이 필요 없다. 개인치료에 필요한 공간 크기는 일반적으로 11~14m^2(3~4평) 정도면 적당하고, 집단치료의 경우에는 집단구성원들이 작품을 완성되기 전까지 방해받지 않고 자신을 탐색할 수 있는 활동을 할 수 있도록 떨어진 자리를 자기 스스로 정하게 하는 것이 좋으며, 면적은 5~6명 기준으로 23~28m^2(7~8평) 정도가 적당하다. 이렇게 함으로써 다른 사람의 작품을 모방하지 않고 자신만의 생각이 담긴 작품활동을 할 수 있게 된다. 너무 커다란 치료실은 치료대상자가 위축감을 느낄 수 있고 불안하거나 산만한 치료대상자나 유아는 이곳저곳 돌아다닐 수 있다. 반대로 너무 작은 치료실은 치료대상자에게 답답함과 작업활동에 제약을 줄 수 있다.

치료대상자는 바닥에 앉아 작품활동하기를 원하거나 서서 하기를 원할 수도 있다. 또한 이젤 사용하기, 의자에 앉아서 작품활동하기, 서서 작품 활동하기, 바닥에서 작품 활동하기 등은 각각의 활동에서 각각 다른 효과를 낸다. 그러므로 이런 활동들이 모두 가능한 치료실이 좋고 자신들의 작품을 함께 공유하고 토론할 수 있는 공간적 여유도 필요하다.

4 미술치료 시간의 구성

미술치료의 시간 구성은 치료 목표나 대상, 치료 방법에 따라서 다양하게 결정된다. 또한 시간관과 빈도, 사용될 매체, 특정의 활동, 치료 종료 등이 시간 계획에 포함된다. 그리고 치료사는 치료의 목표에 맞추어 시간 구성의 융통성을 발휘할 수 있어야 한다. 대체로 1회 정도는 상담과 심리 검사가 언어에 의한 접촉을 하며, 치료비, 시간계획, 도구의 선택, 그림의 주제 선정 등 다양한 내용이 다루어진다. 치료시간에는 제한시간을 두어야 할 개인이나 집단이 있을 수 있고 시간에 제약을 두지 않을 수도 있다. 그러나 대개 한 주에 1~2회 정도 실시하며, 성인의 경우는 60분에서 90분 정도이고, 아동의 경우는 30분에서 60분 정도로 실시된다. 그러나 시간은 내담자의 집중력이나 성향, 그 날의 상황에 따라서 조절될 수 있다. 또한 성격적으로 경직되고 강박적인 내담자의 경우는 특별히 시간 제한을 두지 않고 작품의 완성 시간을 기준으로 할 수도 있다. 이들의 경우, 시간에 대한 강박적 생각이 미술활동에 방해가 될 수 있기 때문이다. 충동적이고 무절제한 치료대상자의 경우는 시간제한을 철저히 지키기도 한다.

치료자는 치료 장면에서 시간이 종결되기 전 미리 "앞으로 10분 정도 남았으니까 우리 지금부터 마무리하자." 식의 이야기를 해 둘 필요가 있다. 이러한 언급은 내담자들로 하여금 시간을 조절해 갈 수 있는 능력을 제공하고, 당황하거나 불안하지 않도록 도와주는 작용을 한다. 집단미술치료의 경우 집단의 크기는 다른 집단원과 시각적 · 언어적 접촉이 유지되면서 상호작용을 일으키기에 충분한 인원으로 대략 6~12명 정도이나 행동통제가 어려운 치료 대상자일 경우 4~6명이 적당하다. 4명보다 집단이 적으면 대화의 사고가 제안되고, 8명이 넘으면 몇몇 구성원들의 참여를 피할 수 있고, 어떤 구성원들이 집단을 끌어갈 수 있기 때문에 바람직하지 못하다고 볼 수 있다(Gumaaer, 1984).

미술치료의 구성은 치료대상자가 주제와 재료를 자유롭게 선택하는 비지시적 방법과 치료사가 주제와 재료를 제공해 주는 지시적 방법이 있다. 이 방법들은 집단의 크기, 치료 시간, 내담자의 성향, 치료 단계 등에 따라 다르게 적용된다. 지시적 방법은 치료 시간이 단기적이거나 내담자의 자아가 미성숙할 때와 치료 초기 미술치료를 시작하는 데 어려움이 있거나, 미술에 대한 고정관념이 강할 때 유용하다. 비지시적 방법은 자기표현을 원활하게 하도록 구조화되어 있지 않기 때문에 치료대상자가 자유롭게 치료에 임할 수 있다.

따라서 미술치료는 어느 한 가지 방법으로 구성하기보다는 상황에 따라 지시적 방법과 비지시적 방법을 함께 구성하는 경우가 좋다고 할 수 있다.

5 미술치료 매체의 이해

미술치료 과정은 작품을 창작하는 데 다양한 미술매체를 사용하고 매체의 흐름에 대한 관리를 고려해야 한다. 이에 미술치료를 실시하기 위한 매체의 흐름에 대한 관리와 구조적 기초를 제대로 이해할 필요가 있다. 비록 미술매체와 작업 공간의 중요성이 크게 드러나 보이지 않을지는 모르지만 실제 미술치료 과정에서 회기의 구조, 작업의 공간, 그리고 미술매체의 영향은 매우 크다.

1) 미술매체의 중요성

미술매체는 심상을 시각적으로 이미지화 하는 중요한 도구이다. 치료대상자는 매체에 따라 다른 반응을 보일 수 있고, 매체의 특성이 치료대상자에게 이지적 · 정서적으로 다른 심리적 표현을 불러일으킬 수 있어 치료대상자의 심리를 변화시킬 수 있다. 그리고 미술치료사는 미술매체와 기법에 정통해야 한다. 여러 재질로 된 종이, 화판, 나무판, 그리고 그리는 재료들에는 연필, 다양한 종류의 펜, 목탄, 마커 등과 색칠하는 매체에는 물감, 파스텔, 크레파스가 있고, 3차원을 표현하는 매체들에는 찰흙, 석고, 나무 등이 있으며, 연장들에는 붓, 조각하는 연장들, 풀 등이 있음을 알고 있어야 한다. 미술매체를 간단히 조작할 수 있는 여러 종류의 지식을 가지고 있으면 미술치료사는 내담자로 하여금 적합한 매체 선택을 지혜롭게 할 수 있도록 이끌 수 있다. 또한 치료대상자들이 재료를 깨끗하게 보관하고 남용하거나 함부로 다루지 않도록 주의시켜야 한다.

미술치료에서 사용하는 미술매체와 방법들은 여러 가지 이유 때문에 일반적으로 단순하고 쉬운 것을 많이 사용한다. 그렇게 하면 한 회기 안에 미술작품을 표현하고 치료사와 함께 그것에 대해 이야기를 나눌 수 있기 때문이다. 또 다른 이유는 한 회기 안에 치료대상자가 표현하고 탐색을 하는 과정을 통해 무엇인가를 이루어냈다는 달성감을 가지고 회기를 마칠 수 있기 때문이다. 또 다른 이유는 단기 미술치료의 경우에는 한 가지 치료 활동을 계속해서 완성해 갈 수 있는 시간이 적기 때문이다. 마지막으로 단순 재료를 많이 사용하는 이유는 치료대상자가 마음대로 재료를 사용할 수 있기 때문이다. 예를 들어, 크레파스나 파스텔, 물감, 종이 등은 어디에서나 쉽게 접할 수 있는 재료이기 때문이다.

2) 미술매체의 특성

미술매체는 치료대상자의 심리를 촉진하거나 통제하는 데 중요한 역할을 한다. 치료사는 치료대상자 개인의 특성에 따라 적절한 매체를 제공해야 한다. 일반적으로 물기가 있는 습식 매체는 심리를 촉진시키는 경향이 있고, 반대로 건조 매체는 심리를 통제하는 경향이 있다.

치료대상자의 성격 특성과 문제에 따라 매체의 심리촉진과 심리통제에 대한 특성을 잘 활용해야 한다. 위축되어 자신의 감정과 상태를 표현하는 데 어려움이 있는 치료대상자에게는 자발성을 촉진하기 위해 단순하고 비정형적인 진흙, 물감 등의 매체들이 유용하다.

매체의 가장 중요한 특성은 사용 조절이 가능하다. 특히, 연필이나 색연필 등과 같은 매체들은 조절하기 쉽기 때문에 자기통제가 어려운 산만한 대상자에게 사용하여 행동을 통제하고 불균형적인 감정과 행동을 조절하는 데 도움을 줄 수 있다. 또한, 주의력이 결핍되고 산만하며 과잉행동을 보이는 치료대상자에게는 통제를 목적으로 통제성이 강한 연필이나 색연필, 사인펜이 유용하다. 반대로 수채물감은 유동성이 있지만 조절하기가 어려운 매체이다. 감각통합에 어려움이 있는 장애 아동들의 경우에는 물기가 있는 매체를 직접 다루는 데 두려움이나 공포를 느낄 수 있다. 그러므로 매체의 조작 시 적절한 지도가 필요하다.

매체의 또 다른 중요한 측면은 복원 가능성을 갖고 있다는 것이다. 사인펜이나 마커같은 매체는 한번 그리면 지울 수 없는 매체인 반면에, 찰흙같은 매체는 원상복귀가 가능한 특징을 가지고 있어서 끊임없이 자신이 원하는 작품을 만들 수 있는 기회를 준다. 또 매체는 색의 농도가 다양하다. 예를 들어, 색연필이나 수성 파스텔 등은 근본적으로 색이 흐린 반면, 사인펜류는 색감이 명확하고 물감 등은 색의 농도를 다양하게 만들 수 있다. 따라서 미술치료사는 이를 고려해서 다양한 가능성들을 염두하고 치료대상자에게 재료를 제공해 주어야 한다. 그리고 미술매체를 선택하는 데 있어서 그리거나 색칠하기는 또 다른 중요한 요소이다. 예를 들어, 연필이나 펜을 그리는 데 사용하는 매체이고, 물감은 색칠하는 데 사용된다. 또한 크레파스와 파스텔은 그리고 색칠하는 데 모두 할 수 있는 매체가 된다. 미술치료사는 치료대상자가 작업하는 목적에 따라 그리거나 색칠하는 일에 어려움이 없도록 배려해 주어야 한다.

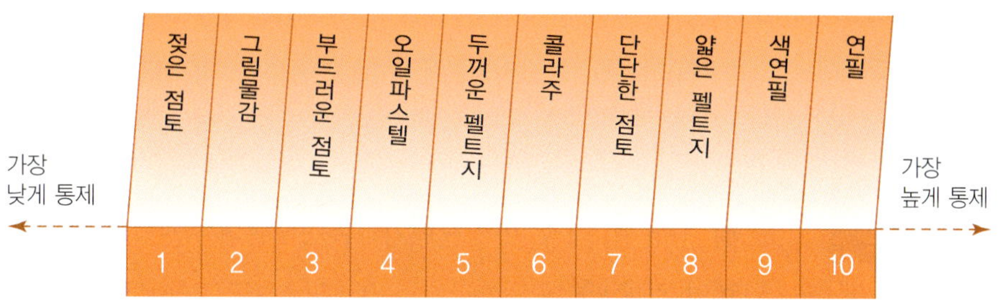

그림 5-1 통제를 기준으로 한 매체의 특성(Landgarten, 1987)

퇴행, 이완, 즐거운 감정, 혐오스런 감정을 자극하는 데 핑거페인팅이나 점토가 활용되기도 한다. 물감, 핑거페인팅, 물기가 많은 점토처럼 퇴행을 촉진시킬 수 있는 재료는 경직된 성격의 치료대상자에게 유용하다. 그러나 충동적이고 자아경계가 불분명한 환자에게는 충동적 성향을 더욱 심화시킬 수 있다. 그리고 공격적 에너지 발산이나 행동 억제를 위해서는 찰흙을 두드리거나 나무에 못을 박는 작업이 사용되기도 한다.

치료사는 치료대상자의 욕구에 민감하게 반응하여 미술매체를 제시해야 한다. 너무 많은 미술매체의 제시는 치료대상자에 따라서 질리게 할 수도 있다. 쉽게 찢어지는 신문지, 잘 부러지는 연필이나 분필도 좌절을 유발시킬 수 있으므로 피해야 한다. 치료대상자의 성격과 반대 성향의 재료를 제공할 수도 있다. 이렇게 하는 것의 이점은 개인의 내면세계에 억압된 외면과 반대되는 부분이 외면과 통합될 수 있는 기회를 제공할 수 있다는 점이다. 따라서 미술치료사는 매체 특성에 대해 고정관념을 갖기보다 내담자의 심리와 발달 상태에 알맞은 매체의 유형을 빨리 파악하는 것이 필요하고 매체에 대한 지식과 효과적인 방법을 치료대상자에게 전달할 줄 알아야 한다.

3) 미술치료에 사용되는 다양한 재료

1 인위적인 재료

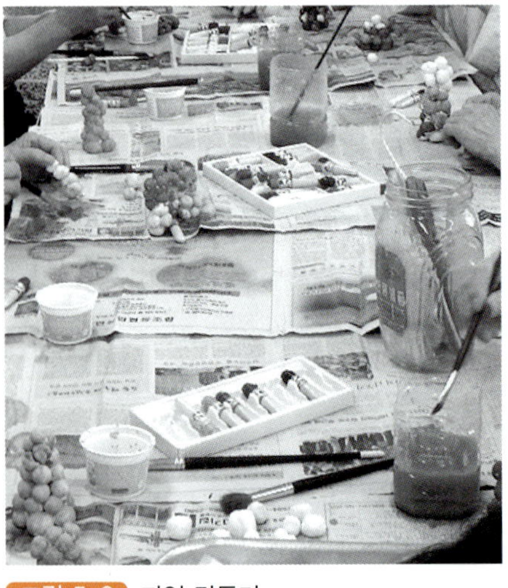

그림 5-2 과일 만들기

▸▸▸ 제품화된 재료

① **종이 재료** : 양지(신문용지, 인쇄용지, 필기 · 도서용지, 도화지, 박엽지, 잡종지), 판지(백판지, 기타 판지, 골판지, 셀로판지), 한지 등

② **그리기 재료 및 채색 재료** : 수성물감류(수채화물감, 아크릴물감, 포스터물감, 수성페인트, 수성잉크, 먹, 동양화물감), 유성물감류(유화물감, 유성페인트, 마블링물감, 유성잉크), 크레용류(크레용, 파스텔, 크레파스), 펜류(연필, 색연필, 볼펜, 사인펜, 매직, 마커팬), 기타(분필, 콘테, 목탄, 래커 스프레이, 젯소) 등

③ **점토류** : 자연점토(청자토, 백자토), 대용점토(지점토, 유성점토), 기타(밀가루점토, 전분반죽, 톱밥반죽, 종이반죽) 등

④ **가루 형태로 된 재료** : 석고가루, 전분가루, 밀가루, 톱밥, 색모래, 금 · 은색 가루, 소금 등

⑤ **선 및 끈 형태로 된 재료** : 철사, 꽃철사, 칼라 절연철사, 스프링, 피복전선, 모루, 나무젓가락, 이쑤시게, 면봉, 성냥개비, 비닐끈, 한지끈, 마끈, 면끈, 가죽끈, 컬러끈, 빵끈, 면끈, 운동화끈, 금 · 은사, 릴리앙스실, 고무줄, 고무밴드, 털실, 무명실, 색실, 리본테이프, 줄하트, 빨대, 수수깡, 백업, 매직 누들스 등

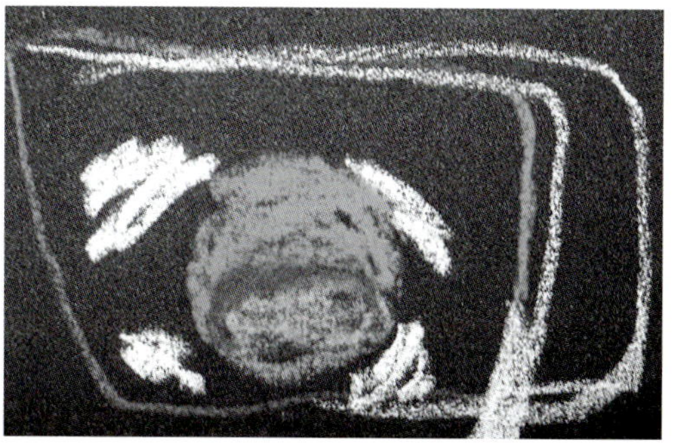

그림 5-3 자유화

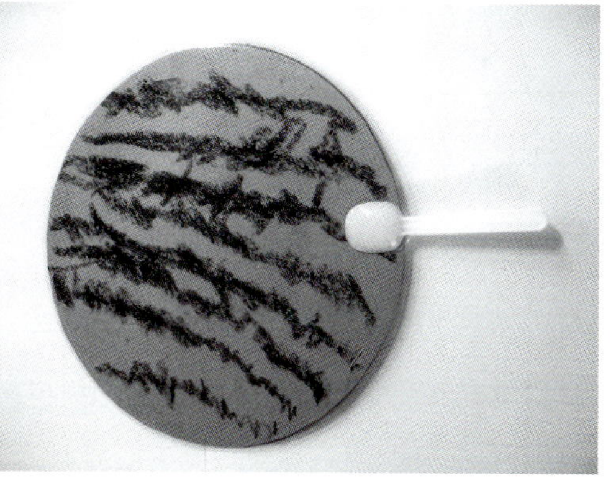

그림 5-4 수박 부채 만들기

⑥ **면 형태로 된 재료** : 석고붕대, 우드락, 칼라 우드락, 페이퍼보드, 단열재, 캔버스, 합판, 시트지, 쿠킹호일, 포장지, 주름지, 셀로판지, 고무원단(EVA), 합판, 부직포, 종이부직포, 망사(눈꽃망사, 금은망사), 아크릴판, 비닐랩, 아세테이트지, OHP필름, 에어팩, 사포 등

⑦ **크림 및 젤 형태로 된 재료** : 스노우파티, 생크림, 면도세이빙, 밀가루풀, 화학물풀, 반짝이풀, 헤어젤, 무스 등

⑧ **덩어리 형태로 된 재료** : 구슬, 바둑알, 비비탄, 탁구공, 테니스공, 풍선, 발포석고, 양초, 솜, 모, 스펀지, 뽕뽕, 구슬, 스티로폼 구, 스팽글, 모형꽃, 모형눈알 등

재활용(폐품) 재료

① **폐지의 종류** : 신문지, 광고지, 책, 잡지, 팜플렛, 달력, 상표, 우유팩, 종이봉투, 종이가방, 과자상자, 전자제품 상자, 골판지, 벽지, 붙임상자, 종이접시, 펄프몰드, 종이컵, 포장지, 지관, 종이인형, 딱지, 스티커, 카드, 껌 껍질 등

② **플라스틱의 재료** : 카세트 테이프와 CD 케이스, 아크릴판, PET병, 각종 뚜껑(물감, 간장, 케첩, 음료수), 각종 용기(요플레, 요구르트, 필름, 화장품, 샴푸), 1회용 순가락, 빨대, 다양한 폐장난감, 볼펜, 빨래집게, 레코드판, 필름, 단추, PVC

파이프, 블리스터팩, 스킨팩 등

③ 금속 재료 : 분유통, 참치캔, 음료수캔, 맥주캔, 철사, 못 쓰는 옷걸이, 석쇠, 각종 뚜껑, 우산대, 전선 코일 등

④ 스티로폼 재료 : 가전제품 완충 포장재, 컵라면 용기, 식료품 용기, 반찬 용기, 단열재(평면, 원통) 등

⑤ 섬유 재료 : 스타킹, 양말, 조각, 천, 장갑, 헌 메리야스, 옷감 조각, 수건, 스카프, 보자기, 티셔츠 등

⑥ 유리 재료 : 주스병, 꿀병, 커피병, 박카스병, 조미료병, 잼병, 콜라병, 수족관, 거울, 창문 등

2 자연적인 재료

▸▸▸ 식물성 재료

각종 나무, 잎사귀, 각종 꽃(생화, 조화), 곡식류(쌀, 보리, 옥수수, 검은콩, 노란콩, 조, 수수, 녹두, 팥), 씨와 열매 종류(대추씨, 수박씨, 호박씨, 감씨, 포도씨, 꽃씨, 솔방울, 강낭콩, 도토리, 밤, 탱자, 은행 등), 댓살, 작은 막대, 칡덩굴, 보리, 밀짚, 포도줄기, 나뭇가지, 수수깡, 풀뿌리, 솔잎, 대나무, 밀짚, 보리짚, 왕골, 판자, 넓은 잎, 나무껍질 등

그림 5-5 자신을 동물로 표현하기

▸▸▸ 동물성 재료

각종 물고기, 해파리, 산호충(말미잘, 산호), 각종 조개껍질, 고둥껍질, 굴껍질, 각종 동물 박제류, 깃털 등

▸▸▸ 광물성 재료

모래, 자갈, 돌멩이, 바위 등

4) 미술치료 매체의 활용과 유의점

1 내담자가 접근하기 쉬워야 한다

자발적으로 그림을 그릴 수 있도록 종이나 크레파스, 색연필, 물감 등 기본적인 재료가 쉽게 손에 닿을 수 있는 곳에 위치해 있어야 한다. 기본적인 재료는 물론이고 새로운 재료들을 치료사는 수시로 내담자에게 소개해 주어야 한다. 그러나 특정한 시기에 특별한 의미를 가질 수 있는 것이나 위험한 재료들은 내담자의 손이 쉽게 닿지 않는 곳에 두어야 한다.

2 내담자의 치료목표에 타당하고 욕구에 적합한 재료를 선택해야 한다

물감, 핑거페인트, 물기가 많은 점토 등은 퇴행을 촉진시킬 수 있는 재료로서, 성격이 경직된 내담자에게는 매우 유용하지만 충동적이고 자아경계가 불분명한 내담자에게는 충동적 성향을 더욱 심화시킬 수 있다. 반면 색연필, 사인펜과 같은 딱딱한 재료는 높은 통제력을 지닌 재료로서, 충동적 성향을 통제하기 용이하다. 이렇게 내담자의 성격과 반대 성향의 재료를 제공하는 것은 그의 내면세계에 억압된 부분을 재통합하는 기회를 줄 수 있기 때문이다. 또한 내담자의 자아기능이 미성숙한 경우에는 동시에 너무 많은 재료를 제공하면 혼란을 초래할 수 있다. 이렇게 치료사는 조형 재료와 미술 용구의 사용법과 새로운 재료들에 대한 연구를 꾸준히 하며, 내담자 욕구와 개성에 알맞고 치료목표에 적합한 재료를 선택하여야 한다. 그렇게 되기 위해서는 치료사는 여러 가지 재료의 활용법에 대하여 정통해 있어야 한다.

3 자기 주변에서 구하기 쉽고 적은 경비로서 언제든지 사용할 수 있는 재료이면 더욱 좋다

향토적인 소재로 내담자 생활 주변에서 가장 가까운 것으로 선택할 때 내담자가 흥미와 관심을 가지고 작업에 임하며 자신의 감정을 자연스럽게 다룰 수 있을 것이다.

그림 5-6 보고 싶은 사람

4 폐품을 활용한다

현대는 고도의 과학 문명과 산업 발달로 인한 생활 쓰레기가 끝없이 쏟아지고, 그 폐품들의 종류와 유형은 매우 다양하여 조형 작업의 소재로 사용하기에 매우 적절하고 유용한 재료가 된다.

5 재료는 질이 좋아야 한다

잘 부러지는 4B연필이나 색연필, 오래되어 나오지 않는 튜브물감, 구겨진 색 켄트지나 화선지, 뻣뻣한 붓털 등은 내담자의 마음을 확장시켜 주지 못하고 움츠려들게 하는 요인이 된다. 좋은 재료의 하나인 찰흙도 너무 단단한 것이나 너무 물렁한 것은 다루기가 불편하다.

6 표현 재료에 변화를 주어야 한다

기초가 되는 평면 재료인 종이의 크기나 모양, 색상이 언제나 비슷한 것보다 화지의 크기와 형태, 색상에 변화를 주면 아동의 흥미와 표현 욕구는 현저히 상승한다.

7 안전성과 위생성을 갖추어야 한다

유성으로 된 그리기 재료들, 유독성이 있는 래커, 쉽게 깨어지는 재료, 날카로운 도구 등 미술 재료와 도구에 위험성을 느끼면 조형 활동 자체가 위축되기 쉽다. 다양한 폐품들은 깨끗이 세척하여 말려 두었다가 사용하여야 한다. 특히 무더운 여름의 조개와 소라껍질의 사용과 우유팩, 병 종류는 재활용에서 세심한 주의를 해야 한다.

8 취급상 적절한 것을 사용해야 한다

내담자의 기술로는 해결이 곤란한 것, 너무 가늘거나 크거나 등 어린 아동의 신체적 조건과 거리가 있는 것은 될 수 있는 대로 피하는 것이 좋다. 장애의 정도나 조건에 따라 창작 의욕 이전에 신체적 피로로 인해 자기 표현욕이 좌절되고 포기하는 현상이 있기 때문이다.

6 미술치료의 과정

1) 미술치료 초기 면담과 검사

미술치료 초기 면담에서는 먼저 치료대상자가 어떤 문제를 가지고 있는지, 문제의 특성과 원인이 무엇인지를 살펴야 한다. 다음으로 치료적 개입을 어떻게 해야 하는지의 여부를 살피기 위해 치료사가 치료대상자를 처음 만났을 때 초기 면담과 검사를 하는 이유를 치료대상자에게 말해 주어야 한다. 이때는 치료대상자의 세세한 정보뿐만 아니라 가족과 주변의 모든 환경에 대한 구체적인 자료를 수집한다. 예를 들면, 현재 의뢰 사유 및 첫 면접 시의 행동을 관찰하고, 치료대상자가 호소하고 있는 문제들을 심각한 정도순으로 종류에 따라 기록하고, 발달력과 건강상의 문제, 가족사항(가계도를 통한 가족관계, 양육환경과 정서적 관계), 태어나기 전부터 현재까지의 성장과정, 치료대상자의 성격과 특성, 흥미와 취미, 대인관계, 문제가 발생하기 전의 성격과 문제가 발생한 후의 성격 차이, 의학적인 진단 및 결과, 심리검사 등에 대한 모든 정보를 가능하면 구체적으로 수집하는 것이 필요하다.

치료대상자가 아동일 경우에는 부모의 면접을 함께 진행해야 한다. 아동이 문제가 있을 시에는 아동 스스로 치료를 받으러 오지 않을 뿐더러 왜 치료를 받아야 하는지 모를 때가 있기 때문이다. 그렇기 때문에 아동은 거의 부모의 손에 이끌려 치료를 받으러 온다.

1 부모 면접

부모에게 아동의 행동적 · 정서적 문제, 가족력 등의 구체적인 내용과 원인을 듣고 분석한다. 즉, 아동이 현재 가지고 있는 문제와 성장과정, 병력, 발달력, 교육력, 약물복용 여부, 부모의 관점에서 보는 자녀에 대한 문제와 자녀의 치료 평가에 대한 부모의 기대와 부모 자신의 결혼생활에 대한 적응의 만족도, 부부와의 관계 등의 정보를 얻는다.

2 아동 면접

아동 자신이 생각하는 지각 정도와 타인의 지각 그리고 사회적 상황에서의 자신의 반응과 타인들의 반응, 아동이 호소하는 문제, 고민, 앞으로의 목표와 희망 등에 관해 스스로 보고한 정보를 분석한다.

3 심리검사

심리검사는 치료대상자의 문제의 상태와 원인, 그리고 현재의 심리 상태를 객관적이고 표준화된 방법으로 측정하고, 빠른 시간 안에 진단하고 분류하여 치료 등을 하기 위한 것으로 치료대상자의 유용한 정보를 얻어 진단과 평가를 위해 매우 중요한 자료가 된다.

일반적으로 심리검사는 지각검사, 성격검사, 발달검사, 문제행동, 적응행동, 언어검사, 인지지능검사, 특정장애검사 등으로 구분한다.

4 아동의 행동 관찰과 진단

면접과 아동에 관한 체크리스트, 심리검사를 통해 치료적 목표를 정하고 치료 계획을 세워 특정한 상황에서나 구조화된 상황에서 아동이 어떻게 행동하고 반응하는지를 관찰하여 치료의 효과를 진단하기 위한 정보를 수집한다.

| 표 5-1 | 심리검사의 영역

평가 영역	심리검사
지각검사	시지각발달검사(DTVP), 벤더도형검사(BGT), 지각-운동발달진단검사(PMDT), 시각-운동통합검사(VMI) 등
성격검사	벤더도형검사(BGT), 다면적 인성검사(MMPI), 성격유형검사(MBTI), 아동-청소년 성격유형검사(MMTIC), 주제통각검사(CAT, TAT), 인물화검사(DAP), 집-사람-나무검사(HTP), 특수인성검사, 유아성격검사, 간이정신진단검사, 장면구성검사 등
발달검사	벤더발달선별검사(DDST), 교육진단검사(PEP) 등
문제행동검사	아동-청소년 행동평가척도(K-CBCL) 등
적응행동	사회성숙도 검사(SMS) 등
적성검사	진로발달검사, 진로탐색검사, 적성탐색검사 등
언어검사	언어이해 · 인지력검사, 그림어휘력검사, 문장이해력검사, 장애아 표준어휘력검사 등
인지지능검사	카우프만아동용개별지능검사(K-ABC), 웩슬러지능검사, 그림지능검사(PTI), 유아지능검사, 아동지능검사, 성인지능검사 등
특정장애검사	아동기자폐증평정척도(CARS), 이화-자폐아행동발달평가도구(E-CLAI)충동성검사, 기질검사 등

2) 미술치료 계획

미술치료 계획은 초기 면담과 심리검사를 통해 치료의 목표를 정하고 치료대상자에게 맞는 다양한 내용을 적절하고 효과적인 방법으로 미술치료 프로그램을 계획하는 것이 매우 중요하다. 즉, 미술치료 목적을 학문적 기초에 바탕을 두고 이론적 근거에 따라 목료플 세워야 치료사와 치료대상자와의 가장 최적의 관계를 맺을 수 있다. 이는 미술치료의 성공 여부를 결정하는 첫 단계인 만큼 치밀하고도 주의 깊은 계획이 이루어져야 한다. 또한 미술치료 프로그램을 계획할 때는 환경과 상황을 고려해서 주제와 치료 목표, 대상, 시간, 재료, 미술치료 활동 내용, 평가를 해야 미술치료의 전체적 진행을 효과적으로 이끌어나갈 수 있다. 이렇게 철저하게 준비된 계획은 치료사에게 자신이 진행할 치료 상황을 훨씬 자연스럽고 능숙하게 이끌어갈 수 있게 하며, 치료사의 깊이 있고 다양한 안목과 경험으로 내담자에게 필요한 목표에 도달하는 데 효과적인 도움을 줄 수가 있다.

다시 말해 효과적인 미술치료를 진행하기 위해서 치료사는 치료대상과 치료형태, 치료목표 설정, 장소와 기간, 시간을 치료대상자와의 면담을 통해 치료계획을 파악하고, 미술치료 활동을 하기 위한 재료 계획, 이론적 배경을 고려해서 결정하고 계획해야 효과적으로 진행할 수 있다.

3) 미술치료 진행

미술치료는 먼저 아동을 진단(평가)하고 치료 목표를 세워서 그 목표를 달성하기 위해 이론적 배경과 임상경험을 겸비하여 구체적으로 미술치료 프로그램을 계획하게 된다. 치료사가 이론적 틀을 가지고 있지 못할 경우 치료대상자의 문제 해결을 위한 사고가 불분명해지고 치료대상자는 자신에 대해 이해를 하지 못하게 된다. 또한 자료의 진행 과정 중 진행 내용과 전략은 경우에 따라서 수정도 가능하고 새로이 고안해 내는 등 언제나 융통성 있게 진행을 하여야 한다. 다시 말해 미술치료의 진행 단계는 접수(전화, 방문)→면담→심리검사→목표설정 및 치료계획→치료 프로그램 진행→심리검사 및 결과로 이루어진다고 할 수 있다. 미술치료 프로그램 진행은 일반적으로 초기, 중기, 종결기로 구분하며, 한 회기에서 진행은 도입 · 활동 · 토론의 순서대로 진행된다.

도입 부분에서는 서로 친밀한 관계 형성을 해가면서 편안한 분위기가 조성되어야 하고 미술표현과 매체에 대한 적응이 필요하다. 여기에서는 치료자와 치료대상자 서로를 소개하고 탐색하며 긴장 이완을 시켜야 하고, 무엇보다 중요한 치료적 동맹(라포 형성)을 만들어 진행이 잘 되도록 격려해 주어야 한다. 이때 긴장 이완을 시키기 위해 호흡법이나 음악을 사용하기도 한다. 그리고 전반적 설명이나 규칙에 대한 오리엔테이션도 이때 이루어져야 할 일 중의 하나이다. 또한 알맞은 재료의 선택이 중요한데, 시간이나 내담자의 성향에 따라 다르게 적용되며, 주어진 시간에 완성할 수 있는 재료가 제공되어야 성취감을 느끼게 된다. 그리고 한 가지 재료에만 너무 고착되어 있는 치료대상자에게는 좋아하는 재료부터 시작하여 조금씩 첨가되고 확산될 수 있도록 하는 것이 바람직하다. 또한 자아 기능이 미성숙한 경우에는 동시에 너무 많은 재료를 제공하여 혼란을 초래하지 않도록 해야 한다. 다양한 재료를 사용하여 미술활동을 하는 것이 좋을 것이라는 치료자의 욕심은 치료대상자에게 도움이 되지 않는 경우가 있다.

활동 부분에서는 치료대상자의 문제점을 다루기 위해 자신의 욕구를 자유로이 표출하는 시기이다. 이때 치료자가 주의해야 할 일은 너무 많은 질문을 하여 내담자가 미술활동 자체에 몰두하는 것을 방해하지 않도록 하는 일이다. 미술활동은 무의식과 의식을 오가면서 자연스럽게 이루어지는 것이기 때문에 잦은 질문이나 치료자의 개입은 그 흐름을 끊을 수 있다. 그리고 치료대상자의 다양한 심리 표현을 위해 치료사의 창조성과 감수성을 통해 치료의 순간마다 최선의 것이라고 생각되는 통찰의 풍부함이 요구된다. 활동이 어느 정도 진행되면 미술 표현의 실험적인 부분이 많이 줄어들고 치료대상자는 개인적인 표현을 촉진할 수 있게 된다. 반면에 자신이 원하는 재료와 스타일을 찾아내어 자신만의 표현을 할 때 정해 놓은 재료만을 사용하기도 하는데, 이때는 치료사가 다양한 재료를 선택하도록 제안해 줄 필요가 있다.

토론 부분은 치료대상자와의 대화를 말하는 것으로 자신의 느낌을 표현할 수 있는 시간이다. 작품은 언어보다 자아의 통제를 덜 받기 때문에 무의식의 내용과 갈등, 기분이나 마음 상태를 말로 잘 표현할 수 있기에 작품을 매개체로 하여 은유적인 대화가 이루어져 치료대상자의 불안이나 위협을 느끼지 않으면서 안정된 상태로 토론을 할 수 있게 된다. 따라서 갈등요소를 굳이 표면화시키지 않고도 갈등을 해소시키고 정리하는 기회를 제공해 준다. 대체로 이 시간에 이루어지는 토론 내용은 다음과 같다.

첫째, 작품을 시작할 때와 만들 때 그리고 끝날 때의 느낌은 어떠한가?

둘째, 어떤 부분이 마음에 드는가, 어떤 이유인가? (치료대상자의 자아존중감을 높이고 긍정적인 부분과 태도를 연결시켜 볼 수 있다.)

셋째, 마음에 안 드는 부분이 있는가? 수정해 본다면 어떻게 수정하겠는가? (만족 못하는 부분을 언어적으로라도 정리하여 그 실패감을 어느 정도 정리시킬 수 있고, 실제 생활과도 연관되어 생각해 볼 수 있다.)

넷째, 그림 요소간의 상관관계는 어떠한가? (내담자의 내면세계의 통찰을 도울 수 있고, 집단미술치료에서는 집단원간의 상호 관계를 생각할 수도 있다.)

다섯째, 그림에 나타난 소재나 상의 느낌이 어떠한가? (예를 들어, 치료대상자가 토끼를 그렸다면 그 토끼의 성격이나 말, 느낌에 대해 이야기하는 방법도 있다.)

치료자는 치료대상자에게 단순히 무슨 그림을 그렸는지를 질문하여도 치료자가 그림 자체에서 느끼는 시각적인 내용 그 이상의 정보를 얻을 수 있고, 치료대상자가 그린 그림에 대한 이해를 높일 수 있을 뿐더러 스스로 표현할 수 있는 기회를 주고 치료의 틀 안에서 창조적인 활동과정을 통해 성장할 수 있는 기회를 제공해 준다. 미술은 언어보다 검열이 적기 때문에 갈등을 표면화시키지 않고도 은유적으로 대화를 할 수 있다. 그래서 자기표현에 대한 위협을 느끼지 않고 안정적으로 대화를 할 수 있도록 도울 수 있다. 또한 방어가 너무 심한 치료대상자나 자아가 약한 대상자는 지나친 평가나 진단이 부담스러울 수 있으므로 주의해야 한다. 이것도 치료대상자의 자유로운 표현을 방해할 수 있는 것이다.

4) 회기에 대한 관찰기록

미술치료의 초기에 치료사가 개인이나 집단을 위해 계획을 세우는 것은 미술치료를 효과적으로 수행하기 위한 필수적인 조건이듯이 미술치료 과정을 기록하는 것도 매우 중요하다. 이것은 치료대상자의 정확하게 인지하게 하고 다음 단계의 계획을 위한 자료가 된다. 이러한 미술치료 과정을 관찰하기 위해서는 무엇보다 치료사가 무엇을 어떻게 관찰하여야 하는지에 대한 전문적인 훈련이 전제되어야 한다. 관찰을 위해서는 면담 시 작성하였던 치료대상자의 기록사항을 참조하여 작성하는 것이 좋다.

미술치료의 과정을 기록하는 방법은 여러 가지가 있다. 예를 들면 CCTV를 이용하여 치료과정을 녹화하여 회기 후에 치료사가 다시 보는 방법이나 녹음을 하는 방법, 치료사가 치료과정에 간단한 메모를 하는 방법 등으로 진행하여 회기가 끝난 후에 상세하게 기록, 정리하여 관찰기록지를 만들어야 한다. 어떠한 방법을 사용하든지 치료사는 치료대상자의 미술치료 과정을 기록하기 위해서는 기본적으로 다음과 같은 사항을 준비하여 작성할 수 있어야 한다.

1 회기별 기록

▸▸▸ 회기 기본사항

집단 미술치료 / 개인 미술치료			
내담자 명:	성별:	나이:	학년:
주제:	재료:	병명/증세:	
치료사 명:	보조치료사 및 관찰자의 명:		치료 장소:
치료 일시:	총 _____회 중 _____회:		

▸▸▸ 주요기록사항

- 치료사항에 대한 일반적인 분위기
- 전 회기와 비교한 변화에 대한 내용(미술치료 활동, 내용, 행동, 기분, 감정표현, 집단치료 시 타인과의 상호작용 관계, 치료사의 관계 등)
- 출석사항 기록 : 규칙적 출석인지, 불규칙적 출석인지, 결석인지를 기록(불규칙적인 출석과 결석의 이유 기록)
- 활동 시 미술 작업에 대한 변화 양상
- 매체의 사용이나 행동에 대한 반응 기록
- 치료목표와 활동에 대한 고찰 혹은 변경사항
- 치료실 안에서의 모든 행동 관찰 기록

2 미술치료 과정에서의 상호반응

내담자의 반응

① 매체에 대한 반응

- 매체에 대한 접근을 두려워하는가, 매체에 대해 저항을 하는가?
- 매체에 부적응 반응 없이 바로 접근을 하는가?
- 비지시적 미술치료 시 재료 선택에 곤란을 겪는가?
- 매체를 쉽게 다루는가, 파괴적으로 다루는가?
- 매체를 무분별하게 선택을 하는가?
- 매체를 자주 바꾸는가?
- 신체적 문제가 있는가?(예를 들면, 정확하게 보지 못한다던지, 떨리는 현상, 틱 증상 등)

② 미술치료사에 대한 반응

- 치료사를 무시하는가, 치료사에 대해 겁을 내는 것 같은가?
- 치료사의 관심을 끌기 위한 행동을 많이 하는가?
- 치료사와 눈 마주침을 하는가?
- 활동 중에 기술적 도움을 요청하는가, 아이디어에 자문은 구하는가?
- 치료자의 승인이나 동의를 구하기 위해서 치료사를 바라보거나 말을 하는가?
- 치료대상자의 공격적이거나 자극적인 행동에 치료사가 개입하면 어떤 반응을 하는가?
- 치료사가 내담자의 활동에 관심을 보일 때 어떤 반응을 보이는가?

③ 집단 미술치료 시 구성원들에 대한 반응

- 다른 구성원들을 인식하거나 수용하는가?
- 다른 구성원들에게 접촉을 먼저 시도하는가?
- 다른 구성원들의 작품에 대해 비판적, 공격적, 혹은 호의적인 태도를 보이는가?
- 다른 구성원의 친절한 제안에 반응하는가?
- 다른 구성원들의 작품에 관심을 보이는가? 자신의 문제에 대해 말할 수 있는가?
- 타인과의 눈 마주침을 하는가?
- 집단을 주도하는가?
- 특정한 사람만 교류하는가?

▸▸▸ 치료사와 치료대상자의 개입과 반응

이 관찰은 주로 치료자와 치료대상자의 슈퍼비전을 위해 실시한다.

- 치료사는 내담자에게 거리를 두는가?
- 치료대상자를 무시하는가?
- 치료진행에 대한 도입은 잘 하는가?
- 활동 중 잦은 개입을 하는가?
- 필요한 사항에 적절하게 개입을 하는가?
- 집단 미술치료인 경우 각 집단원에 대한 개입을 골고루 하는가?
- 자신의 이야기를 많이 하는가?
- 회기 동안 말없이 있는가?
- 개인적 질문에 상세한 대답을 하는가, 혹은 당황해 하는가?
- 치료대상자가 사용하는 매체에 불만은 표시하는가?
- 아무런 활동이 일어나지 않았을 때 좌절이나 불안해하는가?

3 미술작업 결과

▸▸▸ 작품에 대한 결과를 서술 : 체계적이고 형식적인 관점

- 색, 필체, 형태, 재료, 사용에 대한 서술
- 반복적으로 사용하는 색과 형태에 관한 관점
- 작품구성의 조직성, 공간 사용, 운동성, 세부묘사, 내용, 노력에 대한 서술
- 내용과 아이디어에 관한 서술
- 주제가 제시되었다면 주제와 관련된 작업을 했는가?
- 발달단계의 관점에 따른 고찰
- 과거와 현재의 미술작업 사이에 연관성이나 차이점이 발견되는가?
- 갈등 영역(지우기, 생략, 왜곡, 작은 그림자 사용 등)

▸▸▸ 작품에 대한 치료대상자의 반응

- 작품과 내용에 대해 열성적으로 서술하는가?
- 작품의 질에 대해 혼란을 일으킨 것처럼 보이는가?
- 작품에서 분명하게 보이는 혼란에 대해 의견을 피력하는가?
- 자신의 노력에 대해 만족하는가?

- 작품이 자기 내면의 상황들을 반영한다는 의식을 하는가?
- 치료대상자가 말하는 것과 작품이 전하는 메시지 사이에 모순이 있는가?
- 항상 결과에 대해 불만족을 갖는가? 무관심한가? 과도한 애착을 보이는가?

▸▸▸ 작품에 대한 치료자의 반응

- 과도한 칭찬을 하는가?
- 관심을 가지고 주의 깊게 감상을 하고 격려하는가?
- 혼란스럽거나 공격적인 내용에 대해 놀라는가?
- 내담자의 재능과 능력에 대해서 부러워하는가?

4 치료자의 전체 평가

① 미술작품 평가

- 결손, 왜곡, 퇴행된 부분이 없는지?
- 시각기능, 운동기능, 개선점 등을 파악해야 한다.

② 치료대상자의 작품과 행동에 대한 평가

- 자아상, 자아실현, 자기표현력, 자기인정 등을 살펴본다.
- 타인과의 관계와 타인과의 자기수용 등을 살펴본다.
- 현실감각과 방어적 태도
- 미술치료 적용에 대한 자기만족, 자기성장과 극복 등을 살펴본다.
- 창의적이고 지적 능력의 사용 등을 살펴본다.
- 문제 해결과 활동의 집중력 등을 살펴본다.

③ 운동, 감각능력, 인지능력의 변화

- 대 · 소근육과 손과 눈과의 협응 변화를 살펴본다.
- 도구나 미술재료 등을 올바르게 다루는지 살펴본다(예: 재료이름의 분별 등).
- 공간력과 촉각 등의 반응을 살펴본다.
- 시각적 기억력, 색채의 인식과 형태의 분별을 살펴본다(예: 공각적 관점 등).

④ 치료대상자의 활동과 태도

- 시제와의 일치(예: 지시에 따름, 과제계획 등)
- 개인 및 집단활동 등의 지율적 참여, 집중력 시간

• 미술재료와 도구 등의 준비와 정리 및 관리

5 회기별 미술치료 기록지

치료과정에서 치료사는 각 치료회기에 대한 기록을 하는 것이 유용하다. 치료회기의 기록은 치료사가 치료대상자를 보다 잘 이해하고 치료진행 과정의 적절성을 평가하기 위한 기본 자료다. 또한 치료사가 다른 전문가로부터 임상자문을 받기 위해서도 필요하며, 치료과정에 대한 연구에도 활용된다.

치료회기를 기록할 때는 간략하고 명료하게 기록하되 치료사의 개방방법과 전체 치료과정의 흐름이 잘 들어나도록 기술해야 한다. 기록의 목적이 공개발표나 연구일 때는 치료대상자의 은밀한 내용이나 구체적인 인적사항을 감추어서 본인 이외의 다른 사람이 누구의 것인지 알 수 없도록 해야 한다.

비고란에는 치료사의 문제 해결을 위한 접근 방법, 주요 기법, 치료대상자의 진전 정도, 지난 회기 후 치료대상자의 주요 생활사건을 기입한다.

각 회기에 대한 치료기록은 치료사 개인의 소장자료나 소속기관의 보관자료로 보관된다.

<table>
<tr><td>일 시</td><td></td><td>회 기</td><td colspan="3">(총 회기)</td></tr>
<tr><td>대상자</td><td>(남 · 여)</td><td>학 년</td><td colspan="3"></td></tr>
<tr><td>장 소</td><td></td><td>치료사</td><td colspan="3"></td></tr>
<tr><td>인 원</td><td></td><td>보조치료사</td><td></td><td>관찰자</td><td></td></tr>
<tr><td>프로그램명</td><td colspan="5"></td></tr>
<tr><td>준비물</td><td colspan="5"></td></tr>
<tr><td>목 표</td><td colspan="5"></td></tr>
<tr><td rowspan="2">회기별
기대효과</td><td colspan="5"></td></tr>
<tr><td colspan="5"></td></tr>
<tr><td rowspan="3">활동 내용</td><td>도 입</td><td colspan="4"></td></tr>
<tr><td>전 개</td><td colspan="4"></td></tr>
<tr><td>토의 및
정리</td><td colspan="4"></td></tr>
<tr><td rowspan="2">치료 과정</td><td colspan="2">치료사 언어 및 행동</td><td colspan="3">치료대상자의 언어 및 행동</td></tr>
<tr><td colspan="2"></td><td colspan="3"></td></tr>
<tr><td>치료대상자
특이행동</td><td colspan="5"></td></tr>
<tr><td>치료사 평가</td><td colspan="5"></td></tr>
<tr><td>다음 회 계획</td><td colspan="5"></td></tr>
<tr><td>비 고</td><td colspan="5"></td></tr>
</table>

그림 5-7 미술치료 기록지

Chapter 06

집단미술치료

1. 집단미술치료의 개념
2. 집단미술치료의 장점
3. 집단미술치료와 개인미술치료의 공통점과 차이점
4. 집단미술치료의 주의점

******

06 집단미술치료

1 집단미술치료의 개념

아동기는 창의적 활동에서도 볼 수 있는 것처럼 매우 역동적이고 발전하는 시기로서 개별적인 활동보다는 집단의 활동에 호의적이라고 할 수 있다. 집단미술활동을 통해서 자연스럽게 자신을 표현하는 것은 개인으로 하여금 자신의 문제를 의식하게 되며, 나아가서는 그 문제를 표출하고자 하는 의욕도 불어 넣어 줄 수 있고, 합동작품이나 활동으로 타인과의 상호교류가 이루어지면서 대인관계 기술을 향상시킨다. 다시 말해, 서로의 감정과 의도를 이해함으로써 사회에 적응하는 방법과 대인관계에 대한 적응력을 높이는 계기를 마련해 준다.

집단미술치료는 집단상담과 미술이라는 매개체와 미술재료를 활용하여 서로의 감정을 표현하고 격려함으로써 희망을 줄 수 있으며, 혼자 고립되어 있거나 집단을 회피하는 사람들에게 변화를 추구하는 역동적인 힘을 불러일으키는 집합체이다. 또한 구성원들의 경험을 공감할 수 있는 기회를 제공하기 때문에 집단에게는 안정감이 생기고 활발한 분위기를 형성해 나갈 수가 있으며, 서로의 관계를 긍정적으로 표현할 수 있는 기회를 제공해 준다.

그림 6-1 탑 쌓기

미술은 상호작용을 쉽게 유발시키고 의식의 검열을 적게 받도록 하기 때문에 문제 행동 양식이 빨리 이식되어 집단 진행 과정을 촉진시킬 수 있다. 그리고 작품 자체가 집단과 개인에게 상징적으로 의미를 줄 수 있어 언어적 표현이 어려운 사람에게도 자기표현의 기회를 제공할 수 있다. 다시 말해 집단원들로 하여금 그림을 매체로 내면에 있는 감정을 자유롭게 표출하는 동시에 갈등을 재경험하고, 자기인식과 수용하는 과정에서 자기통찰 및 자발성을 향상시킨다. 집단원 모두가 동시에 참여할 수 있어 개인적 경험과 집단적 경험을 함께 제공해 주어 사회 참여 능력을 높여 주며, 보다 생산적인 인간관계를 유지하게 하는 등 일련의 대인관계 기술을 습득시킬 수 있다. 뿐만 아니라 집단미술치료는 과거에 억눌러 있던 감정 표현을 촉진시키는 데 미술활동이 도움이 되며, 미술활동을 통한 개인적인 자료의 노출과 자기이해가 집단에서 높게 나타날 수가 있다.

2 집단미술치료의 장점

집단미술치료의 최대 장점은 치료사가 동시에 많은 대상자들을 도와줄 수 있다는 점으로, 도움을 받아야 할 사람들이 많은데 치료사가 부족할 경우 집단미술치료는 효율적으로 도움을 제공할 수 있는 방법이 된다. 또한 같은 이유로 시간, 에너지, 경제적인 면에서 효율성이 높은 것이 장점이다.

개인미술치료도 필요하지만 아직 준비가 되지 않은 내담자들에게 일차적으로 집단미술치료를 권유해 봄으로써 매체에 대한 경험과 집단원과 치료사 등 대인관계 형성의 기회를 줄 수 있다. 내담자들은 일반적으로 개인미술치료보다 집단미술치료를 더 쉽게 받아들이는 경향이 있기 때문에 집단미술치료가 현실적이고 실제생활에 근접한 사회장면을 제공해 주어 현실적 참여 관계 형성과 구성원들의 개인적 습관, 태도 및 사고방식 등을 사실적으로 평가 또는 수정하는 데 상당히 유용하다.

다시 말해, 집단미술치료는 실제 사회적 관계보다 덜 위협적이고 비교적 안전한 미술치료 장면에서 구성원들은 보다 효율적이고 유연성 있는 대인관계를 습득할 수 있다.

집단미술치료 구성원들은 개인적인 조언보다는 주변 사람들의 공통의견을 보다 잘 받아들이는 경향이 있다. 같은 의견이나 결정이라 하더라도 동료집단의 강화에 의해 이루어지면 보다 큰 책임감과 참여의식을 갖게 된다.

그림 6-2 신문지 찢기

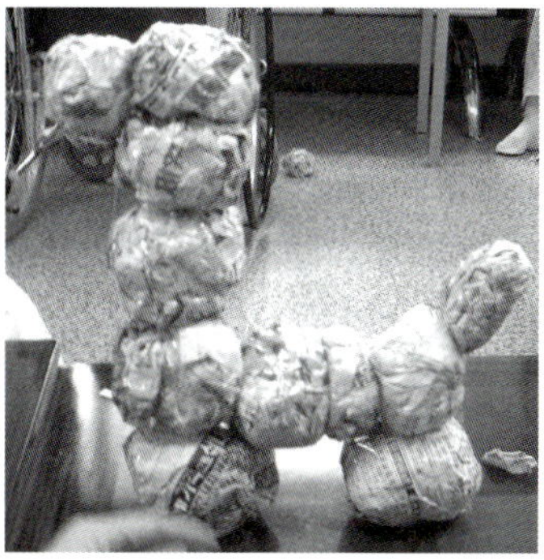

그림 6-3 신문지로 조형물 만들기

또한, 치료사의 직접적인 지시나 조언이 없이도 구성원들 상호간의 깊은 사회적 교류경험을 가질 수 있다. 이런 현상은 집단미술치료가 많은 회기 진행된 후에 나타나는 것으로, 치료사는 한 사람의 집단구성원이면서 객관적인 관찰자가 된다.

이상의 장점들은 집단 내에서 이해와 수용의 분위기가 형성되고 미술치료 과정이 바람직하게 진행되는 경우에 해당하므로 치료사는 최대한 집단이 바람직한 방향으로 진행되도록 노력해야 한다.

3 집단미술치료와 개인미술치료의 공통점과 차이점

집단미술치료와 개인미술치료는 목표, 기본절차, 기법에 있어서 많은 공통점을 가지고 있으며, 내담자로 하여금 현실생활에서 부딪히는 문제 해결이나 인격의 통합, 자기이해의 촉진을 달성하도록 도와주는 효과가 있다.

또한 치료 장면에서 공감과 지지적인 분위기 속에 자신의 내면과 감정을 탐색하도록 하는 것도 공통점이라고 할 수 있다. 그리고 기법 면에서 유사점을 살펴보면, 개인미술치료는 조형 활동을 통해 진단과 분석을 하여 중요한 감정을 지지하고 반영해 주며, 내담자의 이야기를 경청하여 자신의 문제에 직면하도록 돕는다.

반면 개인미술치료에 비해 집단미술치료는 다양한 사람들과의 상호작용을 치료 장면에서 직접 경험할 수 있다는 큰 차이점을 갖는다. 한 구성원이 다양한 집단구성원들과 직접 상호작용을 함으로써 자신의 성격이나 대인관계에서의 패턴을 즉각적으로 확인하게 되고, 이를 통해 보다 생생한 교훈을 얻을 수 있다. 또한 새로운 사회적 기술을 습득하고자 할 때 이를 집단 내에서 시연해 봄으로써 훈련의 효과를 기대할 수도 있다.

집단미술치료에서는 구성원들이 치료사와 다른 구성원들로부터 도움을 받기도 하지만 참여자 자신이 다른 사람을 도와주는 경험도 할 수 있다. 집단미술치료의 분위기가 보다 이해심 깊고, 상호 수용적일수록 치료적 효과와 치료관계는 잘 이루어진다. 치료사의 입장에서 보면 집단미술치료는 개인미술치료에 비해 보다 복잡하고 숙련된 기술이 적용되는데, 이는 각각의 구성원들의 감정을 이해하고, 스스로 자신을 지각할 수 있도록 유도해 주어야 하며, 한 구성원의 발언이 다른 구성원과 전체 집단에 어떤 영향을 주고 있는가를 알고 있어야 한다.

4 집단미술치료의 주의점

집단미술치료는 대상자의 특성에 따라 구성되어야 한다는 점에서 개인미술치료에 비해 집단을 형성시키기 어려운 점이 있다. 예를 들어, 대인 불안의 수준이 너무 높아 다른 사람 앞에서 말을 제대로 하지 못하는 사람의 경우 집단미술치료에 노출되면 대인 불안이 더 심해질 수도 있고, 우울감이 심해질 수 있다. 또한 자살 시도까지 경험했던 대상자들은 정신과적 치료나 개인미술치료를 먼저 받도록 하여 우울의 원인을 우선적으로 해결하여야 한다. 이는 대상자가 가진 문제 특성상 여러 사람에게 공개하는 것이 바람직하지 않을 경우도 있기 때문이다.

이러한 관점에서 집단미술치료를 실시하는 데 있어 주의점을 살펴보면 다음과 같다.

그림 6-4 종이배 접어 물에 띄우기

첫 번째, 특정 개인의 문제가 충분히 다루어지지 않을 가능성이 높다. 다시 말해서 한 구성원의 개인적 문제를 깊이 다루기보다는 전체 미술치료 집단의 공통적 문제를 다루거나 여러 사람이 문제들에 대한 논의가 동시에 이루어지기 때문에 한 개인의 문제를 깊게 다루기 어려우므로 구성원들의 문제에 세심한 관심이 필요하다.

두 번째, 집단에 참여한 구성원들은 심리적으로 준비가 되기 전에 자신의 속마음이나 감정을 털어 놓아야 한다는 집단 압력을 받기 쉽다. 다시 말해서 대부분의 집단구성원들이 차례로 자기공개를 하기 시작하면 자기개방을 하지 않은 구성원의 내면에는 갈등이 생기기 쉽고, 다른 구성원들로부터 압력을 받을 가능성도 높아진다. 물론 집단 내에서 자신의 이야기를 어느 정도 노출하느냐 여부는 전적으로 개인에게 달려 있다는 명시적인 약속이 있기는 하지만, 집단이 진행되다 보면 집단의 분위기가 자기개방을 강요하는 방향으로 흐를 수 있기 때문에 대상자의 내면에 대한 이야기를 자연스럽게 할 수 있는 시간과 기다릴 줄 아는 마음을 가져야 한다.

세 번째, 집단미술치료 구성원들이 어떻게 구성되었는가에 따라 도움이 될 수도 있지만 그렇지 않을 경우도 있다.

지나치게 동질적인 집단의 경우 공통 화제를 찾기 쉽고, 논의는 활발하게 이루어질 수 있지만 다른 구성원들로부터 자극을 받거나 새로운 것을 배울 기회는 줄어든다.

반대로 지나치게 이질적인 집단이 구성될 경우 상호교류와 공감적 이해가 힘들고 집단의 응집력이 약화될 수 있는 문제가 있다. 따라서 치료사는 치료목적에 가장 적합하도록 치료집단을 구성함으로써 보다 나은 치료의 효과를 볼 수 있게 노력해야 한다.

Chapter 07

발달과 미술치료

1. 아동을 위한 미술치료
2. 청소년을 위한 미술치료

******

07 발달과 미술치료

1 아동을 위한 미술치료

아동은 성인에 비해 자신의 감정을 스스로 인지하는 힘이 약하고 자기 자신의 감정의 표출이나 무의식을 감추려는 방어적인 태도가 성인에 비해 많이 적기 때문에 미술활동과 같은 본능적이고 자연스러운 놀이 속에서 자신을 표현하는 것에 대한 부담감을 적게 느낀다. 그래서 자연스러운 방법을 통해 아동을 긍정적인 방법으로 미술치료를 실시해서 창의성과 신체적인 에너지를 발산시킨다. 그래서 약점보다는 장점에 근거하여 좌절감을 덜 느끼게 하고 언어표현, 자아표현에 매우 큰 의미를 강조한다. 이처럼 아동에게 미술은 비교적 저항감을 느끼지 않고 자신을 표현할 수 있는 기회를 제공해 주는 데 효과적이다. 또한 아동의 무의식에서 표현된 그림을 통해 이제까지와는 다른 자율적 표현의 출구를 경험할 수 있게 한다.

1) 아동미술치료의 대상과 목적

보통의 아동을 포함하여 경미한 정신적 · 심리적 문제로 인해 정상적인 궤도에서 일탈한 아동 그리고 장애를 가진 아동으로 나눌 수 있다. 미술치료는 아동의 자아성장을 돕고 동시에 경미한 문제 행동이지만 방치하여 장애로 발생하는 것을 예방할 수 있다. 아동에게는 병의 악화와 2차적으로 발생할 수 있는 장애를 막기 위한 치료적 차원에서 미술치료가 필요하다.

▌정상 아동과 일탈 아동의 특징과 유형

(1) 정상 아동

신체적 · 정신적으로 균형 있는 성장을 이룬 존재로서 내적인 평형을 이루고, 자신이 지니고 있는 정신적 · 신체적 총 에너지를 조화시킬 수 있는 능력을 지닌 아동(적극적, 대담성, 근면, 독립성, 자발적 새로운 것에 대한 관심, 창의적인 자세)

(2) 일탈 아동

아동에 따라 어느 정도의 기간이 지나면 자연스럽게 정상화되는 모습을 보이기도 하지만 실패와 욕구 좌절이 누적되면 자신에 대한 부정적인 개념을 발전시켜 차후에는 정서적으로나 사회적으로 여러 가지 적응상의 문제를 야기할 위험성이 크다. 이러한 부분에 노출된 아동을 정상적인 행동을 무시하거나 응하지 못하는 비사회화 현상을 보인다(산만, 집중력 부족, 매사 흥미가 없고 시큰둥함, 무목적적인 행동, 무책임, 훼방과 시비, 감정 조절 어려움). 아동과 환경 간에 생기는 정신적인 혼란과 부적응의 상태가 오래 지속되면서 자신의 불만을 해소할 수 없을 경우 아동의 단순한 일탈 행동은 정서장애로 진행될 위험성이 크다. 이러한 행동 특성들은 자신의 감정이나 행동이 부적절하게 표현되어서 불안, 위축, 학교 폭력, 비행 등의 부정적인 심리 양상을 보이는 경우가 있으며, 또는 교사나 또래와의 관계를 형성하거나 유지할 수 없고 학습 무능력의 소지까지 발전하여 신체적 통증이나 우울증, 공포감 등을 보이는 경우도 있다.

1 예방적 차원의 목적

정상 아동을 위한 미술치료의 목적은 교육의 내재적 목적과 비슷하다. 즉, 아동이 성장하면서 갖추어야 할 지적, 도덕적, 미적 가치를 포함하여 사회구성원으로서 더불어 살아가기 위해 필요한 요소들을 배우는 것이다. 그러나 정상 아동들 중에 이러한 교육적인 목적을 충족시키지 못하고 적응하지 못해서 소소하게 문제 행동을 일으키는 아동들이 있다.

이러한 아동들은 대개 가정과 주위환경에 영향을 받으며 자신의 나이에 맞는 자율성과 독립성이 부족하여 타인에게 의존하려는 경향을 보이며, 유아독존적인 성격으로 또래와의 관계에서 소외를 받기도 한다. 이러한 아동에게 미술치료는 자존감과 사회성 함양을 목적으로 매우 좋은 결과를 예측할 수 있다.

2 치료적 차원의 목적

치료적 차원의 목적은 아동 개인의 문제성을 잘 파악하고 그들의 병리에 따라 지연된 발달(인지적 사회적 기능)을 촉진시키며, 문제 행동을 감소시켜 나가는 것을 목적으로 한다. 특히 아동의 병리는 초기에 발병하는 질환임을 잊지 말고 이러한 질환이 성인이 되었을 때 사회인의 한 사람으로 살아가기에 별 다른 어려움이 없도록 지속적이며 계획적이어야 한다.

아동의 대부분이 특수교육을 필요로 하며, 장애의 유형 또한 여러 가지가 복합적으로 나타나서 정확한 병명을 알기 힘든 경우가 많다. 장애 유형은 DSM-IV(미국정신과협회), ICD-10(세계보건기구), 특수교육학적 관점에서 보는 장애 유형을 참고할 수 있다. 이 세 가지 관점은 다소 차이가 있지만 의학적 관점은 유전적 · 생리적 요인과 사회 · 심리적 요인들에 주안점을 두며, 특수교육학적 관점은 비정상성과 발달 부진에 주안점을 둔다.

2) 아동미술치료적 효과

아동의 미술은 심리나 정신의 상황을 밝혀 준다. 이 시기에 거짓말을 한다는 것은 자신을 보호하기 위함이거나 방어하기 위한 수단이다. 즉, 아동이 미술활동에 집중하면서 자신의 감정(분노, 기쁨, 슬픔 등)들을 자연스럽게 표현한다. 또한 그림을 그리면서 어떤 대상의 이미지를 떠올리는데 그 이미지에 대해 스스로 의미를 부여한다. 예를 들면, 동그라미를 그렸을 때 고정된 이미지가 아니라 어떤 아이는 엄마의 얼굴이라고 한 반면, 다른 아이는 바퀴, 토끼라고 한다. 이렇게 미술치료는 아동의 심상을 자연스럽게 표출하면서 창조할 수 있도록 도와준다. 이런 창조활동은 아동 자신에게 건전하고 건강한 에너지를 발산시켜 준다.

아동과 관련하여 초보적 수준에서 미술활동이 가지는 치료적 효과를 다음과 같이 제시한다.

1 아동 감정의 분출

아동은 미술활동을 진행하기 위해 여러 행동들 자체가 치료적 효과를 준다. 예를 들면, 아동들이 그림을 그리기 위해 이젤과 붓으로 활동을 하는 것은 아동이 가진 거친 행동을 누그러뜨리는 데 도움이 된다. 이와 같이 아동이 미술활동에 참여할 경우에 불안정한 행동을 보이는 아동은 그림을 그리는 것이 아니라 감정을 발산하는 것이다.

2 아동 꿈의 실현

미술활동은 아동에게 꿈과 희망을 주면서 실현할 수 있는 기회를 제공한다. 즉, 미술활동을 통해서 아동이 염원하는 세계를 자기 내면에서 구체적으로 실현할 수 있다. 예를 들어, 치료를 위해 아동에게 미술활동에 참여하게 한다면 수동적으로 행동하는 아동이 능동적인 태도로 바뀐다.

❸ 정신건강의 증진

정신적으로 건강하지 못해 문제 행동 및 부적응 아동에게 미술활동을 실시하면 정서적으로 안정과 친밀감, 즐거움을 불러일으켜 정신건강에 도움이 된다. 예를 들면, 난화 이야기 꾸미기 작업에서 치료사가 낙서하고 아동이 이미지를 만드는 식으로 진행되는 낙서그림은 아동의 심상을 표현하고 상호관계를 촉진시켜 즐거움을 줄 수 있기 때문에 정신건강에 도움이 된다.

3) 아동의 그림에 대한 이해와 치료

아동들의 그림을 이해하기 위해서는 다양한 맥락을 고려하여 발달적 · 정서적 대인 상호간의 관계를 포함하는 다양한 각도에서 그림을 보아야 한다. 아동들이 그림을 그릴 때에 '무엇을, 어떻게, 왜' 그렸는지에 영향을 미치는 요소들을 평가하여야 하며, 그림 자체를 해석하는 데 주목하기보다 어떤 과정을 거쳐서 그림을 그리는지, 치료사와 어떤 관계를 갖는지, 자신이 그린 그림에 대해서 어떤 식으로 반응하는지 살피는 것이 더 중요하다. 또한, 그림에 나타난 이미지들이 갖고 있는 여러 의미들을 개방적으로 바라보아야 한다.

치료사가 그림의 맥락을 고려하지 않고 아동의 미술표현을 해석하게 되면 표현이 위험한 것으로 오인되거나 잘못 해석할 수 있게 된다. 치료사가 더 통합된 관점으로 아동의 그림을 바라볼 때, 치료사 자신이 잘못 이해할 위험성을 줄이게 되고 일반적인 관점으로 아동들을 바라보는 데 더 도움이 될 수 있을 것이다.

아동의 그림을 그림 그 자체에 이야기가 자연스레 드러날 뿐만 아니라 치료사가 이러한 시각적인 이야기를 이용해서 내담자인 아동과 상호 작용하고, 그들이 생각과 관심을 다른 사람과 이야기하는 동안 정화(카타르시스)를 느낄 수 있도록 해준다.

❶ 아동의 그림과 치료에서의 그림 사용에 대한 치료사의 신념

아동이 그림을 그린다는 창조적인 과정을 경험하는 데 가치를 두고 아동이 그림을 그리는 것에 완전히 몰입하도록 허용하고 격려해 주는 것이 중요하다. 그리고 그림 그리는 것에 대한 긍정적인 경험을 아동에게 줄 수 있게 하기 위해서 치료사는 그림을 그리는 과정이 그들의 갈등과 위기를 탐색할 수 있는 기회를 주는 것이며, 그에 대한 해결책과 도움이 된다는 것을 확신하고 있어야 한다. 또한 치료적인 관계에서 안전한 그릇의 역할, 아동이 문제와 외상을 극복하도록 이끌어 준다.

2 그리기 과정의 치료사의 역할

아동이 그림을 그릴 때 치료사가 옆에 있는 것은, 그림 그리기는 평가나 사정의 목적이 아닌 치료적인 목적으로 사용할 때 중요한 요소로 작용한다. 다시 말해, 치료사는 아동이 하는 창조적인 작업의 목격자로서, 도구를 가져다주거나 작업을 도와주고 창조적인 과정을 지지해 준다. 또한 그림을 그리는 도중이나 대화 도중에 일어날 수 있는 강한 감정의 피난처가 되어 줌으로써 아동의 그림 그리기에 조력자 역할로 참여하는 것이 중요하다. 그리고 지지적이고 안전한 환경을 제공해 주어 아동에게 무조건적인 수용과 자신을 표현할 기회를 제공해 주는 것도 중요하고, 창조적인 능력과 자기표현을 통해서 스스로를 수용하는 경험을 제공해 준다.

3 그리기 과정의 대화

그림에 대해 물어보는 목적

- 그림과 이야기를 통해서 아동이 자신의 생각, 감정, 사건, 시각 등을 외면화하도록 돕는다.
- 아동이 경험한 사건과 환경에 대한 생각, 감정, 느낌 등을 잘 이해해서 아동에게 최대한 이익이 되도록 협력한다.

그림 그리는 과정 동안의 이야기

치료적인 관계가 막 성립되려는 단계인 치료 초기에는 잦은 질문이 부적절할 수 있거나 대답할 수 없는 질문일 수도 있다.

작업을 마친 그림에 대한 이야기

- 그림에 대해서 이야기 나누는 것은 치료사로 하여금 아동이 그린 그림에 대해 이해를 높일 수 있을 뿐만 아니라, 아동에게 스스로 표현할 기회를 주고 치료의 틀 안에서 창조적인 활동 과정을 통해 성장할 수 있는 기회를 제공해 준다. 치료사는 그림에서 눈에 띄는 것들을 간단하게 이야기해 주는 것이 효과적이다.

아동의 정서에 대해 반응을 보이는 것은 그들이 그림 내용을 수용하고 있다는 것을 알려 주며, 보상으로써 그림을 사용하는 자연적인 과정을 강화해 준다.

- 은유적인 대화법(간접화법, 3인칭 화법)으로 이야기하는 것은 어느 정도 안정감과 거리감을 줌과 동시에 아동이 능숙하게 자신의 그림의 의미를 이야기 할 수 있도록 해 준다. 수줍음, 분노, 자기비난, 죄의식, 공포 등 부정적인 감정들에 대해 저항을 감소하고 그림에 대해서 자연스럽게 이야기 할 수 있게 해 준다.

4 그림 그리기에 대한 저항

아동이 그림을 그리는 것에 대한 저항을 보이는 원인을 치료사 요인, 재료의 부실, 치료대상자의 요인으로 나누어 살펴보자.

▸▸▸ 치료사의 요인

- 치료사가 언어로 하는 치료를 더 편안하게 생각하고 아동의 미술표현, 미술표현 매체, 미술활동을 불편하게 느낀다면 이러한 신뢰감의 부족이 아동의 거부에 영향을 줄 수도 있다.
- 아동은 치료사가 열중하지 않거나 치료나 의사소통할 때 미술을 사용하는 기술이 부족하다는 것을 민감하게 알아차려서 자신도 흥미를 잃고 미술활동에 잘 참여하지 않게 된다.

▸▸▸ 재료의 부실

미술재료들을 잘 갖춰서 시각적으로도 쓰고 싶다는 욕구가 일어나게 하여 아동이 미술활동과 자기표현을 하도록 격려해 주어야 한다.

▸▸▸ 치료대상자의 요인

걱정, 불신, 억압, 방어, 공포를 그리기를 통해 감정을 드러내는 것이 두렵거나 그림 그리는 일 자체에 대한 저항을 일으킬 수도 있다.

2 청소년을 위한 미술치료

청소년(youth)이라는 용어는 다양한 의미로 해석되어 왔으며, 많은 학자들마다 이에 대한 개념이 다르다. 지난 수 십 년 동안 부분적으로는 사춘기가 시작하는 연령이 어려짐에 따라 청소년의 연령이 계속 낮아지고 있고, 더 나아가 몇몇 아동들은 상대적으로 어린 나이임에도 불구하고 이미 자신을 청소년과 동일시하는 경향을 보이면서 나이든 청소년의 생각, 언어나 기타 행동들을 따라한다. 따라서 청소년기 연령의 하한선은 다소 모호한 경우가 있지만 12세 이후로 하고, 상한선은 더욱 더 막연하지만 일부 학자들은 18세라고 하는 반면, 다른 학자들은 25세 또는 그 이상이라고도 한다. 그래서 많은 학자의 이론을 근거로 이 책에서는 상한선의 범위를 18세에서부터 25세까지로 한다.

1) 청소년기의 특성

청소년기는 아동에서 성인으로 이행하는 시기이기에 인생을 통하여 신체적 성장과 심리적 변화가 현저한 시기이다. 성인으로 넘어가는 변환기적 시기이며, 성격이 강하고 심리적으로 매우 불안정하고 동요가 심하다. 또 정서적으로 매우 예민하고 감수성이 날카로우며 불안정하다. 특히 타인과 자기와의 관계, 정의감과 불의감, 거부와 수용, 이상과 현실 사이의 양극적인 혼돈과 위기를 경험하는 시기이고, 정체성을 찾는 과정에서 청소년은 자기의존과 독립을 추구하는 자아정체성의 탐색기이다. 이 시기의 특성을 다시 한 번 살펴보면 다음과 같다.

- 지적, 논리적, 비판적 기능이 급속히 성장하는 시기이다.
- 애착과 의존의 욕구를 표현하기 힘들어하는 시기이다.
- 분리–개별화 과정에서 일어나는 불안을 쉽게 이겨내지 못한다.
- 자율성 획득에 따른 공격성이나 성욕의 표현과 통제 간의 불균형이 있는 시기이다.
- 긍정적으로 내면적 세계관을 형성하고, 지적 확대와 자율성을 신장하여 자아정체감이 정립되어 올바른 인간으로 자신의 길을 모색하는 시기이다.

청소년의 개인적인 발달에 있어서 가장 특징적인 측면은 아마도 그들이 자신만

▌청소년기 행동에 영향을 미치는 동기

- 새로움(새로운 경험, 사회적 역할에 실험 → 시행착오)
- 따분함(청소년 비행과 직접적인 관계)
- 게임(사회적 연습의 문제, 여러 가지 제약들을 시험해 보는 것)
- 스스로 즐기는 방법을 찾음(재미있고 선정적인 것)
- 충동적(즉각적으로 반응, 빨리 목표를 바꾸고 쉽게 분위기를 전환)

의 정체성을 찾고 있다는 점이다(Erikson, 1974). 즉, 그들은 사회에서의 자신만의 위치, 미래에 대한 전망, 가치 체계와 생활양식을 가짐으로써 다른 사람과 구분되는 고유한 개인으로 발전하기를 원하고 있다. 에릭슨(1974)에 의하면 잘 발달된 정체성은 자기신뢰, 다른 사람에 대한 신뢰뿐만 아니라 자신의 능력에 대한 믿음, 미래에 대한 낙관적인 기대, 자율성, 독립성, 의지력과 행동의 주도권과 목적적 행동을 갖는다.

이들은 사회나 자기생활 영역의 잘못된 점을 비판하고 취약점을 발견함으로써 반항, 즉 사회화의 통합을 악화시키고 부모와의 긴밀한 관계를 느슨하게 하는 행동을 하기도 한다. 예를 들면, 부모와의 의견 충돌 과정으로 이어질 수 있고 복장불량, 외모, 용돈 사용방법, 여가시간, 친구의 선택, 늦은 귀가시간 등의 갈등으로 이어질 수 있다. 이런 청소년의 태도는 자신만의 방향을 찾기 위해서 반항할 필요를 느끼고 부모와의 의견 충돌 과정은 성장 발달에 필요한 부분일 수 있다.

청소년의 급격한 신체적 변화는 정체성의 모색에 중요한 역할을 하며, 자신의 몸에서 나타나는 내적 · 외적 변화에 매우 민감해진다. 청소년의 정체성과 자아상은 대부분 그들이 자신의 외모를 어떻게 받아들이는가에 달려 있다.

신체적 발달이 일어남과 동시에 성적 감각이 나타나며, 청소년들은 성 행위에 대한 실험을 공상이나 자위로 시작해서 청소년기 이후 실제적인 성 관계로 옮겨간다.

2) 청소년 미술치료의 의미와 목적

1 미술치료가 가지는 예방 차원의 의미

청소년들은 자기 자신을 표현하며 자신의 창조성을 키울 수 있으므로 미술치료를 통해 청소년의 건강한 내적 자원들을 창작과정 속에서 찾아내어 그것을 강화하고 발전시켜 자기표현이 자기의 확장으로 이어지게 도와준다. 그리고 육체적으로나 심리적, 정서적, 사회적, 지적인 성숙의 과정에서 참아내기 힘든 긴장과 불안의 내적 갈등을 해소시키는 데 도움된다. 또 복잡함과 불안함을 표현할 수 있게 해 주는 동시에 자신의 장점을 발견하고 카타르시스의 경험과 함께 감정을 통제할 수 있는 힘을 준다. 이는 내면의 문제나 감정을 행동으로 분출하려는 충동이 미술작업을 통해서 표출되어 자신의 발전적 창조성을 키울 수 있다. 미술치료는 감정의 표출을 통한 과정 속에서 통제와 조절이 가능하여 혼란스럽던 사고와 감정을 재정리할 수 있게 해 준다.

2 미술치료의 목적

① 자기 자신을 표현함에 있어서 자기를 객관적으로 탐색하고 인식하게 한다.
② 자신을 객관화하여 자신의 문제를 인식하고 인정하고 수용한다. 그리고 극복하여 자신의 존재에 대한 자존감을 형성한다.
③ 청소년기에 미래에 대한 이상과 꿈을 펼칠 수 있다.

3) 청소년과 집단미술치료

① 문제의 치료와 해결 및 예방을 넘어서 성장까지 상담의 목적으로 삼는다.
② 동료집단을 중요시하는 시기이다.
③ 다른 사람이 자신에 대해 갖는 평가에 매우 민감한 시기이므로 자기가 중요하다고 생각되는 사람들로 구성된 어떤 집단에 소속되어 인정받고 싶어한다.
④ 상호작용을 통하여 변화를 추구하는 역동적 집단이다.
⑤ 집단원들은 서로의 에너지와 감정을 미술로 표현하는 과정에서 신체적 에너지를 쏟을 수 있고 억압된 정서를 자연스럽게 표현할 기회를 갖는다.

4) 청소년 비행의 이해

최근의 정치 · 경제 · 사회적 분위기는 고도의 산업화와 경제 발전으로 인하여 급격하게 다변화되고 있지만 그에 따른 사람들의 정신세계는 전통적인 규범과 가치관의 혼란으로 계층간, 세대간의 반목과 갈등, 이기주의와 가정의 해체가 사회의 전반적인 흐름으로 인해 매우 다양한 문제를 일으키고 있다. 또한 청소년들의 입시 위주 학교 교육과 청소년 문화의 부재로 인해 청소년들의 올바른 가치관 정립을 어렵게 하고 있다.

물질적 풍요와 쾌락주의적 문화, 대중매체 속의 폭력과 또래 집단의 영향으로 청소년 비행은 고도로 지능화되고 있다. 양적인 증가와 더불어 질적으로 집단화되고, 더욱 흉포화되고 있으며, 연령층도 저연령화 되는 현상이 뚜렷하다. 이는 한 개인의 적응 문제를 넘어 심각한 사회 · 병리적 문제로 대두되고 있다.

청소년 비행에 관련된 연구들(Catherine, Dewey & Herbert, 1999; Feindler, 1989)은 비행의 공통적인 주요 유발인자로 '분노' 를 말하고 있다. 따라서 청소년들이 자신의 정서, 특히 분노를 잘 조절하는 것은 긍정적 · 사회적 행동의 기본 바탕이 될 수 있다. 억압된 감정인 분노가 억제되면 우울을 유발하게 된다. 이는 억제하기, 수동적인 공격, 공개적인 공격 등의 건강하지 못한 방법으로 분노를 처리했기 때문이다. 이처럼 분노와 우울이 비행 행동의 중요한 유발 요인임을 고려할 때 비행 행동을 효과적으로 감소시키기 위해서는 분노와 우울을 적절히 조절하고 합리적인 대처방안을 익힐 수 있는 개입이 필요하다. 비행청소년들의 분노 조절과 우울 감소를 위한 개입 방법으로 심리극, 사회 기술 훈련, 긴장 이완 훈련, 자기인식 훈련, 정서 교육 등 다양한 치료 프로그램들이 있으며, 결국 치료의 관심은 인간에 대한 관심이자 사회현상에 대한 근본적인 물음과 비판이며 인간본성의 회복을 위한 방안에 초점을 두고 있다.

1 비행청소년의 정의

비행청소년의 일반적 개념은 사회적 · 문화적 · 시대적 여건에 따라 다양하게 정의될 수 있다. 비행에 속하는 행동은 시대적 차이, 사회적 관습과 문화적 가치에 따라 달라질 수 있을 뿐 아니라, 비행으로 규정하는 기준이 행위자나 나이, 성별에 따라 다르기 때문에 다양할 수밖에 없다.

청소년 비행은 라틴어의 '과오를 범하다' , '의무를 태만히 하다' 라는 뜻에서 유래된 것으로, 비행은 대표적인 위험 행동으로 범죄보다 더 포괄적인 개념이다. 청소년 비행 행동 속에는 형법에는 저촉되지 않으나 특정 연령층에 의해 행해지는 지위범행과 범법 행동을 포함한다. 지위범행은 비행청소년들에게서 빈번하게 관찰되는 무단결석이나 가출, 혹은 약물남용 등을 의미하는 반면, 형법에 저촉되는 폭행, 상해, 절도, 살인 등은 범법행동에 속한다.

2 비행의 원인

청소년 비행에 관한 이론적 관점을 세 가지로 분류해 보면 사회학적 관점, 심리학적 관점, 그리고 가족학적 관점을 들 수 있다. 사회학적 관점은 사회구성원들의 비행을 촉발시키는 사회구조적 특성을 지니고 있고, 심리학학적 관점에서는 비행과 관련된 개인의 심리적 특성을 지니고 있으며, 또한 가족학적 관점에서는 주로 비행과 관련된 부모의 양육 환경에 초점을 두어 비행의 원인을 말하고 있다.

3 비행청소년의 심리적 특성

이정희(1998)는 비행의 원인과 관련하여 비행청소년의 심리적 특성을 7가지로 설명하고 있다.

① 자기에 대한 만족 및 수용도, 낮은 열등감을 지닌 청소년들은 자신의 긍정적 정체감을 유지, 자아손상감을 보상하고, 우월감을 표현하기 위해 비행을 저지른다.
② 자신의 감정이나 욕구를 무시하거나 때로는 감정이나 욕구를 조절하지 못하며, 상황을 고려하지 않고 행동으로 옮긴다.
③ 비행청소년의 많은 경우가 삶의 초기에 부모와의 관계에서 거부, 학대, 상실의 경험이 있어 타인과의 의미 있는 관계를 맺는 것을 힘들어 한다.
④ 비행청소년들의 공통적 행동 특징은 충동적이고 산만하여 적은 자극에 예민하게 반응한다. 또한 타인의 권리와 감정을 공감하지 못하거나 무시하고, 삶이나 미래에 대한 계획이나 목표를 수립하는 장기적인 조망능력이 부족하며, 대체로 가치관의 혼란을 경험하고 있다.
⑤ 비행청소년은 일반 청소년에 비해 스트레스 대처 능력이나 문제 해결 능력이 떨어진다.
⑥ 비행청소년들은 지속적인 좌절 경험으로 인해 대체로 부정적인 자아개념을 갖고 자아존중감이 낮다.
⑦ 대부분의 비행청소년들이 인지능력, 특히 지능과 도덕성의 발달에 장애가 있

다고 할 수 있다.

이렇듯 비행청소년의 심리적 특성 가운데 분노가 현저하게 나타날 수 있음을 볼 수 있으며, 분노를 건강하게 표출하지 못함으로 인해 우울이 나타남도 유추해 볼 수 있다. 이는 비행청소년의 대표적인 심리적 특성이라고 할 수 있다.

5) 집단미술치료와 비행청소년의 분노 및 우울

집단미술치료는 집단구성원에게 집단의 한 일원으로서 개인적 체험을 하고, 치료사와 집단원 상호간의 교류를 통해서 신뢰관계 및 자기통찰을 하도록 도우며, 나아가 자신의 이미지를 시각화한다. 그들의 삶에 있어 그들이 사용할 수 있는 대처 전략을 연습하기 위한 비위협적인 장을 부여받는다. 압도적이고 감정을 혼란시키는 두려운 경험들과 구체적인 대처 기술들은 미술에서 실연될 수 있고 그것에 의해 완전히 습득될 수 있다.

미술치료에서 그림을 그린다는 것은 비언어적인 의사소통으로 언어적인 의사소통보다 양가감정을 표현하는 데 더욱 편안하다. 자신의 작품을 통해 자신의 생각을 이야기한다는 것이 거부감을 줄여 준다. 작품 속에서 어른들이나 세상, 심지의 그들의 친구마저도 마음껏 정의하고 비판해 볼 수 있다. 자신들의 문제를 구체화함으로써 얻은 제3자의 눈으로 자신들의 문제를 바라볼 수 있다. 변화를 시도할 때 현실에서는 위험을 안게 될지 모르는 실험을 작품을 통해 미리 연습해 볼 수 있다.

청소년의 내적 갈등은 결국 자기표현과 주위와의 상호교류의 문제이기 때문에 미술치료와 집단치료 기술의 적절한 조화는 치료대상 청소년들에게 효과적이라 할 수 있다.

집단미술치료를 통해서 비행청소년들에게 창조적인 잠재성과 즐거움의 근원을 확인하거나 우울과 고통, 분노의 원인을 찾을 수 있을 것이다. 미술로 이런 것들을 표현하는 과정에서 새로운 시각으로 자신을 이해하는 새로운 방법을 알게 되고, 그러한 시각을 변화시킬 수 있는 기회를 갖게 되는 것이다.

집단미술치료에서의 '집단'은 상호작용을 통해 변화를 추구하는 역동적인 집단이다. 집단원들은 그림을 표현하는 과정에서 억압된 정서를 자연스럽게 표현할 기회를 가지게 되고, 그림과 내면의 대화를 통해 정서적인 교감을 가질 수가 있다.

집단미술치료는 집단원들이 미술활동을 하면서 집단원들과의 상호작용이 자연스럽게 일어날 수 있어 사회성 향상에 효과적이며, 대화를 통해 의사소통 기술을 배우게 된다. 미술재료를 공동으로 사용한다든지, 공동작업을 한다든지, 상대방의 그림을 보완해 주고 관계 경험을 자연스럽게 하면서 사회적 발달을 성장시켜 나갈 수 있다. 또한 집단미술치료는 집단원끼리 서로 자신의 그림과 경험을 이야기하고 의견을 교환함으로써 정보 교환의 기회를 가질 수 있으며, 새로운 것을 배우고 동시에 가르쳐 주는 계기가 되어 서로 다른 행동양식, 사고 및 감정을 모방하는 모방적 행동이 촉진된다. 이렇듯 집단미술치료는 비행청소년들의 분노 조절과 우울 감소를 위해 정서적 · 사회적 · 인지적 요소들을 통합, 치료하는 데 개입할 수 있음을 볼 수 있다.

첫째, 정서적인 면으로 분노를 긍정적이며 부정적인 양면성을 가진 인간의 자연스러운 감정이라고 할 수 있는데 비행청소년들은 이러한 분노를 적절하게 조절하기 어려워한다. 이들은 정서적 요구가 필요하다고 할 수 있는데 정서적 행동을 일으키는 미술의 힘은 그들의 긍정적인 감정을 일깨워 주고, 목적 있는 삶을 위한 자극이 되거나 감정의 이완을 통해 인성 개조에 공헌할 수 있다.

둘째, 사회적인 면으로 우울하고 분노 조절에 어려움을 보이는 비행청소년의 특성 중에는 다른 사람과 관계를 맺고, 자신을 표현하는 사회적 기술이 매우 부족한 것으로 나타나므로 미술은 관계의 교류를 원활하게 도와줄 수 있는 가장 유용한 수단으로 사용될 수 있다. 미술은 말로 표현하지 못하는 감정을 쉽게 표현하고 전이의 방법으로도 활용될 수가 있다. 자신의 주장을 건전하게 전달하지 못하는 비행청소년들에게 미술치료는 좌절감이나 소외감을 느끼게 하지 않고 상호 의사소통의 기회를 제공하며, 사회적 기술을 습득하게 해 주고, 타인과의 교류 기회를 통해 사회적 행동을 발달시킬 수 있다.

셋째, 인지적인 면으로 우울하고 분노 조절이 어려운 비행청소년은 낮은 자존감을 가지고 있으며, 문제 해결 능력에 어려움을 보이고 있다. 미술은 자기발견을 통해 자긍심을 증진시키는 역할을 하며, 집단미술치료 활동에 참여한 집단원은 특별한 미술교육과는 관계없이 참여함으로써 창조과정을 통하여 자신에 대한 자기존중감을 높일 수가 있다. 또한 재교육 및 내면화 과정에서의 미술치료는 생각이나 감정을 치료사와 집단원 간의 대화과정을 통해 생각을 재정립하게 하고 집단원 자신의 상태와 문제행동을 고쳐나갈 수 있는 계기가 될 것이다.

대체로 비행청소년들은 우울 수준이 높은 것으로 보고되지만, 이들은 우울한 감정을 직접적인 언어로 표현하기보다는 폭력과 절도, 분노감, 적대감 등 공격적인 행동이나 일탈행동으로 나타내는 경우가 더 빈번하다. 집단미술치료는 이러한 우울한 감정과 내면의 분노감 등을 그림으로 시각화해서 자신을 새롭게 조망하고 감정의 표출과 정화를 통해 치료가 이루어질 수 있도록 하는 것을 볼 수가 있다. 극심한 우울증의 경우 직접적인 분노를 적절하게 밖으로 표현하면 증상이 호전될 가능성이 높아질 수 있다. 적절한 분노 표현의 실패가 여러 가지 심리적 장애나 신체화 증세를 가져오고, 과도한 분노 표현은 다른 사람들의 권리를 침해하는 결과가 되기도 한다.

Chapter 08

아동의 장애 유형별 특성과 미술치료

1. 장애의 의미
2. 지적장애 아동의 특성과 미술치료
3. 학습장애 아동의 특성과 미술치료
4. 운동기술장애 아동의 특성과 미술치료
5. 의사소통장애 아동의 특성과 미술치료
6. 자폐성장애 아동의 특성과 미술치료
7. 주의력결핍 및 과잉행동장애 아동의 특성과 미술치료
8. 품행장애 아동의 미술치료
9. 틱장애 아동의 특성과 미술치료
10. 배설장애 아동의 특성과 미술치료
11. 분리불안장애 아동의 특성과 미술치료

******

08 아동의 장애 유형별 특성과 미술치료

1 장애의 의미

사전적 정의로 장애는 '막아서 걸리적거림'을 의미하고, 장애 아동 및 특수교육의 관련된 전문가들은 장애를 무질서 혼란, 불리, 손상 등의 다양한 의미로 표현되는데, 혼란은 정신적 장애의 표현, 손상은 신체적 표현으로 각기 그 쓰임이 다르다.

장애 아동은 정상 아동과 다른 특성을 가지고 있고, 일상생활에서 정상 아동에 비해 좀 떨어지거나 사회의 불필요한 존재로서의 인식이 아니라, 단지 정상 아동과는 다른 특성과 조건을 가지고 있는 것이다. 다시 말해, 장애 아동은 신체적·정신적 장애로 인하여 장기간에 걸쳐 정상 궤도에서 상당한 제한을 받는 사람이다. 또한 장애를 판단하는 기준은 장애를 갖고 있지 않은 비장애의 의미로써 장애 아동이 가지고 있는 신체적·정신적 특성을 인정하고 사회의 한 구성원으로서 살아갈 수 있도록 장애인에 대한 왜곡된 사회인식이 바뀌어야 한다.

1) 장애 아동에 대한 미술치료의 필요성과 가치

장애 아동은 그들이 가지고 있는 장애로 인해 사회성이 부족하고, 낮은 자존감과 소극적인 성향을 보이며, 정신적인 문제로 인해 사회적으로 문제를 일으켜 또래와의 관계에서 소외를 받을 수 있다. 이런 아동에게 미술치료는 활동 과정에서 활동적면서 적극적인 참여의식을 길러 주어 사회성과 자존감을 심어 준다. 장애 아동은 대부분 성장하는 과정에 있기 때문에 특수교육과 병원치료를 병행하고 있으며, 이런 아동에게 미술치료는 아동의 내면에 억제되어 있는 문제성을 잘 파악할 수 있고, 자신의 욕구나 생각들을 그림을 통해 표출시킬 수 있는 것만으로도 1차적인 치료를 할 수 있다. 즉, 내적 갈등과 말로 표현하기 어려운 문제들을 미술매체를 통해 표현할 수 있는 치료이다. 이 과정 속에서 자신이 만든 작품을 통해 자존감과 성취감, 자신감, 독립성 등을 길러 줄 수 있다.

장애를 겪고 있는 아동이나 일반 아동 모두에게 미술은 자신의 내면에서 일어나는 여러 가지 자신만의 생각과 경험을 담을 수 있는 매체이다. 미술치료는 미술과 심리치료를 결합하여 치료적 의미를 가지고 있는데, 일반 아동에게는 경미한 문제 행동을 예방하는 차원에서 진행되고, 장애 아동에게는 계속적으로 진행되는 병을 막아 주고 또 다른 증상이 나타나지 않도록 예방적 차원에서 실시한다.

유아, 아동, 청소년기의 장애는 성장 · 발달하는 시기에 나타나는 장애이기에 심리적 · 발달적 관점에서 성인기에 나타나는 장애와 구별해서 그 특성과 의미가 다르게 설명되고, 성장과정에 나타나는 점을 고려하여 진단과 치료가 진행되어야 한다.

유아기부터 노인기까지 장애 유형을 미국의 정신과협회에서 만든 정신장애의 진단 및 교육편람(DSM-IV)에서는 0~18세 유아기 · 소아기 · 청소년기 이전에 흔히 나타나는 장애 유형을 분류하여 지적장애(정신지체), 학습장애, 운동기술장애, 의사소통장애, 자폐성장애, 주의력결핍-파괴적 행동장애, 주의력결핍-과잉행동장애, 급식 및 섭식장애, 틱장애, 배설장애, 분리불안장애 등 10가지 장애로 설명하고 있다.

여기에서는 DSM-IV에 나타나는 10가지 장애의 정의와 장애 원인, 장애별 마술치료 방법으로 나누어 소개하였다.

2 지적장애 아동의 특성과 미술치료

1) 지적장애의 정의

지적장애는 18세 이전에 발생하는 병으로 현저하게 낮은 지적기능을 가지고 있기 때문에 생활에 대한 적응행동의 심각한 제한을 보인다. 다시 말해, 지능지수 70 미만으로 인한 지적 기능의 문제와 적응 문제로 인해 의사소통, 가정생활, 사회적 기술이나 대인관계 기술, 지역사회 자원의 이용, 자기관리, 학업 기술, 일, 여가, 건강, 안전의 10가지 적응행동 영역에서 적어도 두 영역에 심한 한계와 결함을 동반한다. 즉, 현재 기능에 실질적인 제한성을 보이는 것은 지적장애아가 학습과 일상활동에서 근본적인 어려움을 느끼고 있기 때문이다. 현재 지능지수 70 미만의 지적 제한성과 적응 기술에서의 제한성은 지적장애 수준을 반영하는 지체 정도에 따라 가벼운 정도의 지적장애(경도), 중간 정도의 지적장애(중등도), 심한 정도의 지적장애(중증), 아주 극심한 정도의 지적장애(최중도) 4단계로 구분한다. 지적장애는 의학적인 질병이 아니기 때문에 정신장애라 할 수 없고 단지 현재의 행동이 평균 이하의 지적 기능을 가지고 있어서 적응 행동에 심각한 제한을 보여 일상생활은 하는 데 환경이나 기대에 맞지 않아 생기는 장애이다. 이는 전체 일반 인구의 1% 정도 추정되고 있으며, 남 · 여의 비로 보면 약 1.6:1로 남자에게서 발생 빈도가 높게 나타난다.

지적장애는 우리나라 특수교육진흥법상에서 '지능검사 결과 75 이하이며 적응 행동에 결함을 지닌 자' 라고 규정되어 있고, 장애인복지법시행규칙에서는 타인의

| 표 8-1 | 지적장애 정도에 따른 특성

정 도	IQ	빈도(%)	학령 전 발달	학령기 교육	성인기 재활
경도 지적장애	50~70	85	감각운동에서 약간의 지연	교육 가능한 범주, 초등 6학년 수준까지 교육 가능	사회, 직업 기능을 성취, 때론 지도 · 감독 · 지원 필요
중등도 지적장애	35~49	10	사회적 민감도저하	훈련할 수 있는 범주, 초등 2학년 수준 교육 · 직업 훈련 가능	보호소나 일반 작업 환경에서 비숙련 직업 수행, 대개 지도 · 감독 · 지원 필요
중 증 지적장애	20~34	3~4	운동발달 지연, 언어발달 지연 또는 미약	기본 신변 관리, 직업 훈련 불가	전적인 감독하에 단순 작업 수행, 자기 유지 기능을 함
최중도 지적장애	20 미만	1~2	감각기능의 상당한 장애	신변 관리 시 보조 필요	제한적인 신변관리 전적인 보호 요함

보호가 필요한 지능지수 34 이하는 1급, 지능지수 35 이상 49 이하는 일상생활의 단순한 행동이 훈련 가능한 2급, 지능지수 50 이상 70 이하는 교육을 통한 사회적 재활이 가능한 3급으로 나눈다. 이 두 가지 법령은 약간의 차이를 보이는데 전자는 적응 능력에 대한 정확한 규정을 정해 두지는 않았고, 후자는 지능과 일상생활, 직업생활, 사회생활을 동시에 고려해서 그 등급을 판별해서 적응행동을 규정하고 있다.

지적장애 아동의 전체적인 지능(IQ)은 한 가지 이상의 표준화된 개인 지능검사에 의해 평가된 지능지수로 정의된다. 표준화된 지능검사 종류는 개정판 유아용 웩슬러 지능검사, 스탠포드-비네검사, 소아용 카우프만 평가 배터리 등이 있고, 지적장애의 적응기술을 알아보기 위해서는 표준화된 사회적 적응행동척도가 있다.

2) 지적장애의 원인

지적장애는 매우 다양하고 복합적으로 나타나는 경우가 많기 때문에 중복 장애(뇌성마비, 간질, 감각기능 장애 등)의 비율이 높다. 지적장애의 원인을 보면 심한 정도의 지적장애는 특정 질병이나 두뇌 손상으로 일어나고, 경미한 지적장애는 환경적 요인이 크다. 다시 말해 모체를 통해 태아에게 전달(모체의 만성적 질환, 합병증, 감염, 음주, 흡연, 약물남용 등)되는 경우와 출생 후 아동에게 직접 전달(아동의 감염, 뇌 손상, 사고로 인한 질식, 중독)되는 경우가 있다.

① **유전적 요인**　지적장애의 약 5% 정도 차지하고 대사이상, 단일유전자이상, 염색체이상(다운증후군, 취약성 X증후군, XXY증후군, XO증후군 등)으로 발생한다.

② **임신 중 태내 이상의 요인**　지적장애의 약 30% 정도 차지하고, 염색체 돌연변이, 약물 및 감염에 의한 태내 손상으로 발생한다.

③ **임신 및 출산과정 이상 요인**　지적장애의 약 10% 정도 차지하고, 영양결핍, 미숙아, 저산소증, 감염, 두뇌손상으로 인해 발생한다.

④ **후천성 아동기 질환의 요인**　지적장애의 약 10% 정도 차지하고, 감염, 독성물질(납), 손상 및 사고 등으로 발생한다.

⑤ **환경 및 기타 정신질환의 요인**　지적장애의 약 15~20% 정도 차지하고, 부적절한 양육, 자극의 부족, 심한 정신질환(자폐증) 등으로 발생한다.

3) 지적장애 아동을 위한 미술치료

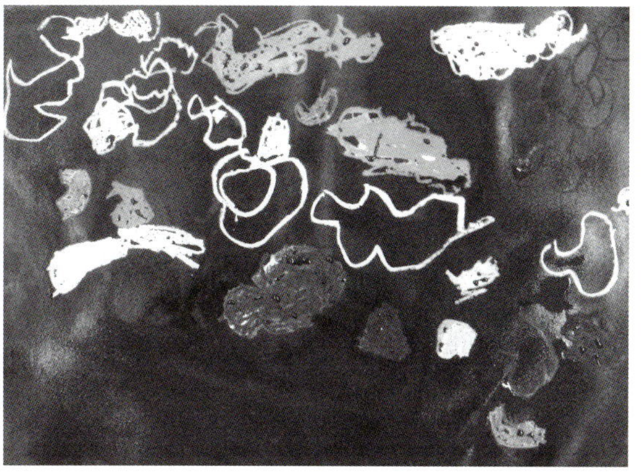

그림 8-1 지적장애 9세 아동의 그림(크레파스, 물감 사용)

지적장애는 아동에게 적당한 영양, 면역, 의학적 조치가 필요하고 적절한 프로그램을 통한 조기교육으로 증상을 완화시키고, 자해, 난폭행동, 사회적 기술 훈련, 안전 등 적응상의 문제들을 해결할 수 있도록 계속적으로 도와주어야 한다. 그리고 신체적 발달이 늦고 운동능력이 떨어지기에 신체 움직임이 정상 아동과 다르다. 그래서 대소변을 가리고 식사하는 것과 걷기 등이 일반 아동에 비해 상당히 더디고, 단기 기억에는 결함이 있어도 장기 기억에는 결함이 없다고 할 수 있어 제한된 기억력과 변별능력, 순서화하고 유추하는 학습 추리 면에서 어려움을 보이기 때문에 학습 부진아 취급을 당한다. 즉, 지적장애 아동의 지적 발달은 정상 아동과 비슷하지만 그 발달이 매우 느리기 때문에 낮은 성취수준을 보인다. 그래서 성인이 되어도 지적 · 인지적 능력이 평균 이하로 나타난다. 또한 산만하고 인지적 기술과 의사소통 기술이 부족하여 일상생활과 학업생활에 많은 저해를 준다. 그래서 이들은 잦은 실패와 경험으로 목표를 낮게 설정하는 경우가 많고 성공 경험이 부족하다 보니 부정적인 자아개념을 형성하기 쉽다. 지적장애 아동은 사회적으로나 정서적으로 미성숙하고 반사회적 행동을 보이기 때문에 다른 사람들을 거부하게 만드는 요인이 될 수 있으므로 일반적으로 또래들에게 잘 수용되지 못하고 거부되어 고립되는 경우가 많아 친구가 거의 없으며 학교생활에서 소외되는 경향이 있는데, 이는 또래를 수용할 수 있는 사회적 기술능력이 부족하기 때문이다.

지적장애아의 치료 및 교육은 가능한 조기에 시작하여 발달의 위축을 방지하고 장애 상태를 경감시켜 주도록 해야 한다. 이들은 제한된 지적 능력과 적응 행동의 문제로 외부 자극을 받아들이는 능력이 제한되어 있어 치료가 늦어지면 타고난 능력마저도 개발되지 못한다. 그래서 배울 수 있는 기회를 많이 제공해 주어 아동이 어떤 일을 할 수 있도록 적기에 적당한 일을 지도해 주는 것이 좋고, 한 번에 한 가지씩 아동이 완벽하게 습득할 수 있을 때까지 반복적으로 지도해 주며, 아동이 필요할 때마다 단시간에 지도를 자주해 주는 것이 이상적이다. 시청각 자극의 식별, 지시 따르기, 언어개념과 표현력 기르기, 협응, 자조 기술 습득, 친구와 어울리기 등을 도와주기 위한 기본적인 활동으로 감각운동을 활성화시키는 것이 좋다. 그러기 위해서는 대근육 운동과 소근육 운동을 하고, 촉각 · 미각 · 후각 · 청각 · 시각의 오감을 자극시킬 수 있는 재료를 다양하게 접할 수 있게 하는 것이 도움이 된다.

지적장애 아동의 미술표현을 살펴보면, 일반 아동과 같으나 그 속도가 매우 느리기 때문에 정상 아동의 5~6세 정도 수준에서 발달이 멈추어 있다고 볼 수 있다. 이때의 장애 아동은 일반 아동보다 더 확실한 인정과 칭찬 받기를 원하여 아무리 사소한 일이라도 그 일을 완성하였을 때는 칭찬과 격려를 해 주어야 다른 일에도 흥미를 가지고 그 일을 해결하려는 노력과 더불어 아동은 많은 표현을 표출한다.

또한 미술표현에 있어서도 그림 요소들 사이에 응집력이 부족하여 인물화를 그릴 때, 특히 신체 부위의 상호관계가 부족하고 때로는 원초적인 표현과 성숙한 표현이 같이 나타나기도 한다. 그리고 표현의 속도는 느리지만 단계는 그대로 거치기 때문에 발달 단계에 따라 치료할 수 있고 무엇보다 성취감을 느낄 수 있는 쉬운 표현부터 시작하여 긍정적인 자아개념과 성취감을 갖도록 도와주어야 한다. 이때에 대상에 대한 관찰 및 개념화 학습을 하여 인지 발달을 촉진시키는 일이 중요하다.

이런 특성을 알고 아동의 개인차를 고려하여 자신의 생각을 표현하는 능력이 부족하기에 미술활동을 통해 자유로운 표현을 할 수 있게 편안한 분위기와 다양한 방법을 제공하여 감정표현과 시각적 행동, 상징적 형태를 발달시킬 수 있도록 도와주어야 한다. 또한 미술활동으로 색, 형태, 화면의 구성, 창의성 등에 대한 인식 능력과 표현력 증진시켜 주고, 치료사는 작품활동을 마친 후에 말로 표현할 수 있는 기회를 제공해 주어야 한다. 지적장애 아동의 조형 활동은 가능하면 단순하고 구체적으로 실시하여 기법과 재료를 반복적으로 시도하면서 적응 능력을 길러 주는 것이 중요하고, 복잡한 기술을 가르칠 때는 소단위로 나누어 단계별 지도를 하여 재료 사용에 익숙해질 수 있도록 도와줄 수 있다. 즉, 지적장애 아동은 사물에 대한 낮은 개념으로 대상물을 사실대로 그리거나 표현해 내기란 쉬운 일이 아니다. 그렇기 때문에 추상적이고 복잡한 것보다 구체적인 예를 제시해서 정확하게 이해하도록 지도해 주고, 단순화하여 인지가 쉽게 다가가 주는 것이 좋다. 그래서 미술활동 자체가 즐거워서 자발적으로 참여할 수 있도록 인도해 주어야 한다. 즉, 미술치료 시작 전에 흥미를 가질 수 있게 충분한 동기 유발을 시켜 준 후 짧은 시간에 중요한 기능과 개념에 초점을 맞추어 실패감을 맛보지 않게 하는 것이 좋은 방법이다.

미술치료 기법으로는 난화 그리기, 종이 찢기, 가위로 종이 자르기, 찰흙작업(때리기 굴리기 주무르기, 찢기, 만들기 등), 색종이 오려 붙이기, 마블링, 물감불기, 비눗방울 불기, 콜라주, 핑거페인팅, 데칼코마니 등이 도움이 된다.

3 학습장애 아동의 특성과 미술치료

1) 학습장애란?

학습장애는 아동의 정상적인 지능과 신체 상태를 가지고 있으면서도 생활 연령이나 교육 수준에 비해 읽기, 쓰기, 말하기, 셈하기에서 학습적으로 어려움을 보여 실제적인 학업 기능이 낮은 것이 특징이다. 그 이유는 학습에 관련된 미세한 뇌 기능의 손상과 이상으로 학습의 특정 영역에 결함을 보이거나 발육지연 또는 장애를 보인다. DSM-IV에서는 학습장애를 읽기장애, 쓰기장애, 산술장애, 달리 분류되지 않는 학습장애로 분류하고 있으며, 아동이 지능이 낮고 공부하기 싫어서 학습에 저조한 현상이 나타나는 것이 아니라 태어날 당시 대뇌 손상으로 인한 뇌 기능이상이나, 의학적 조사나 검사에도 찾아낼 수 없는 미세한 뇌 기능이상이 보이지 않는 문제로 남아 있다가 아동이 학교에 진학하면서부터 서서히 나타났다가 교과 과정이 어려워지는 초등학교 2~3학년쯤 되어서 쓰기와 읽기, 산술을 잘 못하는 등 쓰고 산술적 계산이나 추리 등과 언어 이해나 언어 표현이 현저하게 떨어짐을 발견한다. 읽기 장애, 즉 난독증(dyslexia)은 언어 표현이 서투르거나 읽기, 쓰기, 발음하는 데 어려움을 보이며, 난독증을 가진 부모나 형제에서 난독증이 나타날 확률은 34% 정도이다.

학습장애의 유병률은 취학아동의 2~10%이고, 남아가 여아보다 3배나 많이 나타난다. 학습장애 아동을 보이는 아동은 방치하면 학교를 중도에 그만 포기하는 경우가 약 40% 정도이고, 치료해 주지 않으면 행동장애나 반항성장애, 주의력결핍-과잉행동장애와 동시에 수반되는 경우가 20~30% 정도로 나타난다. 또 사춘기에 접어들어서 약물을 복용할 가능성이 높으며 약물남용으로 치료 받는 청소년의 60%가 예전에 학습장애였다고 한다. 학습장애는 누적된 학습실패로 인해서 학습된 무기력감이나 낮은 자존감, 행동통제의 어려움, 짧은 주의집중력, 낮은 사회적 수용을 낳게 되고, 나아가 적응상 문제로 직장에서도 일 년 이상은 다니지 못하고 우울장애, 기분 장애가 나타난다. 그렇기 때문에 조기발견과 정확한 진단으로 조기치료를 실시하여 읽기, 쓰기, 문자 표현, 수학 등을 지도해 주어야 하고, 인지적 처리 과정상의 장애로 인한 시각, 지각, 기억, 사고 등의 어려움을 가지고 있기 때문에 학습문제와 정서 · 사회적 영역에서 어려움을 보이기 때문에 정상적인 발달을 도울 수 있도록 도와주는 것이 중요하다.

2) 학습장애의 원인

학습장애의 원인을 DSM-IV에서는 언어능력과 관련이 있는 손상으로 인한 뇌 기능 장애, 유전적 요인, 뇌 편측화의 불균형, 산모의 건강 상태, 환경적 요인으로 나누어 설명하면 다음과 같다.

① **뇌 손상에 의한 뇌 기능 장애** 뇌성마비, 간질, 신경계 감염, 그리고 뇌 손상을 받은 경우가 많았으며, 뇌파검사에서 높은 빈도의 비정상 뇌파가 보고되고 있다.

② **유전적 요인** 읽기장애(난독증)를 가진 부모에게 자란 아동은 읽기능력에 어려움을 보일 가능성이 높다.

③ **뇌 편측화(lateralization)의 불균형** 읽기장애는 좌반구 기능의 결함으로 인하여 좌반구가 우반구에 대한 우세한 기능을 하지 못하기 때문에 읽기능력이 장애를 보인다.

④ **산모의 건강 상태(생활 태도)** 음주, 흡연 등으로 인해 장애를 보인다.

⑤ **환경적 요인** 사회 및 환경적 요인으로서 심한 빈곤이나 열악한 환경의 영향으로 아동의 성장에 부정적인 영향을 미친다.

⑥ **기타** 알러지, 중의염으로 인해 집중력을 저해시켜 학습장애가 일어날 수 있다.

3) 학습장애 아동을 위한 미술치료

학습장애 아동들은 학습에 필요한 인지적 정보처리 과정 때문에 시 · 청각 정보들을 뇌에서 수용하여 처리, 통합, 출력하는 인지과정과 상대의 말을 이해하기 어려워하고, 이해는 하지만 말로 자신의 느낌을 표현하지 못하는 등의 문제가 있어 학습적으로 자신감을 잃고, 열등감을 느끼기 때문에 쉽게 좌절하거나 포기하여 과제를 끝까지 수행하지 못한다. 이런 과정이 반복되면 부정적 동기 강화가 강해져서 사회적 접촉을 피하고, 원만한 대인관계를 유지하지 못한다. 다시 말해 성격 및 정서적 불안정이 사회생활의 어려움으로 나타나 위축현상을 보이고, 대인관계에 있어서도 소극적인 행동을 보이게 되는 것이다.

그림 8-2 난화작업(찢어 붙이기)

이러한 장애 특성에 맞는 미술활동은 과제학습을 신속하게 처리하는 학습 능력을 키워 주기 위한 목적이 아니라 아동의 심리적 문제를 대표하는 학습된 무기력감을 극복시켜 문제를 해결할 수 있는 기본적인 치료방법을 제시해 준다. 따라서 개인적 인지 능력, 심리적 운동력, 정서적 표현 능력, 사회적 적응 능력을 고려하여 미술치료 프로그램을 실시하는 것이 좋다. 학습장애 아동에게 보이는 학습기술과 사회적 능력에서의 결함을 파악한 후 치료자가 아동에 맞는 모델링(modeling) 활동을 보여 주면서 실시하고, 직접적인 지시, 피드백, 강화물을 사용하여 학습 태도를 변화시킨다. 예를 들어, 계속되는 학습된 무기력감으로 인해 실패의 반복적 경험을 끊어 주어야 한다. 실패는 낮은 자존감과 동기 부족으로 학습에 관한 악순화을 계속되게 하기 때문에 성취감을 맛볼 수 있게 쉬운 미술활동을 실시해 주어 자신감을 북돋아 주어야 한다. 그리고 주의력결핍과 수반되어 학습에 어려움을 보이는 경우에는 자기교시 훈련(self-instruction training)을 접목하여 미술치료에 응용하는 것이 효과적이다.

미술재료나 기법은 지각운동과 감각운동을 자극하여 의식화할 수 있도록 계획하며, 개인차를 고려하여 개별적 관심과 지도로 정서적 상태와 다양한 감정을 미술을 통하여 표현할 수 있게 도와주어 때로는 장애 아동의 스트레스를 표출할 수 있게 해 주고, 부적응 행동을 바로잡아 주어 일상생활에 도움이 될 수 있도록 해 주는 것이 좋다. 미술치료 기법으로는 포토 몽타주, 신문지 찢어 붙이기, 신체 그리기, 신체 본뜨기, 콜라주, 점토작업, 난화작업, 동화 듣고 그리기, 음악과 동작을 이용한 그림 그리기 등이 도움이 된다.

4 운동기술장애 아동의 특성과 미술치료

1) 운동기술장애란?

운동기술장애는 발달성 근육운동 협응장애라고도 한다. 아동의 생활 연령, 측정된 지능의 기대되는 수준에 비해 학습이나 일상생활의 어려우므로 발달성 근육운동 조정 기술이 현저하게 낮은 것이 특징이다. 운동발달은 나이와 관련하여 기어다니기, 앉기, 걷기 등 지표가 느리거나, 물건을 떨어뜨리거나, 서투른 운동발달, 서투른 글씨 쓰기 등이 느리게 나타난다. 이로 인해서 학습능력이나 일상생활에서의 장애가 초래되는데, 이러한 장애가 뇌성마비, 근육위축증, 반신마비 등 분명한 내과적 · 신경학적인 질환과 전반적 발달장애 등과 동반된 것이어서는 안 된다고 DSM-IV에서 운동기술장애 판단기준을 정했다. 또한 지능지체가 동반된 경우에는 지능지체로 예측할 수 있는 장애의 정도를 넘어서는 정도가 되어야 운동기술장애라 할 수 있다.

1 운동기술장애의 증상

① 학령기 아동(5~11세)의 약 5~6%에서 나타나며, 남아에서 약 2~4배 정도 더 흔히 관찰 된다고 보고되고 있다.

② 유아기나 소아기 초기에는 주로 운동발달에 지연이 있다. 이때에는 몸을 뒤집기, 기어 다니기, 앉기, 서기, 걷기, 단추 끼우기, 옷을 입기 등의 능력이 떨어지며, 2~4세에서는 물건을 잘 잡지 못한다거나 잘 떨어뜨리며, 걸음걸이가 어색하기도 한다. 또한 이때 아동들은 운동 근육 협응의 문제로 인해 뛰어다니면서 다른 아동들과 잘 부딪치거나 잘 넘어지는 행동이 관찰된다. 좀 더 자라면 퍼즐

게임, 블록쌓기 또는 공놀이 등이 정상 아동들에 비해 현저하게 떨어진다.

③ 학습장애, 대화장애, 주의력 결핍, 과잉운동장애 등과 흔히 동반된다.

④ 발달성 언어장애와 관련되어 나타날 수도 있으며, 문제 행동이 있는 아동, 학습장애가 있는 아동들에게서도 흔히 나타난다.

⑤ 많은 아동들에 있어서 구음장애, 표현성 언어장애, 수용성/표현성 언어장애도 동반되며, 더 나이가 들면 2차적으로 정서적 행동상의 문제, 학교생활에서의 어려움 등이 동반된다.

⑥ 과잉운동증이 있고 충동적인 아동은 흔히 운동발달의 장애가 동반되며, 이 경우 두 진단을 모두 내릴 수 있다.

⑦ 치료를 받지 않은 심한 운동장애인 경우에는 운동놀이를 함께 하기 어렵기 때문에 또래관계의 어려움과 또래로부터 따돌려지는 경우가 많아서 혼자 고립되고 우울해지기 쉽다.

2) 운동기술장애의 원인

정확한 원인은 알려져 있지 않으나 여러 요인이 작용한다.

① 미숙아, 저산소증, 영양실조, 출생 시 저체중 등이 있다.

② 신경화학적 요인이나 뇌 두정엽의 이상과 관계가 있다.

③ 발달성 언어장애와 관련되어 나타날 수 있다.

④ 충동적인 행동이 있는 아동, 학습장애가 있는 아동들에게 흔히 나타난다.

3) 운동기술장애 아동을 위한 미술치료

운동기술장애를 완화시키기 위한 미술치료는 다른 장애 아동들과는 또 다른 신체를 움직일 수 있는 작업 공간과 필요한 재료 등을 준비해 주어야 한다. 이 장애를 가지고 있는 아동에게는 미술과 신체적 놀이 활동의 율동적 요소를 많이 계획함으로써 미술로서 운동능력을 발달시키는 것이 중요하며, 교사는 아동과 밀접한 관계를 유지하여 아동에 맞는 맞춤형 개별화 프로그램을 제공하여 지도를 하는 것도 필요하다.

먼저 낙서하거나 난화 그리기를 통해 손의 근육을 활성화시키고 소근육 운동을

그림 8-3 종이 찢어 꾸미기

강화하는 활동을 하는 등 반복된 활동을 통하여 근육 사용이 숙련될 수 있도록 도와주어야 한다. 미술활동을 진행하는 동안 도구를 만지고 다루는 과정을 통해 자연스럽게 근육운동이 이루어지기도 하지만 미술재료 중 점토활동으로 주무르고, 두드리고, 만지고, 굴리고, 찌르는 등의 작업을 반복적으로 실시하는 것이 도움이 된다. 또한 학교생활에서나 일상생활에서 연계할 수 있는 활동을 통하여 최대한 쉽게 최소의 노력으로 넓은 범위를 움직이는 것을 도와주고, 종이 자르기, 신문지 찢기, 찢어 꾸미기, 자연물을 이용한 만다라 작업 등으로 도움을 준다.

5 의사소통장애 아동의 특성과 미술치료

1) 의사소통장애란?

의사소통장애는 발달의 초기 단계부터 정상적인 말이나 언어에 장애가 있는 것이 특징이며, DSM-IV에서는 표현성 언어장애, 혼재수용-표현성 언어장애, 음성학적 장애, 말더듬기 및 달리 분류되지 않는 의사소통장애로 분류한다. 이는 말의 내용을 수용, 처리하고 전달하는 능력에 결함이 있어 정상적인 언어습득 방식의 문제로 인한 장애이며, 신경학적 또는 말하기 이상이나 감각장애, 지적장애 또는 환경적 요소 등에 직접 기인되지 않는 것들이다.

언어적 특징은 그 심각도 및 아동의 나이에 따라 다양하게 나타나는데, 질문에 대한 이해 부족으로 추상적인 생각이나 개념을 유추하기 어려워하고, 말해 준 정보나 순서, 유머나 은유 표현 등에 대한 이해의 어려움이 나타난다. 이로 인해 부정확한 문법을 사용하고 들은 말을 제대로 전달하기 어려워하고, 대화 도중 말을 멈칫하거나 제한된 어휘 사용으로 인해 의미 전달이 어렵다. 그리고 느린 언어발달 속도, 단어나 문장을 이해하는 어려움, 소리의 구분, 소리와 상징의 연합에서의 능력에서 어려움이 나타난다.

① **표현성 언어장애** 아동의 표현성 구어 사용 능력이 그의 정신연령에 적합한 수준보다 현저하게 낮지만, 언어 이해력은 정상 범위에 속하는 특수 발달 장애이다.
② **수용성/표현성 혼합 언어장애** 상대의 말을 이해하는 능력에서 자신의 생활연령이 지능에 비해 뚜렷한 지연을 보이므로 학습능력, 사회생활 또는 대화에서 의미 있는 장애가 동반된다.
③ **음성학적 장애** 아동의 나이와 말씨가 지능에 비해서나 발달적으로 맞지 않게 부적절하거나 분명하지 못한 발음상의 장애로 인해 언어음 발달이 부정확 · 부적절하거나 지연되는 장애이다.
④ **말더듬이** 말을 하는 시간이 일반 아동보다 오래 걸리고 말을 할 때 음이나 음절을 자주 반복하거나 지연시키는 장애이다. 때로는 한 단어 사이를 쉬어서 발음하기 때문에 유창하게 말하는 것에 문제가 있고, 나이에 비해 현저한 장애를 보인다.

2) 의사소통장애의 원인

1 기질적 원인

① 구어근육 마비, 치아 손실, 비정상적인 뇌손상이나 안면이상, 아데노이드 비대로 인해 호흡과 발성에 문제가 나타난다.
② **신체적 원인** 중추신경계나 입, 후두 등의 손상을 가져오는 질병이나 사고에 의한 것으로 발생한다.

2 기능적 원인

아동의 발달 초기에 제공되는 언어의 질과 양은 아동의 어휘나 언어 발달에 영향을 미치는데, 이런 자극이 부족하거나 인지발달과 언어학습을 위한 경험이 제공되지 않은 환경 때문에 장애가 일어난다.

3 그 외 원인

단순한 발달지연, 유전적인 요인, 기질적 요인, 학습적 요인, 심리적 요인, 유전적인 요인으로 장애가 일어난다.

3) 의사소통장애 아동을 위한 미술치료

의사소통장애는 언어치료나 정신치료, 부모상담과 교육, 호흡훈련, 이완법 등을 언어장애의 특성에 맞게 개별화된 미술 프로그램을 제공해 주어 말과 언어기술의 촉진, 사회적 수용에 관심을 기울여서 아동에 맞게 진행되어야 한다. 미술작업을 통하여 자신의 감정과 생각을 표현할 수 있는 자극과 동기를 부여해 주고, 조형작업을 하면서 색, 형태, 공간감각, 방향 등에 대한 느낌과 생각을 언어화 유도를 반복적으로 천천히 해주는 것이 중요하다. 이때에 아동이 말하는 과정에서 실수를 했을 때 교사가 어떻게 발음하느냐에 따라서 아동의 말과 행동이 달라진다. 그렇기 때문에 장애를 가지고 있는 아동이 말을 하고 의사소통을 할 때는 인내심을 가지고 아동을 존중하는 마음으로 끝까지 들어 주어야 한다. 또한 미술치료 과정에서 많은 대화를 하고 말을 할 수 있는 기회를 제공해 주는 것이 좋다. 이런 과정이 계속적으로 진행되면 심리적인 문제로 인한 의사소통장애에 많은 도움이 된다.

교사나 치료사는 아동과 함께 미술작업을 하는 동안 적절한 억양, 정확한 발음으로 유창하게 말하도록 주위를 기울여야 하고, 말하는 속도와 문장의 길이를 조절해서 말해야 하며, 아동에게 제시하는 지시사항을 조절해서 의사소통장애 아동이 습득할 수 있게 해 주어야 한다. 이때에 교사나 치료사는 아동이 말을 듣고 분간하여 말을 할 수 있는 기회를 주어 능력을 키워 주어야 하고, 말더듬이 아동의 경우 말이 틀렸다고 해서 직접적으로 주의를 주거나 중도에 말을 차단하거나 거들지 말고 끝까지 들어 주고, 가급적 말을 많이 할 수 있게 미술작업을 통해 기회를 많이 부여하고 자신의 미술작품에 대한 소감을 글로 써서 읽을 수 있는 기회를 주는 것도 도움이 된다.

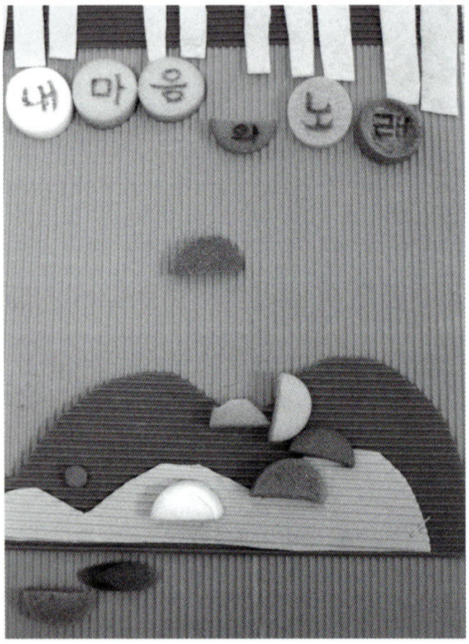

그림 8-4 이야기책 만들기

미술치료 기법으로는 인형이나 가면놀이, 난화게임 놀이, 이야기책 만들기, 핑거페인팅, 점토작업 등을 통하여 언어적 자극이 되는 놀이와 창의적 활동으로 연결해 주어야 한다. 그리고 리듬 및 율동을 통해 이완을 유도해 주는 것도 중요하다.

6 자폐성장애 아동의 특성과 미술치료

1) 자폐성장애란?

자폐성장애는 언어발달과 의사소통의 심각한 장애, 행동의 장애, 대인관계와 사회성 발달의 장애 등 아동 발달 전반에 걸친 장애로 이해능력에 저하를 일으키는 신경 발달의 특징을 가지고 있으며, 영아기나 소아기에 발병하는 전반적 발달장애라고 한다. 자폐장애의 표현은 개인의 발달 수준과 생활 연령에 따라 매우 다양하며, 자폐증의 유병률을 살펴보면 전 세계적으로 1만 명당 4~12명(0.1%)으로 보고되고 있고, 남녀 성비는 3~4:1로 나타난다. 또한, 우리나라의 역학 조사에서도 1만 명 어린이 중 자폐아가 9.2명으로, 남녀 성비는 3.4:1로 나타나 있다. 생후 12개월까지는 정상적인 발달을 보이다가 언어면에서 퇴행을 보인다. 그렇기 때문에 자폐증은 조기발견이 중요하고, 생후 30개월 이전부터 조기발견이 진단이 가능하며, 치료가 빠를수록 더 효과적이고 다루기 쉽다. 오늘날 자폐증이라는 용어 외에 소아자폐증, 자폐성 장애 등의 용어도 사용되는데, 자폐증이라고 한 마디로 단정짓기엔 모호한 예가 많아 자폐성향이라고 진단하는 경우도 있다.

자폐증의 특징은 사회적 상호작용장애, 의사소통장애, 그리고 행동장애의 세 가지 특징을 들 수 있다.

1 사회적 상호작용장애

자폐아동은 모든 상황에서 타인과의 관계 형성과 정서 반응에 어려움을 보이고, 정상적인 개인간의 상호작용 발달에 실패한다. 이는 유아기 초기에 어머니와의 애착 관계에서 시작하는데, 이때 양육자와의 애착관계가 잘 형성되지 않은 아동은 성장하면서 타인과의 상호작용은 계속 비정상적으로 이루게 된다. 유아기 때 영향을 받는 행동으로는 사람을 응시하여 시선 맞추기, 얼굴 표정과 웃음을 보이고 목소리에 주목하거나 손가락을 움켜쥐는 등 신체 자세가 포함되는 사회적 활동에 결함을 보인다. 이런 아동은 정상적인 친구나 형제 관계의 형성에 실패하여 고립된다. 또한 나이에 걸맞는 정상적인 행위에 무관심해지거나 즐거워하지 않고, 다른 사람과의 상호작용을 거부하여 놀이를 할 때도 혼자 놀기를 좋아하고 다른 아동을 찾지 않는다. 다시 말해 자폐 아동은 다른 또래 아동과 떨어져 혼자 있는 것을 선호하며 타인의 감정표현에 거의 반응하지 않는다. 심한 경우 자폐아는 타인의 존재도 인식하지 못하는 경우도 있다.

2 의사소통장애

의사소통에 심각한 장애로 언어지체현상이 나타난다. 다시 말해 생후 2~3개월이 되면 옹알이를 시작하고 7~8개월이 되면 '마마', '파파' 같은 뚜렷한 말을 하며, 첫돌이 되면 자신이 원하는 것과 자신의 이름을 부르면 반응하게 되는데, 자폐 아동은 의사소통 발달에서 선택적으로 반응을 하거나 반응을 보이지 않는다. 또한 이해하는 것(이해력)과 실제로 말하는 것(표현력)이 심각하게 지체를 보이거나 그렇지 않을 수도 있다. 언어 이해의 결핍으로 간단한 지시, 질문, 명령을 이해하지 못하게 되고, 나이에 적절한 아이들 놀이에도 끼지 못한다. 또한 상호간의 대화에 참여하지 못하거나 말의 높이, 억양, 속도, 리듬, 강세에 이상이 생겨 기계적으로 말을 하거나 반향어를 사용한다. 다시 말해, 문법적인 구조도 미성숙하여 단어나 구의 반복이 일반적이며, 타인의 말을 스스로 자주 반복하기도 한다. 이때는 특정한 노래, 이야기, 광고나 전체 원고의 기억과 암기능력에 탁월한 능력을 보이기도 한다. 자폐 아동에게 나타나는 이런 현상이 지적 능력으로 알고 있는데 실제로는 인지력 결핍으로 탁월한 지적 능력과는 무의미하다.

3 행동장애

자폐 아동은 행동면에서 아동 주변이 변화하면 심한 거부감을 보이고, 틀에 박힌 정형화된 행동과 다양한 반복, 패턴화, 그리고 비정상적 행위를 보인다. 시각, 청각, 촉각을 통한 감각의 입력에 신경과민 양상을 보이게 되므로 소음, 군중들, 시각적 자극이나 느끼는 것에 대해서 참지 못하는 경우가 많아 근거없는 이상스러운 두려움을 보이는 경우가 있다.

또한 무의미한 활동이나 반복적인 행위를 보이는데, 이는 빙빙 돌기, 물건 돌리기, 손 쳐다보기, 지속적인 흔들기, 이갈기, 머리카락이나 손가락 돌리기, 발가락

끝으로 걷기 등의 증상을 보인다. 자주 제한적인 관심이나 특정놀이에 몰두한다. 자폐아는 계속 한 종류의 장난감을 가지고 놀거나, 강박적인 행동으로 인형이나 차를 일렬로 세우고 반복적 · 규칙적으로 동일 행동을 한다. 이때 아동을 제지하거나 못하게 하는 행동을 시도하면 아동은 극단적인 반응으로 자해를 하거나 소리를 지르는 등의 행동과 돌거나, 열리거나, 닫히거나 다른 행동을 보인다. 혼자 남겨지면 전기 스위치를 켰다가 끄다가 하면서 몇 시간 앉아 있거나, 돌아가는 장난감을 빙빙 돌리거나, 블록 같은 것을 쌓는다.

2) 자폐성장애의 원인

자폐증을 심리적 원인과 생물학적 원인으로 나누어 보면, 심리적 원인은 부모의 애정 결핍이나 산모의 불안, 아동이 큰 충격을 받았을 때와 외부 자극 부족 등 환경적인 요소를 원인으로 발생한다. 생물학적 원인으로 자폐증은 두뇌이상이나 중추신경계의 손상으로 발생한다. 뇌 기능이상은 뇌의 어떤 부분이 어떻게 문제가 되느냐는 아직 확실한 것이 밝혀지지 않았지만, 선천적 · 생물학적 · 의학적으로 낳을 때부터 전반에 걸쳐 장애를 일으킨다는 것이다.

① 자폐증은 생후 즉시 이상발달을 보이며, 임신 중이나 분만 전후에 뇌 손상을 일으킬 만한 합병증이 많이 보고되고 있다.
② 자폐 아동의 상당수는 반 이상에서 뇌파 이상을 보이며 청소년기에 이르기까지 경련성 발작을 나타내고 있다. 겉으로 경련성 발작이 없더라도 갑작스러운 이유 없는 울음이라던가 소리지름, 발작적 행동을 자주 보인다.
③ 단층촬영(CT)이나 자기공명진단(MRI) 같은 영상검사에 있어서도 소뇌와 변연계의 이상을 보이고 있다.
④ 이미 뇌질환으로 알려진 많은 질환들 중에 자폐증상을 보이는 아동이 훨씬 많이 있다.
⑤ 생리학적 각성 기제가 정상 아동과 달라 집중과 주의력에 이상이 있음이 알려져 있다.
⑥ 자폐 아동의 뇌 전달 물질 연구에서, 특히 세로토닌이라는 뇌 전달물질이 혈중에서 일반 아동보다 훨씬 높음이 밝혀졌다.
⑦ 자폐증도 어느 정도 유전성이 있는 것으로 보이며 일란성 쌍둥이가 둘 다 자폐

이거나 형제 중에 자폐증을 보이는 형제도 일반 아동보다 훨씬 자폐증이 일어날 확률이 높음이 알려져 있다.

3) 자폐성장애 아동을 위한 미술치료

자폐 아동을 치료하는 데 있어서는 자폐증을 완전히 없애고 정상화를 가져오는 치료는 없다. 즉, 자폐증이 가진 여러 가지 단점을 최소한으로 줄이고 최대한 정상화를 도와주는 것에 근본적인 의미를 두고 미술치료를 실시한다.

자폐 아동의 미술에서 나타나는 특성은 인지적 결함과 정서적 장애가 나타난다는 점에서 지적장애 아동과 정서장애 아동의 미술표현과 공통된 점이 많다. 정서장애 아동과 마찬가지로 자폐아동의 그림은 반복적인 그림이 많으며 모방만 할 뿐 창조적인 그림을 그리기 어렵고, 지적장애아들의 그림은 자신이 관심 갖는 분야에 대해선 정상 아동보다도 더 세부적이고 정교하게 묘사하는 경향이 있다. 이 외에도 숫자나 글씨로 화면을 가득 채운다거나 본인 외에는 알 수 없는 그림을 자주 그리기도 하며, 사람보다는 사물 표현이 많다.

이러한 자폐아는 발달 전반에 장애를 가지고 있으므로 발달 전반에 걸쳐 도움이 필요하다. 미술치료를 통해 작업활동을 하면서 자신만의 표현 기법으로 외부 세계와 의사소통할 수 있도록 도와주어 자신만의 세계에 빠져 있는 자폐 아동에게 또다른 세상을 볼 수 있게 한다. 또한 억제된 감정과 느낌을 표현하여 자아개념을 강화하는 프로그램을 사용하여 정서적 기능을 도와주고 사물의 관찰능력과 표현능력을 증진시켜 상호작용을 자극함으로써 사물보다는 사람에 관심을 갖도록 유도해야 한다.

그림 8-5 물감놀이(종이 구겨 물감 불기, 물감 뿌리기)

부모, 소아과전문의, 치료사, 임상심리사 등의 다각적인 관점에서 다양하고 적극적인 자극을 주면서 교육이 자연스럽게 통합적으로 이루어져야 하며, 아동의 전반적 발달(지적 능력, 사회성, 인지, 언어, 자조능력, 대운동, 소운동)에 도움이 될 수 있게 음악을 겸한 놀이적 미술치료 프로그램을 실시하여야 한다.

자폐 아동에게 미술치료가 유리한 점은 다양한 재료를 사용해서 변화에 적응시킬 수 있다는 장점을 들 수 있다. 다시 말해 다양한 재료를 접하게 해서 아동이 할 수 있는 것부터 재미있게 놀다 보면 아동이 스스로 따라 하게 되고 변화에 대처하고 적응할 수 있는 능력을 길러준다. 예를 들어 점토를 만지지 못하는 자폐 아동에게 먼저 색종이 조각 뿌리기를 한 후 마른 점토 조각을 섞어 같이 뿌릴 수 있도록 마른 점토의 거부감이 줄면 적은 점토를 나무막대기로 만져 보게 하고, 다음에는 손가락 하나로, 그 다음엔 물을 조금 묻혀서 만져 보게 하여 점차적으로 점토의 거부감을 없애고 적응능력을 길러 주어 점진적으로 자연스럽게, 천천히 반복적으로 진행시키는 방법이다. 이러한 새로운 재료나 시도를 해 봄으로써 자폐 아동은 일상생활의 변화에서 도전할 수 있는 힘이 생겨나게 도와줄 수 있다.

자폐 아동에게는 미술치료와 교육 프로그램을 잘 짜인 스케줄에 의해 허용적이고 체계적이게 적극적으로 시행하면서 미술치료방법을 골고루 이용하여야 한다. 치료와 교육은 매일매일 정해진 시간에 2~3시간에 걸쳐 실시하는 것이 중요하며, 감각훈련을 자극하는 미술재료의 활용이 도움이 된다. 다양한 미술재료의 적극적인 활용으로 그들에게 접근하여 가능한 한 많은 자극과 환경을 제공해 주고, 아동의 자폐적인 세계에서 빠져나올 수 있게 하여 타인과의 상호 접촉을 맛보게 하고 교육적인 경험을 많이 쌓도록 도와주는 것이 중요하다. 자폐 아동은 최대한 정상 아동과 협동작업을 하는 것도 중요하다. 정상 아동의 행동을 보고 습득할 수 있고 모방할 수 있게 접촉하도록 도와주는 것이 중요하다. 이런 정상 아동과의 통합교육, 치료적 접근을 통해 그들을 흉내 내고, 배울 수 있는 기회를 주어야 한다.

미술치료 기법으로는 젖은 종이에 물감으로 그리기, 색 변화 체험, 색의 대비와 농담연습, 데칼코마니, 물감 불기, 물감 뿌리기, 정상 아동과 함께 그림 그리기와 만들기, 핑거페인팅, 점토작업, 신체 그리기 등이 도움이 될 수 있다.

7 주의력결핍 및 과잉행동장애 아동의 특성과 미술치료

1) 주의력결핍 및 과잉행동장애란?

주의력결핍 및 과잉행동장애는 부주의성과 충동적 행동, 과잉행동(공격성) 등의 감정을 조절하고 억제하기 힘들어 사회적으로 파괴적인 행동을 보인다. DSM-IV

에서는 과잉행동장애를 적대적 반항장애, 행실장애 및 기타 파괴성 행동장애로 분류하고 있다. 많은 개인들의 경우 증상이 발생된 후 몇 년이 지나서야 진단되지만 장애를 일으키는 과잉행동, 충동적 증상 및 부주의 증상이 7세 이전에 발생되어야 한다.

이 장애를 진단받은 아동들은 하나의 과업을 끈기 있게 마치지 못하고, 하는 도중에 다른 과업으로 넘어가며 어떠한 과업을 시작해서 끝맺기 전에 또 다른 과업으로 바꾸는 등 충동 억제와 만족을 지연시키는 행동에 어려움을 보인다. 그들은 흔히 마음적으로 사고하고 행동에 옮기기보다는 반사적으로 행동하려는경향이 짙다. 또한 자기 스스로 통제하는 통제능력이 결여되어 있고, 정보를 분석하고 종합하는 능력에 어려움을 보인다. 그래서 다른 사람의 요청이나 지시에 따른 일을 잘 하지 못하고, 학업, 직업, 다른 과제들을 끝마치지 못한다. 또한 지속적인 정신적 노력을 필요로 하는 과업은 불쾌하고 매우 혐오적인 일로 경험한다. 한 번의 반사회적 행동이 있다고 이 진단을 내리지 않고 최소 6개월 이상 반복적 · 지속적인 행동을 보여야 한다.

1 적대적 반항장애

학령기 아동, 즉 8세 이전에 시작되며 16~22%에서 이런 거부적 성향을 볼 수 있고 빠르면 3세부터 시작될 수 있다. 거부적 · 적대적 · 반항적 행동이 주 증상으로 사회적 규범을 위반하거나 타인의 권리를 침해하는 반사회적 내지 공격적 행동은 두드러지지 않는다.

2 행실장애

아동기와 청소년기에 상당히 흔한 질병이며, 아동의 행동이 반복적 · 지속적으로 다른 사람의 기본 권리를 침해하거나 나이에 맞는 사회적 규범이나 규율을 위반하는 것을 말한다. 18세 이하 남자의 6~16%, 여자의 2~9%에서 나타난다고 추정되고, 남녀의 비는 4~12:1 정도로 남자가 여자보다 훨씬 많다. 이런 행동은 최소한 6개월 동안 지속되어야 행실장애의 진단을 내릴 수 있다.

3 기타 파괴성 행동장애

행실장애나 적대적 반항장애의 진단기준에는 맞지 않지만 행실장애나 적대적·반항적 행동들이 특징인 장애이다. 예를 들어, 임상 양상이 적대적 반항장애나 행실장애의 진단 기준에 충분하게 맞지는 않지만, 임상적으로 유의한 장애가 있는 경우를 말한다.

2) 주의력결핍 및 파괴적 행동장애의 원인

주의력결핍 및 파괴적 행동장애(ADHD)의 발병 원인은 신경·화학적 요인에 의해 발생한다는 해석이 지배적이며, 유전적·환경적 요인들로 인해서도 발생한다.

① **생물학적 요인** 뇌 기능 장애나 뇌 손상 및 기질적 문제가 행실장애와 관련이 있을 수 있다. 기질에 대한 장기간 추적연구에 의하면 아동의 기질과 정서적 요구가 잘 맞지 않을 때 나타난다.

② **독성물질** 납 중독, 임신 중 술과 담배 연기에 노출되면 ADHD를 유발한다는 보고가 있으나 아직 확정적인 결론을 내릴 수는 없다.

③ **사회·심리적 요인** 부모들의 자녀 관리 방법, 양육 태도 등이 원인이라고 제시되었지만, 이러한 사회·심리적 요인들이 ADHD 발생에 기여하는 정도는 10% 미만이라고 결론 내려졌다. 문제성이 많은 부모의 태도와 잘못된 육아 방법이 자녀의 잘못된 행동을 불러일으킬 수 있다.

④ **신경학적 요인** 전두엽, 그 중에서도 전전두엽 피질의 손상과 관련이 있는 것으로 연구되고 있다. 전두엽은 작동기억, 계획 세우기, 언어적 유창성, 운동순서 정하기 등을 담당하는데, ADHD 아동의 경우 전두엽 기능의 저하가 일관되게 나타난다. 난산, 임신중독증과 관련하여 ADHD의 발생 빈도가 높으며, 너무 어린 나이에 출산을 한 경우나 임신 중 어머니가 흡연, 음주를 많이 할수록 나타난다.

⑤ **유전적 요인** 부모 및 친척 중에 품행장애, 약물남용, 우울장애를 가진 경우가 높은 것으로 알려져 있다.

3) 주의력결핍 및 파괴적 행동장애 아동을 위한 미술치료

주의력결핍 및 파괴적 행동장애 아동은 공격적 · 반사회적 행동으로서 약자를 괴롭히고, 신체적 공격이 자주 있고, 친구를 괴롭히는 행동을 한다. 또한 사람뿐만 아니라 동물에게도 잔인하고, 어른에게도 폭언을 하며, 순종하지 않고 반항적이며, 적대적, 건방진 특성을 보인다. 상황 판단력과 문제 해결 능력, 또래와의 관계 개선의 문제와 자기조절 능력이 결여되어 있다. 이는 또래와 상호작용할 때 다른 아동의 순수한 행동을 적대적인 것으로 잘못 해석하여 공격적인 반응을 보이며, 또래와의 관계 형성과 대화가 부족하기 때문에 타인의 의도를 파악하는 것에 어려움을 느낀다. 그래서 이런 아동은 친구가 없이 혼자 노는 경우를 자주 볼 수 있고 낮은 자존감과 부정적 자아개념을 가지고 있어 내적으로 심리상태가 불안정하다.

따라서 과잉행동을 왜 보이는지 아동을 이해하고 적절한 지도 방법을 찾는 일이 매우 중요하며 보다 세심한 관심과 다각적인 접근이 필요하다. 무엇보다 이런 아동에게 안전감과 신뢰감을 주는 환경을 제공하여 집중할 수 있는 분위기를 조성하는 것이 좋다. 그리고 작은 것이라도 규칙적인 습관을 이룰 수 있도록 도와주며, 의미 없는 활동을 의미 있는 활동으로 연결시켜 주는 것, 한 가지 과업이라도 성취할 수 있도록 도와주는 것이 중요하다.

개인정신치료와 미술치료를 통해 심신의 안정과 편안함을 주도록 도와주고, 게임 및 놀이, 역할극, 율동, 상담으로 연결하여 보다 창조적인 즐거움을 주는 치료 활동을 하는 것이 좋다. 자기 자신의 행동을 이해하고, 과잉행동을 줄이고 주의집중력을 향상시켜 원만한 대인관계와 의사소통, 학교활동에 새로운 적응기술을 습득할 수 있도록 도와주어야 한다.

그림 8-6 난화 그리기(종이접기)

미술은 우리의 경험의 강렬한 표현이듯이 ADHD 아동의 경험은 무언가 많은 일이 그들 내에서 일어나고 있다는 것을 나타낸다. 미술은 그들 내부에서 일어나는 강렬한 경험을 담아내는 좋은 매체이기 때문에 미술을 이용한 치료 활동을 개별작업과 공동작업으로 실시하여야 사회성 및 또래와의 관계 형성과 집중력을 길러 준다. 그럼으로써 문제 행동은 무시하고 바람직한 행동은 선택적으로 칭찬하고 격려하고 강화해야하고, 부모에게는 이런 방법으로 문제행동을 교정시킬 수 있음을 교육하고, 아동을 다루는 기술에 대해 부모와 상담하고 지도해야 한다.

미술치료 기법으로는 색채 선택법, 테두리법, 난화 이야기법, 콜라주, 역할 교환법, 갈겨 그리기, 그림 완성하기, 이미지 묘사, 점토작업, 풍경구성법, 종이접기, 입체활동 등이 도움이 된다.

8 품행장애 아동의 미술치료

1) 품행장애란?

품행장애는 다른 사람의 기본적 권리를 침범해서 폭력, 방화, 도둑질, 거짓말, 가출 등 난폭하거나 무책임한 행동을 통해 타인을 고통스럽게 하는 행위를 최소한 6개월 이상 반복적으로 지속해서 사회적 규범이나 규칙을 위반하는 행동을 말한다. 다시 말해, 품행장애는 다른 사람이나 동물에게 신체적인 해를 가함, 비공격적 행동, 사기나 도둑질, 심각한 규칙 위반 등 4개의 주된 문제행동군 중 세 개 이상이 지난 12개월간 지속되고 이 중 한 항목 이상이 지난 6개월 동안에 반복적으로 나타날 때 품행장애로 진단된다.

이는 아동 · 청소년에게 보통 나타나는 행동장애이며, 18세 이하 남자의 6~16%, 여자의 2~9% 정도로 추정, 남자가 여자보다 4~12배 정도 많이 나타나고 남자가 여자보다 더 일찍 나타난다(남 : 10~12세, 여 : 14~16세). 문제 행동의 심각성에 따라 경미한 정도, 상당한 정도, 심한 정도 3종류로 분류된다. 품행장애의 문제 행동 양상은 대개 집, 학교, 지역사회와 같은 다양한 장면에서 나타나며, 흔히 공격적인 행동을 일으키고 다른 사람에게 공격적으로 반응한다. 품행 문제가 있는 아동들은 낮은 학업성취, 학년 유급, 특수학급으로 배치와 전학, 퇴학의 비율이 높고, 반사회적 행동으로 약자를 괴롭히고, 위협하거나 협박 행동을 하며, 신체적 공격과 싸움, 심각한 신체적 손상을 초래하는 무기 등으로 사람 또는 동물들에게 폭행을 가한다. 또한 피해자와 대면한 상황에서 도둑질을 하거나 다른 사람의 재산을 파괴하기도 하고 부도덕한 행동을 저지르기도 한다.

품행장애 증상이 어린 나이에 시작되고 문제 행동의 수가 많을수록 예후가 좋지 않으며, 성인기에 반사회성 성격장애로 발전될 수 있다. 또한 반사회성 성격장애나 알코올 의존이 있는 부모의 자녀에게 품행장애가 더 빈번히 발생한다.

2) 품행장애의 원인

① **유전적 영향** 증거가 뚜렷하지 않으나 반사회적 성격장애나 알코올 의존이 있는 부모의 자녀에게서 더 빈번히 나타난다는 것은 유전적 영향력을 암시한다.
② **생물학적 요인** 까다로운 기질, 충동성, 정서적 불안, 인내력 부족, 불안정, 부정성, 스트레스 민감성과 관련있다.
③ **사회 · 인지적 요인** 공격적 행동과 인지적 사고와 왜곡 간의 관련성, 조망수용 능력의 결함 및 자기중심성의 미성숙한 사고 형태와 관련이 있다.
④ **가정환경 요인** 부모 양육 태도, 가정환경(가족과 분위기)과 관련이 있다.
⑤ **정신분석적 요인** 초자아 기능의 장애로 인해 품행장애(도덕성 발달의 결함과 관련)
⑥ **학습이론적 요인** 부모를 통한 모방학습이나 조작적 조건형성에 의해 품행장애 관련 행동이 습득, 유지된다.
⑦ **사회 · 문화적 요인** 사회 · 경제적 수준이 낮고 열악한 가정환경의 아동에게 많이 나타나며, 심리적으로 불안감과 불만, 공격성을 증대시켜 품행장애 유발 가능성이 높다.

3) 품행장애 아동을 위한 미술치료

품행장애 아동은 일반적으로 볼 때 잘못된 교육, 불안과 좌절, 불만족한 생활조건, 사회적 상황, 자기중심적 사고, 애정결핍, 신뢰감 결여, 자기보호 등을 들 수 있다. 치료자나 교사들은 보통 충동적인 아동을 아주 얌전하고 침착한 아동으로 변화시킬 수 있는 방법을 찾지만, 미술치료에서는 품행장애 아동의 공격적인 행동을 얌전하고 내성적으로 표현시키는 것이 아니라 그들이 행하는 공격적인 행동을 긍정적인 방향으로 적극적이고 열성적인 행동을 하는 아동으로 이끌어 주는 양질의 미술치료 프로그램을 제공하여 일상생활 조건을 함께 개선시킬 수 있는 여건을 마련해 주어야 한다. 또한 아동의 정서적 욕구를 인정해 주고 양육자의 애정과 지속적인 관심을 가져야 할 것이다.

미술치료 시 교사가 아동의 주도대로 따라가 주는 수용적 태도를 가져야 이 장애를 겪고 있는 아동은 보다 자신의 내면의 공격적이고 충동적인 마음을 개선하여 조금씩은 타협할 줄 알고 양보도 할 수 있는 힘과 여유가 생겨나게 된다. 이것이 바로 조절력으로 연결되기 때문에 수용적 미술치료가 진행되면 자기 통제의 힘이 생기게 된다고 볼 수 있다.

그림 8-7 그려 낙서하기

아동은 사랑을 받지 못한다고 느낄 때, 무시당할 때, 자기혐오를 느낄 때 생겨나는 억압과 이상행동을 미술치료 활동을 통해 억압된 욕구를 분출할 수 있게 도와주고 아동의 내면에서 일어나는 이상행동을 억제하는 데 도움을 주어야 한다. 다시 말해 아동이 원하는 것을 추구하지 못하게 되어 좌절될 때 미술을 통해 다른 것으로 대치하거나 주의를 다른 데로 돌릴 수 있게 도와주어 좌절감을 극복시킬 수 있다.

미술에 쓰이는 점토는 공격적인 성향을 보이는 대상에 대한 분노를 표출할 수 있는 재료이며, 아동의 내면 안에 있는 모든 에너지를 흡수할 수 있게 도와준다. 놀이형식으로 점토를 던져 과녁을 맞추기, 세게 던지기, 넓게 퍼트리기 등 다양한 응용방법과 종이죽 작업, 신문지 찢기, 인형과 탈 만들기와 역할극을 통하여 자신의 감정을 표현하는 것도 도움이 된다. 또한 효과적인 분노 분출 방법 및 욕구 충족을 미술치료를 통해 반사회적 행동을 약화시켜서 사회성과 친밀감을 길러주어야 한다. 새로운 적응 기술의 습득과 긍정적 자아상을 확립시키기 위해 짝꿍과 낙서하기, 산책하기, 상대를 바꾸어가며 친구 꾸며 주기와 신체 일치감을 갖게 하기 위해 손 그리기, 거울 보고 얼굴 그리기와 대화하기 등을 시도할 수 있다.

미술치료에서는 분노의 감정을 떠올려 그 감정이 어디에서 온 것인지를 보고 이상행동을 건설적인 힘으로 바꾸어 주는 방법을 찾도록 도와주기 때문에 자신을 표현해 나갈 수 있는 방법이 되기도 한다. 또한 미술치료의 발산 활동과 일관성 있는 보상과 처벌의 규칙을 습득시켜 긍정적 행동을 강화하고그림 8-7 그려 낙서하기 반사회적 행동을 약화시킬 수 있으며, 반복되는 이런 시간이 지나면 조금씩 조절 능력이 생기고 자신의 문제를 바라볼 수 있는 힘이 생겨나게 된다. 미술치료 기법으로는 점토 던지기, 두드리기, 마구 낙서하기, 도장 찍기, 세상에서 가장 못 생긴 사람 그리기, 신체 본뜨기 등이 도움이 된다.

9 틱장애 아동의 특성과 미술치료

1) 틱장애란?

틱장애는 크게 음성틱 또는 운동성틱으로나뉘며, DSM-IV에서는 뚜렛(Tourette) 장애, 만성 운동성 장애, 음성 틱장애, 일과성 틱장애와 달리 분류되지 않는 틱장애로 분류한다. 이는 자신도 모르게 갑작스럽고, 빠르게, 반복적이고, 상동적인 근육의 움직임이나 몸의 움직임 등 이상한 소리를 내는 장애로 강도가 수시로 변할 수 있으며, 자신의 의지로 이런 증상을 억제시키기는 어렵지만 강한 의지로 어느 정도까지는 틱을 억제할 수 있다. 모든 형태의 틱은 스트레스에 의해 악화되고 차분하게 활동하는 동안에는 감소된다. 그래서 틱은 수면 중에 현저하게 감소된다.

운동성틱과 음성틱은 모두 그 경계가 잘 정의되지 않지만 단순형, 복합형으로 분류할 수 있다. 단순운동틱은 눈 깜박거리기, 목을 경련하듯이 갑자기 움직이기, 어깨 움츠리기, 얼굴 찡그리기, 기침하기를 포함하고, 단순음성틱은 헛기침하기, 꿀꿀거리기, 끙끙거리기, 콧바람불기, 짖기를 포함한다. 흔한 복합운동틱은 얼굴 표정 짓기, 손짓하는 행동, 뛰어오르기, 만지기, 발 구르기, 대상의 냄새 맡기를 포함한다.

복합성 음성틱은 관계없는 단어나 구절을 반복하기, 외설증(자기 자신만의 소리나 단어를 반복하기), 반향어증(마지막 들은 소리나 단어나 구절을 반복하기)을 포함한다. 다른 복합틱은 반향운동증(어떤 사람의 움직임을 모방하기)을 포함한다. 틱은 일시적일 수도 있고 1~2주면 사라질 수도 있지만, 1년 이상 지속된다면 만성이 되어 고치기 힘들어진다.

| 표 8-2 | 뚜렛증후군과 만성근육 또는 틱장애 비교

뚜렛증후군	만성 근육 또는 음성 틱 장애
• 다발성의 근육틱과 한 가지 이상의 음성틱이 질병 경과 중에 나타남 • 1만 명 중 4~5명 정도 7세 전후로 시작되며, 14세 이전에는 대개 발병 남자에서 3배 정도 흔함	• 음성틱, 근육틱 중의 하나만 나타날 때 진단 • 학령기 아동의 1~2% 정도로 유병률이 높음

2) 틱장애의 원인

틱장애는 가족 중에 같은 증상이 많고, 쌍둥이의 일치율이 일란성에서 53%, 이란성에서 8%의 일치를 보였고, 여러 가지 원인이 있는 것으로 보고되고 있는데 최근까지 알려진 틱장애의 원인은 다음과 같다.

① **유전적 요인** 가족 중에 틱장애나 강박장애를 나타내는 경우가 많다.
② **뇌의 구조적 · 기능적 요인** 뇌신경계 중 전체적인 뇌기능의 조율을 담당하는 전두엽과 운동기능을 조절하는 중추신경계와 감각과 운동의 조화를 담당하는 기저핵에 병변이 있다고 보고되고 있다.
③ **뇌의 생화학 요인** 뇌의 신경전달 물질 분비 이상으로 도파민의 과잉 활성
④ **호르몬 요인** 남아에게 많이 나타난다는 점에서 남성 호르몬과 틱이 연관이 있다.
⑤ **출산과정의 뇌 손상, 산모 스트레스, 뇌의 염증 요인** 소수 박테리아 감염 후 일종의 면역반응의 이상이 발생해서 틱장애와 강박이 발생한다.
⑥ **학습요인** 아주 경한 정도의 일시적인 틱은 주위의 관심과 환경적 요인에 의해 강화되어 나타나거나 특정한 사회적 상황과 연관되어 나타날 수 있다.
⑦ **심리적 요인** 심리적인 스트레스 증상의 강도가 조절되는 것이 아주 민감하나 심리적인 원인 단독으로 틱이 발생하지는 않는다.

3) 틱장애 아동을 위한 미술치료

틱장애는 증상이 나타났을 때 틱을 하지 말라고 말하고, 오해하며 창피와 벌을 주는 등 증상을 억압해 보려고 하는 경우에 아동은 심리적 · 정서적으로 더욱 불안을 느끼게 되어 증상이 악화된다. 이러한 악순환 결과 틱의 증상이 더욱 심해지고 우울증과 대인기피증이 나타나며 바람직하지 못한 성격 변화와 같은 결과가 나타나게 된다. 틱의 기본 치료는 생활에 지장을 주지 않거나 학교에서 별다른 문제가 없을 때에는 그냥 두는 것이 좋고, 문제가 생기면 의

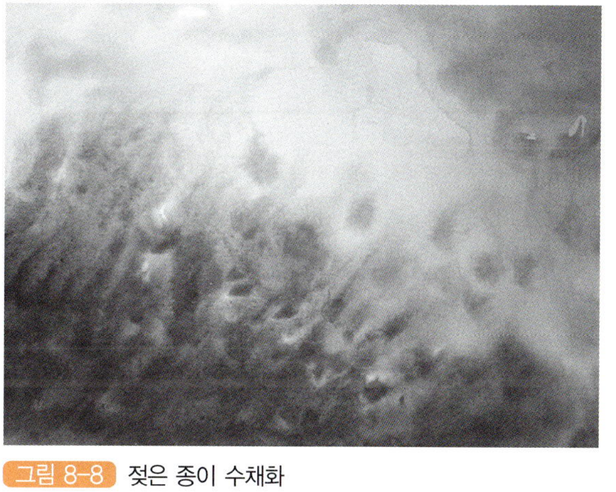

그림 8-8 젖은 종이 수채화

사와 상의하여 약물을 복용하는 방법도 있다. 약물치료와 병행하여 이차적인 정서적 문제가 발생하지 않도록 예방적 차원과 이미 발생한 문제 행동에 대해 미술치료와 행동수정치료 등을 병행하고 틱은 무의식적 모방이 습관화되어서 나타날 수 있으므로 주의한다. 또한 심리적 부담과 스트레스, 억눌린 충동에 대한 분출 등이 원인이 될 수 있으므로 무엇보다 내담자가 안정감을 느낄 수 있는 환경을 제공해 주어 아동을 잘 이해해 주는 것이 가장 중요하다. 그래서 미술치료와 상담을 통한 이완훈련과 함께 심리적 이완을 유도하는 작업을 많이 해 주는 것이 도움이 된다.

미술치료 기법으로는 점토기법, 상상을 통한 그림 그리기, 꾸미기, 만들기, 젖은 종이 수채화, 핑거페인팅, 물감 떨어뜨리기, 마블링, 음악과 율동과 놀이를 겸한 미술치료 활동이 도움이 된다.

10 배설장애 아동의 특성과 미술치료

1) 배설장애란?

배설장애는 아동의 지적 능력, 인지능력, 언어능력, 사회성숙도 등이 연령에 걸맞게 제대로 성장하고, 대소변을 가릴 적합한 시기가 되었는데도 불구하고 일정 기간 동안 대소변을 가리지 못하는 장애로 아동의 심리적인 문제가 크다. 배설장애는 유뇨증과 유분증으로 구분할 수 있는데 시간대에 따라 주간성, 야간성, 주·야간 복합성 세 가지로 분류할 수 있다. 이는 대부분 의지나 의도에 따르지 않거나 통제되지 않는 상황이지만 때로는 의도적이기도 하다. 이러한 사건은 적어도 3개월 동안 최소한 유분 1회, 유뇨 2회 발생해야 하고, 아동의 생활연령은 최소한 4세는 되어야 한다(발달 지연이 있는 아동은 최소한 4세의 정신연령). 아동들이 대소변을 통제할 수 있게 되는 시기는 서로 다르지만 대변 및 주간의 소변 통제 훈련은 보통 18개월에서 36개월 사이에 완료된다.

1 유뇨증

당뇨라든가 요도 감염과 같은 다른 문제가 없는데도 밤에 자다가 잠자리에 소변을 보는 야간성 유뇨증과 낮에 놀 때 옷이나 방바닥에 소변을 보거나 낮잠을 자면서 소변을 보는 주간성 유뇨증, 태어나서 지금까지 지속적으로 소변을 보는 일차성 유뇨증, 일단 어느 시기까지 소변을 가리다가 사회 · 심리적 스트레스로 인해 다시 소변을 가리지 못하는 이차성 유뇨증으로 나뉜다. 소변을 통제 못하는 빈도가 어느 정도에 이르러야만 유뇨증으로 진단되고, 그 기준 빈도는 아동의 나이에 따라 다르다. 5~6세 아동의 경우 한 달에 적어도 두 번 정도 잠자리에 오줌을 싸는 것이 기준이 되며, 그보다 큰 아동의 경우는 기준 빈도가 더 줄어든다. 때로는 보다 흔한 야뇨증(밤에 소변을 못가림)으로 불리기도 한다. 대체적으로 만 5세 된 남아에서 약 5%, 여아에서 약 3%의 유병률이 남아에서 더 흔히 나타난다. 만 10세에서는 남아가 약 3%, 여아가 약2 %의 유병률을 나타낸다. 18세경에서 남자는 약 1%의 유병률을 가지나, 여자에서는 거의 없는 것으로 보고되었다.

2 유분증

만 4세가 되면 아동이 특별한 기질적인 병명이 없는데 대변을 잘 가리지 못하여 옷에 싸거나 적절한 장소에서 대변을 보지 못하는 경우이다. 진단 기준에서는 적어도 3개월 동안 한 달에 한 번은 발생해야 하고, 연령은 최소한 4세이어야 한다(발달지체가 있는 아동은 최소한 4세의 정신연령이 필요). 유분증과 유뇨증은 임상적 특징, 출현율, 경과가 비슷하게 나타난다.

부모의 보고나 임상적 보고에 근거해서 보면, 아동의 1.5%에서 3%가 유분증을 보인다. 이 장애는 소녀에 비해 소년에게서 5~6배 더 흔하다. 나이가 들수록 유분증의 빈도는 감소하고, 매년 약 28%의 자발적 감소 비율을 보인다.

2) 배설장애 원인

1 유뇨증의 원인

여러 가지 요인들이 거론되었으나 결정적인 요인이 뚜렷하게 밝혀진 것은 아직 없다.

① **유전적 요인**　75%에서 가족력에 유뇨증이 있다는 보고가 있으며, 쌍생아에 대한 연구에서는 일란성 쌍생아에서는 68%의 일치율을 보였으나, 이란성 쌍생

아인 경우에는 36%의 일치율을 보여 이 질환이 유전적인 소인이 있을 가능성을 보인다.

② **수면 이상 요인** 아동의 부모들이 실제로 밤에 잠이 든 아이를 깨우기가 어렵다는 보고를 해오기도 한다. 그러나 수면과 각성의 역할에 관한 연구 결과를 보면 일관성이 없다. 야뇨는 깊은 수면 단계뿐 아니라 어떤 수면 단계에서도 일어날 수 있는 것으로 보인다. 그 밖에도 여러 증거들이 모든 혹은 대부분의 유뇨증을 수면 중의 각성장애로 보는 견해에 대해 의문을 제기한다.

③ **생물학적 관련 요인** 야간에는 소변억제호르몬(ADH)이 증가하는 것이 정상이나 이것이 결여된 경우를 들 수 있다. 야간의 ADH호르몬 증가가 일어나지 않으면 소변이 많이 만들어질 수 있다.

④ **심리 · 사회적 요인** 가장 중요한 문제는 대소변 가리기 훈련과정에서의 갈등이다. 아동이 신체적 또는 인지적으로 충분히 발달되지 않은 상태에서 강요하거나 부모 자신들이 무관심하여 전혀 훈련을 시키지 않는 경우에 일어난다. 또한, 소변을 잘 가리던 아동이 정신 · 사회적 스트레스를 경험한 후 다시 소변을 싸게 되는 경우를 들 수 있다.

2 유분증의 원인

대개 생리학적 요인과 심리적인 요인이 서로 상호작용해서 발생한다. 직장과 대장이 딱딱해진 대변에 의해 늘어날 수 있다. 그렇게 되면 장에서 더 이상 정상적인 양의 대변에 대해 정상적인 배설 반응을 일으킬 수 없다. 내장 통제에 필요한 생리학적 · 해부학적 기제의 구조와 기능이 제대로 발달하지 못해서 유분증이 나타날 가능성이 크고, 부적절한 배변훈련과 환경적인 요인으로 배변을 가릴 수 있지만 자주 지리거나 변의를 느끼지 못하거나 느껴도 조정하지 못해 발생한다.

① **체질적 요인** 개인에 따라서 장의 활동이 다르다. 장의 운동성이 낮은 경우 대변이 정체되기 쉽다.

② **기질적 요인** 신경계통 장애 또는 해부학적 문제가 원인이 된다.

③ **부적절한 대변훈련** 아동의 자율성을 지나치게 억압하고 부모의 주장을 강요하는 것이 문제가 된다.

④ **심리적 요인** 새로운 학교, 부모의 이혼 등 새로운 가정환경 등 낯선 환경을

적응하지 못한 스트레스로 발생한다.

⑤ **약물 요인** 질병을 치료할 목적으로 사용되는 약물 중 일부는 장의 운동을 감소시킨다.

3) 배설장애를 위한 미술치료

그림 8-9 물감 떨어뜨리기

부적절한 배변훈련으로 심리적으로 불안감을 주고, 이로 인해 정신 · 사회적 스트레스로 인해 발생하는 배설장애를 치료하기 위해서는 철저한 준비와 부모의 협력이 가장 필요하다. 부모는 아동에게 낮 동안 대소변을 참아보도록 방광 훈련을 시행하거나 저녁식사 후 수분의 섭취를 줄이도록 권고를 해주고 아동에 대해 벌을 주는 행위는 금하며 아동의 스트레스로 인한 긴장 상태의 지속을 완화시켜 심리적으로 안정감을 주어야 한다. 따라서 이러한 원인을 해결할 수 있는 환경과 부모의 관심이 필요하다. 또한 아동의 자존심이 상하지 않게 도와주는 일과 아동 자신에 대하여도 자신감을 잃지 않도록 도와주는 일이 중요하다.

배설장애 아동에 도움이 되는 미술치료 기법으로는 찰흙작업, 핑거페인팅, 물감 떨어뜨리기, 콜라주, 신체 그리기, 상상여행을 통한 그림 그리기를 통해 심리적 이완을 도와주고 각 개인의 정신역동, 모자관계의 특성 등에 따라서 놀이를 통한 미술치료가 도움이 될 수 있다.

11 분리불안장애 아동의 특성과 미술치료

1) 분리불안장애란?

현대의 아동들은 과도한 불안과 걱정, 긴장하게 되면 스트레스로 인하여 심리적으로 타격을 받게 된다. 이는 나아가 학교 공포증, 자기와의 갈등, 또래관계 등에서 위축되기 쉬운 불안으로 발전된다. 또한 불안으로 인한 위축 아동은 고립되기 쉽고 경직되며 자신감을 상실한다. 분리불안장애 아동은 매우 친밀한 가족관계에서 성장하여 아동이 집이나 주요 애착대상에게 분리될 때 그 아동은 사회적 위축, 무감동, 슬픔을 보이며 놀이에 집중하지 못하고, 아동의 나이에 따라 괴물, 동물, 폭력, 어둠, 강도, 유괴범, 자동차 사고나 비행기 사고가 가족이나 자기 신변에 위험을 줄 수 있는 상황에 공포를 느낀다. 아이의 주요 애착대상(주로 엄마)과 헤어질 때 느끼는 불안의 정도가 심하거나 부적절한 경우로, 이로 인해 학교에 가지 않고 부모와 있으려고만 한다. 이는 아동기와 청소년기 전반에 걸쳐 나타날 수 있는 장애로, 학동기 아동 100명당 3~4명 정도는 분리불안장애를 가지고 있고, 청소년에서도 100명당 1명 정도는 분리불안장애를 가지고 있으므로 비교적 흔하다고 할 수 있다.

이 장애는 광범위성 발달장애, 정신분열증, 기타 정신증적 장애의 부수적 특징으로 나타날 수 있다. 만약 분리불안장애의 증상이 위에서 열거한 장애의 기간 중에만 나타난다면 분리불안장애는 별도로 진단을 내릴 수 없고, 분리불안은 집, 애착대상과의 분리에 대한 특정한 불안이 일어난다는 점에서 범불안장애, 즉 특정 상황에 불안이 일어나는 것이 아니라 항상 광범위한 불안을 가지고 있는 것과 구별된다.

2) 분리불안장애의 원인

분리불안의 원인은 심리적 요인과 생활환경 요인으로 나누어 볼 수 있다.

① **심리적 요인**　부모의 과잉보호, 이사, 전학 등 환경에 대한 변화로 인한 스트레스로 나타난다.

② **생활환경 요인**　어른이 무심결에 한 행동도 아이들은 따라할 수 있고 부모가 겁이 많아 사소한 일에도 몹시 놀라고 공포심에 떤다면 아이도 당연히 이러한 부모를 따라 행동하게 된다. 부모의 일관성 없는 행동과 과잉보호로 인해 나타난다.

3) 분리불안장애 아동을 위한 미술치료

불안장애의 종류에 따라 치료법이 약간씩 다를 수 있다. 그러나 이런 증상을 보이는 아동은 대부분 양육자의 과잉보호로 인해 외부와의 접촉이 없고, 또래와 노

그림 8-10 콜라주

는 경험이 부족한 경우에 많이 발생한다. 또한 경우에 따라서는 이별의 아픔을 경험한 것일 수도 있다. 위험한 상황이 아닌데도 불구하고 괜한 걱정으로 불안한 심리상태가 되어 아동은 위축되게 되고 고립감, 자신감 상실을 맛보게 된다. 또한 일상생활 중 실패와 욕구 좌절이 누적되어 자신에 대한 부정적 개념이 커지고, 차후에는 정서적 · 사회적으로 적응상의 문제가 커지게 된다.

불안을 느끼는 아동은 타인보다도 자신에게 고통을 주어서 후에는 심각한 정서와 적응 문제가 일어나 심각해지면 정신과 치료를 받게 된다. 미술치료는 이런 불안하게 생각하는 습관을 행동 · 인지적 치료와 함께 심리적 안정을 찾게 도와주고, 애착을 보이는 대상과 떨어지더라도 특별한 일이 생기지 않는다는 것을 보여 주어 안심하고 자신의 행동반경을 넓혀갈 수 있도록 생각하는 방법을 바꾸게 도와준다. 또한 미술치료를 하는 과정과 거기에서 얻은 결과물을 가지고 부모와 아동이 가지고 있는 불안에 대해 상담을 하고 가족미술치료를 통해 양육자는 아동에 대해 일관성 있는 태도와 행동이 요구됨을 시사한다. 그리고 아동에게는 또래관계와 사회관계에서 즐거움을 찾을 수 있도록 치료를 하여야 한다.

미술치료 기법으로는 파트너와 함께 그리기, 바꾸어가며 그리기, 난화(그림을 통한 싸움, 방해하기 등)게임, 인형이나 장난감 만들기, 신체 그리기, 상상을 통한 그림 그리기, 콜라주(친구에게 주고 싶은 선물, 받고 싶은 선물) 등이 도움이 될 수 있다.

Chapter 09

미술치료 프로그램과 기법

09 미술치료 프로그램과 기법

1 진단도구로서의 미술치료

1) 그림 진단의 개념 및 목적

일찍이 많은 학자들은 인간 내면의 심리를 파악해 내고자 투사법에 관심을 갖기 시작했고, 도식적 언어를 통해서 심리 진단을 하는 것이 보다 많은 장점이 있음을 발견하게 되었다.

현대 심리학과 정신의학의 선구자라 할 수 있는 프로이트(Freud)와 융(Jung) 또한 20세기 초반 예술적 표현과 정신세계 간의 관련성에 대한 인식을 확장시키는 데 많은 기여를 하였다. 두 사람은 모두 예술과 상징, 성격 간의 관련성에 관심을 갖고 있었다. 프로이트는 개인이 갖는 어떤 '이미지'가 잊혀지거나 억압된 '개인적' 기억을 표상하는 것으로 보고, 이러한 표상적 이미지로서의 '상징'은 꿈이나 예술적 표현을 통해 표출된다고 생각하였다(심민섭, 2006).

그림이라는 것은 사람이 말 또는 상징 언어로 표현할 수 없는 내면의 상태를 형상화하는 중간 역할을 하는 매체이다. 표현된 그림의 심리학적 연구는 형상화할 수 있는 그림에 대한 내면상태의 가설을 세우는 것에서부터 시작하였다. 이러한 심리학적 접근에서 우리는 그림을 통해 다양한 방법으로 내면의 세계를 발견하고 자신을 이해하도록 하여 객관적인 접근으로 문제 해결을 하도록 돕고 그러한 상태를 진단하는 방법을 그림 진단이라고 말한다.

아동의 그림은 다양한 경험과 의미들이 혼합되어 있어 그림의 의미를 전달하고 해석하는 데는 어려움이 있다. 아동의 그림에서의 그림 진단은 아동이 표현한 모든 것이 중요한 내면을 알아가는 실마리가 된다. 표현 대상의 주제, 선, 색, 패턴, 구성 등이 이에 포함된다.

따라서 그림으로 진단할 때는 대상의 연령, 환경, 상황, 특성 등을 총체적으로 고려해야만 어느 정도의 객관성을 얻을 수 있다. 그림을 구성하는 부분들의 가능한 의미들을 생각하고, 그림 속에 투영된 그린 아동의 내면세계를 비교적 객관적으로 파악해야 한다.

또한 그림을 통한 검사를 받는 아동에게 잘 그린 그림을 강요해서는 안 되지만, 그렇다고 무성의하게 그리도록 방치해서도 안 된다. 성의 있는 그림을 그리도록 주문하되, 검사대상자의 연령대와 상황을 고려하여 편안하고 자연스럽게 그릴 수 있는 환경을 만드는 것이 중요하다. 적절한 공간과 채광 상태, 검사대상자의 건강 상태, 방해 요인 등을 미리 점검하여 최적의 상태에서 검사를 받을 수 있도록 배려해야 하는 것이다.

만약 검사를 받는 아동이 그림 그리기를 거부한다면 굳이 검사를 강행하지 않아야 하며, 검사라는 딱딱한 말로 부담을 주어서는 안 된다. 무엇보다 주의해야 할 점은 검사자가 그 검사의 목적을 분명히 알아야 하며, 검사 상황에서 중립적 태도를 지키고, 지시 사항을 자의적으로 바꾸는 일은 없어야 한다는 것이다.

2 그림 진단 유형

그림 진단의 유형은 투사적 그림검사 유형이라고도 하며, 그림이나 조소, 콜라주, 핑거 페인팅 등의 미술작업 등으로 내담자의 심리 상태를 진단하려는 것으로, 이른바 투사법을 사용하는 인물검사(DAP), 집-나무-사람 검사(HTP), 나무그림 검사, 동적 집-나무-사람(KHTP) 검사, 가족화(DAF), 풍경구성법(LMT), 난화 이야기법, 학교생활화(KSD), 자유화법, 과제화법, 그림대화법, 협동화법, 상상화 그리기 등이 있다.

치료를 위한 미술치료 기법으로는 테두리법, 동기부여법(starter sheet), 콜라주 기법, 역할교환법, 색채 선택하기, 갈겨 그리기법, 그림 완성법, 자아감각 발달법, 감정차트 만들기, 집단 벽화 그리기법, 만다라 그리기, 핑거 페인팅, 조소 활동법, 손과 신체 본뜨기 등이 있다.

1) 투사법을 사용하는 진단을 위한 미술치료 프로그램

1 인물화 검사

인물화(Draw A Person; DAP)에 의한 성격 진단 검사는 다른 여러 가지 투사 검사 중 좀더 깊이 있는 무의식적 심리 현상을 표현할 수 있어 내담자가 자신과 타인에 대해서 어떻게 지각하고 있는가를 알아보는 데 도움을 준다. 아동은 물론 성인에 이르기까지 사용 가능하며 그려진 그림에서 직접 해석할 수 있다. 인물화 분석은 HTP나 가족화의 기초가 되므로 깊이 이해해야 한다.

2 집-나무-사람 검사

집-나무-사람(House-Tree-Person; HTP) 검사 기법은 내담자가 그들 자신을 어떻게 느끼며 과거를 어떻게 느끼는가 등을 알게 하는 자아발견의 원천으로 삼기 위한 것이며, 유아에서 노인에 이르기까지 모든 연령층에 포괄적으로 활용될 수 있다. 네 장의 종이에 집(House), 나무(Tree), 사람(Person)의 남녀를 각각 그리게 한다. HTP는 저항이 적으며 동일 내담자의 그림을 배열했을 때 질병의 경과를 잘 파악할 수 있다.

3 동적 집-나무-사람 검사

동적 집-나무-사람(Kinetic House-Tree-Person; KHTP) 기법은 HTP에서도 어느 정도 정보를 얻을 수 있지만 HTP를 전체적으로 봄으로써 더 많은 정보를 얻을 수 있기 때문에 HTP보다도 더 유용하게 활용되고 있다.

4 가족화

가족그림을 통해서 아동의 심리적 상태와 가족의 역동성을 진단하는 데 도움을 주는 기법으로 가족화(Draw A Family; DAF)와 동적 가족화(KFD), 동그라미 중심 가족화, 9분할 통합가족화 등이 있다. 가족체계 진단법은 가족 전체나 부부, 부모와 자녀들이 협동하여 그리게 함으로써 그들의 가족관계를 파악한다. 또한 동물 가족화를 그려 내담자의 가족관계나 심리도 파악할 수 있다.

5 풍경구성법

풍경구성법(Landscape Montage Technique; LMT)은 내담자가 지각하고 있는 심리 상태를 알아보는 검사로서, 1969년에 일본인 나카이 교수에 의해 창안되었다. 원래는 정신분열증 환자를 주 대상으로 하는 모래상자 요법의 적용 가능성을 결정하는 예비 검사로 고안되었는데, 독자적 가치가 인정되어 이론적으로 분석된 후 치료 기법으로 많이 활용되고 있다.

도화지에 '강, 산, 밭, 길, 집, 나무, 사람, 꽃, 동물, 돌 그리고 추가로 표현하고 싶은 것' 을 차례로 그려 놓게 하여 하나의 풍경이 되도록 채색하게 한 다음 그것에 대해서 계절, 시각, 기후, 강의 흐르는 방향, 사람과 집, 밭 등의 관계에 대해서 이야기한다. 이 방법은 치료 가능성의 평가와 문제점의 추측 및 관찰에 유용하고 진단과 치료에 모두 사용할 수 있다.

6 난화 이야기법

난화는 누구든지 쉽게 접근할 수 있기 때문에 많이 사용한다. 자연스러운 긁적임을 통해서 새로운 이미지를 발견할 수 있도록 도와준다. 이러한 난화의 장점을 이용한 난화법과 이야기법을 종합하여 응용한 것이다. 치료자와 내담자가 각기 제시해 준 난화의 이미지를 찾아 형상을 그리고 서로 번갈아가며 이야기를 만들어 나간다. 이때 심상의 형성이 중요하며, 최근에는 표현이 부족한 내담자들에게 난화와 콜라주를 합친 기법도 사용되고 있다.

7 학교생활화

학교생활화(Kinetic School Drawing; KSD)는 학교 친구와 선생님, 그리고 자신을 그리게 한 후 내담자의 학교생활을 분석한다. 이것은 동적 가족화(KFD)와 함께 받아보면 좋다(이것을 합쳐서 동적 그림체계, KDS라 한다). 그리고 친구화는 학급 집단 내의 사회적 위치나 역할, 적응 상태를 파악하는 데 유용하다.

8 자유화법

주제나 방법을 내담자 스스로 결정하여 그리게 하는 것으로서 진단과 치료에 모두 활용한다. 내담자의 자발적인 표현은 무의식을 의식화하는 데 도움이 된다. 색채, 선, 공간, 내용(부모, 형제, 자신, 산, 태양, 기차 등)을 분석한다. 이 같은 분석 방법은 아직 신뢰도나 타당도에서 동의를 얻지 못한 부분이 있으므로 제한성에 유의해야 한다.

9 과제화법

인물, 가족, 친구, 집, 산, 나무, 동물, 길 등의 과제를 미리 주고 내담자가 상상화를 그리게 한다. 이상 행동에 대한 내면의 욕구와 그 욕구를 저지하는 압력을 잘 알 수 있다. 인물화, 묘화완성법, 나무그림 검사, 집그림 검사, 산과 해의 묘화법, 풍경구성법 등이 여기에 속하며, 산 · 길 · 집과 같은 특정의 과제를 부여할 수도 있다.

10 상상화 그리기

한 장의 종이에 전혀 주제를 주지 않고 상상화를 그리게 하고, 다른 또 한 장에는 사람, 태양, 집 등 세 가지 내용을 담은 상상화를 그리게 한다. 즉, 후자는 과제를 제시한 것이다. 이때 형태, 색채, 구도, 동적요소, 내용 등이 분석 기준이 된다.

11 협동화법

가족이나 내담자가 소집단을 이루어 한 장의 종이에 협동해서 그림을 그리게 하는 방법이다. 집단치료에 유용하며 자발성의 정도, 사회성, 경험의 표출, 협동성, 인간관계, 집단이해 등을 높일 수 있다. 그리는 위치와 내용, 그림 순서, 주의력 등을 관찰하여 분석한다. 정해진 주제를 주는 경우와 주지 않는 경우로 나누어 실시할 수 있다. 집단치료의 장점을 함께 활용하면 효과적이다.

12 그림대화법

치료자와 내담자가 비언어적으로 상호 역할을 교환해 가면서 그림을 완성하며, 편안한 가운데 자기감정을 표출하고 상대의 감정을 이해하는 훈련을 할 수 있다. 언어장애나 내향성, 소극성, 고집성을 지닌 아동에게도 사용하면 효과적이다.

2) 치료를 위한 미술치료 기법

미술작업을 통해서 심리상담이나 심리치료를 하는 것을 미술치료적 행위라고 할 수 있다. 대상에 따라 다양한 기법이 적용될 수 있으며, 여기서는 아동의 미술표현을 도울 수 있는 방법과 자주 활용되는 몇 가지만 소개하고자 한다.

1 테두리법

내담자에게 도화지를 제시하면서 내담자가 보고 있을 때 용지에 테두리를 그어서 건네주는 방법이다. 아동에게 조형 활동을 쉽게 접근할 수 있도록 자극과 동기를 부여하여 공포를 줄일 수 있어 자아가 허약한 내담자들에게 많이 사용되고 있다. 테두리를 그릴 때에는 자를 사용하지 않는다. 또 원을 그려 주고 원 안에 그림을 그리거나 채색하게 하여 과잉행동, 주의산만 등을 통제할 수 있다.

2 동기부여법(starter sheet)

그림 그리는 데 저항이 있을 경우, 공포, 수줍음 등을 줄여서 그림 그리기를 자극하고 촉진하는 데 사용한다. 장애 아동이나 정신질환자에게 모두 사용할 수 있다. 종이에 치료사가 직접 잡지에 있는 얼굴 사진을 오려 붙여 주거나 그려 준다.

3 콜라주 기법

최근에 가장 많이 사용하는 미술치료 기법이다. 잡지 속에서 마음에 드는 사진을 오려 붙이게 함으로써 거부의 감소, 분노의 노출, 희망에 대한 상징 등 다양하게 활용할 수 있는 사진 매체가 많아야 한다. 자기감정 나타내기, 가족이나 친구에게 말하고 싶은 것, 주고받고 싶은 선물, 타인에 대한 느낌 표현, 문제 예방 및 대처 방법 등을 쉽게 표현할 수 있다.

4 역할교환법

채색이나 콜라주, 난화, 그림 그리기 등에서 내담자와 치료자가 서로 번갈아가며 작품을 제작한다. 한 장의 종이에 적당한 선을 그어 나누고 교대로 색칠하는 화면 분할법과 같이 사용하기도 한다. 라포 형성이나 거부감 감소, 흥미 유발, 촉진 등에 효과적이다.

5 색채 선택하기

내담자가 좋아하는 색을 선택하여 그것을 사용하여 그림을 그리도록 하는 방법이다. 가족체계 진단법에서도 좋아하는 크레용을 골라 사용하도록 내담자에게 자유를 부여한다.

6 갈겨 그리기법

아동에게 사인펜을 주어 손으로 직접 갈겨 그려서 선을 따라 가게 한 후 '어떻게 보이는가, 어디가 어떻게 되어 있는가' 에 대해 얘기한 후 채색시킨다. 내담자와 치료자가 함께 갈겨 그리기를 하면 내담자와의 관계가 더욱 친밀하게 된다.

7 그림 완성법

치료사가 먼저 잡지에서 오린 사진이나 사람의 눈만을 붙여 주는 등 미술표현에 저항이 있거나 의욕이 없는 아동을 자극하고 촉진하기 위해 출발그림 용지(starter sheet)를 사용하여 완성하는 방법이다. 소정의 용지에 기호가 그려져 있는 8개의 정방형을 제시하고 그 기호를 사용해서 그림을 완성하게 하는 방법이다. 아동이나 성인, 정상적인 사람, 정신질환자 등에게 모두 적용할 수 있다. 그린 순서를 적고, 무엇을 그렸는가를 해석하게 한다. 이것은 미술치료 과정의 초기에 사용할 수 있으며, 환자의 거부감이나 저항, 공포를 제거할 수 있다.

8 자아 감각 발달법

장애 아동은 신체 형상이나 자아개념이 부정적이다. 이를 높이기 위해서 동기부여법이나 묘화완성법, 손도장과 발도장 찍기, 조소 활동, 동그라미 기법, 씨앗으로 얼굴 만들기, 가면 만들기, 석고 본뜨기, 신체 본뜨기(실물 크기), 인체 퍼즐게임, 거울 보고 자기 그리기, 손 본뜨기 등을 할 수 있다. 특히 섭식장애 아동이나 신체장애 아동에게 효과적이다.

9 감정차트 만들기법

도화지에 몇 개의 칸을 구분하고 최근의 감정을 그리거나 색종이로 나타내게 한다. 감정을 표현한 후에 모든 인간은 불편한 감정을 가지고 있음을 확인시킨다. 또한 칸 없이 한 장의 종이에도 표현할 수 있고 스펙트럼 형태도 나타낼 수 있다.

10 집단 벽화 그리기법

집단 속의 자기이해, 집단이해, 협동심 등을 기른다. 특히 벽화는 소집단이 책상위에서 그리는 공동화(협동화)보다 거부감이 적고 편안하며, 역동성을 더 잘 나타내준다.

11 만다라 그리기

개별적인 작업 또는 생활 만다라를 그리게 한다. 크레용, 크레파스 등을 이용하거나 색종이도 사용 가능하며, 자유연상을 그려도 좋다. 그림을 그리고 나서 심상을 시로 써서 나타내기도 하며 색채를 사용하면 더욱 좋다. 이것은 환자의 기억과 감정을 통합하는 데 유용하다.

12 핑거 페인팅

거부, 저항의 감소 · 이완 등의 효과를 가진다. 또한 작업의 촉진, 스트레스 해소에도 큰 도움이 된다.

13 조소 활동법

조소는 촉 · 지각과 관계하는 조형 활동이며, 점토로 인물상을 만들거나 자기의 느낌을 표현하도록 하여 해석하게 한다. 묽은 점토는 수채물감과 같이 액체도구로서 언어화가 결핍된 내담자에게 유용하며, 과도한 언어화를 나타내는 사람들에게는 감각적 요소를 강조할 때 사용한다.

14 손과 신체 본뜨기

인간은 자기 신체를 매우 중요시하고 신체 개념이나 신체 이미지로부터 긍정적 또는 부정적인 자기 개념을 형성하게 된다. 자신의 손을 도화지에 놓고 본을 떠서 각 손가락에 자기가 하고 싶은 말을 적어 표현하게 한다. 신체 본뜨기는 큰 종이를 벽에 붙여 놓고 내담자의 신체와 같은 크기로 본을 떠 준 후에 스스로 장식하게 한다. 이러한 활동으로 긍정적인 신체 이미지나 자기존중감을 갖게 할 수 있다.

3) 그림 진단의 방향

미술활동 또는 미술치료 활동은 작품의 질적 여부와는 상관이 없이 누구나 즐겁게 참여할 수 있는 특징이 있으며, 더구나 학업 성적과는 더욱 무관한 활동이다. 따라서 부정적이고 무관심한 태도로 학교 생활에 적응하지 못하는 아동들이라도 부담 없이 자유롭게 미술활동을 하면서 거부감과 방어가 줄어들게 되고, 교사는 이에 대해 자연스럽게 얘기를 나누면서 아동과의 대화를 시작할 수 있다.

이러한 자유로운 과정을 통하여 아동들은 자신감과 긍정적인 성취 의욕은 물론 자신과 주변 상황에 대해 긍정적이고 낙관적으로 이해하고 받아들이는 경험을 하기도 하고, 몇몇 관심이 많은 아동들은 숨겨져 있던 뛰어난 창의적 감각들을 보이면서 미술적 재능을 새롭게 발견하기도 하면서 이것이 학급으로 연장되어 학교 생활이 안정화 · 활성화되기도 하고, 적응력과 교우관계가 향상되는 아동들도 있다.

이것이 바로 진단과 동시에 치료 효과까지 있는 미술활동의 장점이라고 할 수 있다.

초등학교 교육현장에서의 미술치료 활동의 목적은 아동에게 그림을 그리게 하려는 것이 아니라 상담 장면에서 활용하자는 것이다. 특히 중요한 것은 미술활동을 통해서 아동들이 자기의 세계를 찾아가는 과정을 상담자인 교사가 도와주는 일이다. 따라서 미술표현 활동을 한 후 그림을 분석하고 아동들의 마음의 흐름에 공감을 가지면서 그들의 내적 세계를 파악하는 것이 우선시되어야 한다.

또 미술치료 활동에서 그림 하나만 가지고 아동을 분석하고 평가하는 것은 대단히 위험한 일이므로 신뢰성 있는 여러 심리검사나 아동 자신의 그림에 대한 이야기 등 다른 정보와 함께 아동을 이해하고, 색채분석에서도 개인의 지각색과 기호색을 잘 구분하여 활용해야 한다.

미술치료 활동에서 표현된 각 그림들이 어떤 역동적 관계를 맺고 있고, 어떠한 농축된 의미를 함유하고 있는지를 최적으로 해석해 내기 위해서는 표현된 것뿐만 아니라 내면적 심리상태까지 볼 수 있는 경험적 안목과, 특히 모든 것을 부정적이고 병리적인 현상으로 해석하려는 편견이 배제되어야 한다.

미술치료 활동은 학급 전체 아동을 대상으로 한 집단 활동, 개인을 대상으로 한 개별 활동에 다양하게 적용할 수 있음은 물론이거니와 교사가 관여하기 어려운 가정환경 관련 문제나 혹은 아동 자신이 털어놓지 않으면 짐작하기 어려운 문제들, 즉 형제간의 갈등이나 가족간 불화, 좌절감을 맛보았거나 내면적 스트레스를 받는 아동들, 남에게 털어 놓기 어려운 문제, 드러나지 않아 지나치기 쉬운 문제들을 가진 아동들을 진단하고 이해하는 데 있어서 대화의 시작 창구로 활용한다면 효과가 크다.

더구나 요즘은 가정의 문제점들이나 집단소외 현상은 아동의 언어적 표현이나 표면적 행동만으로는 파악하기가 어렵다.

이러한 경우 내면세계의 감정이 고스란히 드러나는 미술활동을 통하여 아동의 문제점을 파악하기가 용이하며, 아동을 정확하게 이해하고 조력하는 활동뿐만 아니라 부모면담 시의 정보 자료로도 활용될 수 있을 것이다.

3 미술치료 프로그램의 실제

미술치료의 프로그램들 중에서 치료사뿐만 아니라 교육현장의 일반 교사들이 가장 많이 활용하는 검사인 인물화 검사, 집-나무-사람 검사, 동적 집-나무-사람 검사, 동그라미 중심 가족화, 동적 가족화, 풍경구성법, 학교생활화, 발데크, 별 · 파도, 그림 이야기법, 문장완성 검사의 개념과 해석의 지침, 해석방법에 대해 알아보자.

1) 인물화 검사(DAP)

1 인물화 검사의 개념 및 목적

인물화 검사(Draw-A-Person; DAP)는 1962년 구다나프가 ≪구다나프 인물화 검사≫ 출간을 시초로 한다. 이후 1963년 펜실베니아 주립대학의 해리스(D. B.

harris)가 구다나프 회사와 공동연구로 해리스(D. B. harris)의 <Drawwing TEST> 인물화 검사가 완성되었다. 이 검사는 사람을 그린 후 질문을 하여 개인의 성격구조를 통하여 개인의 다양한 정보를 알 수 있다. 사후질문과정(post drawing inquirty; PDI)이라고도 한다.

우리나라에서의 인물화 검사는 우리나라의 교육환경 실정에 맞게 개정하여 유아, 아동, 특수학교 아동 및 정신지체아 아동에게 적용하기 위하여 만들어진 검사이다. DAP는 아동의 지능을 조사하고 신체 장애 중 청각 기능과 신경 기능의 결함이 있는 아동을 연구하는 것을 목적으로 한다.

2 인물화 검사 실시 방법

① A4 크기의 종이와 연필, 지우개를 아동에게 준비하여 준다.
② 아동에게 사람의 얼굴을 그리도록 제시한다.
③ 시간제한이 없음을 아동에게 설명한다(치료사 또는 검사자는 시간기록을 한다).
④ 그림을 다 그린 후 아동에게 그림과 관련된 질문을 하고 기록한다.
⑤ 질문이 끝난 후 정리하도록 한다.

사후 질문과정(PDI)에 포함되는 내용들은 다음과 같다.

- 누구의 얼굴인가요?
- 이 사람은 지금 무엇을 하고 있나요?
- 이 사람의 나이는 얼마나 되었나요?
- 남자인가요, 여자인가요?
- 이 사람의 소원은 무엇인가요?
- 어떨 때 화를 내나요?
- 좋은 점은 무엇인가요?
- 친구가 많은가요?
- 학교를 얼마나 좋아하나요?
- 재미있어 하는 때는 언제인가요?
- 그림 속 사람을 보면 누구 생각이 납니까?

3 인물화 검사의 해석

▸▸▸ 전체적 평가

전체적 인상, 조화, 구조, 이상한 곳은 없는가에 주목하여 어떤 모양의 사람을 그렸는가를 생각해 나가는 것이다. 전체적 평가에서 밝혀야 하는 것은 피험자의 적응수준, 성숙도, 신체상의 혼란 정도, 자기와 외계에 대한 인지 방법을 파악한다.

▸▸▸ 내용 분석

무엇을 그렸는지 분석하는 것이다. 내용 분석에 있어서는 명백하고 큰 특징을 먼저 다루는데, 그림 그린 후의 질문을 실시하여 피험자가 질문에 따라 연상하는 것을 묻는 것이 해석에 효과가 있다.

▸▸▸ 형식적 분석

어떻게 그렸는가를 분석하는 것이다. 그림을 그리는 순서, 위치, 크기, 필압, 선의 농담, 그림의 대칭성, 운동성, 원근법, 음영, 생략, 강화, 지우기 등을 다루며, 이것으로 성격의 단면을 이해해 나가는 방법이다.

① 검사 태도 및 소요 시간

- 소요시간이 2분 이하로 짧거나, 30분 이상 걸릴 때는 유의미하다.
- 그림을 그리는 데 갈등의 요인이 있다.
- 오랜 시간 소요 : 강박성적 경향이 있는 경우라고 볼 수 있다.

② 순 서

일반적으로 큰 것에서 작은 것으로의 표현을 하는데 반해, 예를 들어 사람을 그릴 경우 얼굴, 눈, 코, 입, 목, 몸, 팔, 다리의 순으로 그리거나 얼굴 부분을 먼저 그리고 얼굴의 윤곽선을 나중에 그리는 경우 대인관계에 문제가 있거나 사고장애의 경우에 볼 수 있다.

③ 크 기

- 용지의 2/3 정도가 적당하다.
- 지나치게 작은 그림은 열등감, 위축감, 부적절한 감정, 자기억제적, 소심함, 우울증적 경향이 있다.
- 지나치게 큰 그림은 환경에 대한 공격성, 과잉 행동적, 과장된 경향성이 있다.

④ 위 치

- 지면의 위쪽 : 강한 의욕성이 있으며, 현실세계보다는 공상세계의 만족감을 얻으려는 경향성이 강하다.
- 지면의 아래쪽 : 우울증의 경향이 강하고 불안정성 양상이 있음을 뜻한다.
- 지면의 가운데 : 대인관계에 있어서 고집이 세고 주관성이 강하다.
- 지면의 왼쪽 : 여성성이 강하고, 내향적이며 다소 충동적 변화에 만족이 높다. 자의식이 강하고 과거로 퇴행성이 있다.
- 지면의 오른쪽 : 남성적이며, 미래지향성이다. 지적 만족이 높다.

⑤ 필 압

- 매우 진한 선 : 심한 긴장, 공격성, 자기주장성이 강함을 뜻한다.
- 매우 옅은 선 : 우유부단함, 소심함, 에너지 수준이 낮음, 부정적 자긍심, 우울함을 뜻한다.

⑥ 스트로크(stroke)

- 긴 스트로크 : 자신 통제성을 말한다.
- 짧은 스트로크 : 충동성이 있음을 말한다.
- 망설이지 않고 한 줄인 선 : 안정되고 자신 있는 것을 뜻한다.
- 흔들리고 덧칠되는 선 : 자신감이 없고 불안정함을 말한다.

⑦ 지우기

불확실성, 불안감, 우유분단함, 결벽 또는 강박성을 말한다.

⑧ 생략과 왜곡

생략이나 왜곡된 부분은 피험자에게 갈등 요인이다.

⑨ 음 영

불안, 갈등을 말한다.

전체적인 사람 그림의 모양

① 전체적인 신체 윤곽

신체 모양은 그 사람의 내적인 조화, 즉 세상에서의 경험을 구성하는 인지적, 정서적, 행동적 요소에 있어서 자기가 얼마나 잘 통합되어 있는가에 대한 정보를 제공해 준다. 이러한 균형이 조화롭지 못할 때 자기응집성의 느낌이 결여되어 있음을 시사해 주며, 전체 신체 부위 중에 과장되게 혹은 결핍되게 그린 특성이 무엇인가에 따라 어떤 방식으로 보상적이고 방어적인 구조를 발달시켰는가, 혹은 어느 부분이 부족하고 갈등적인가를 이해할 수 있다.

정신지체이거나 어린 아동의 경우를 제외하고는 전반적인 신체 비율이 너무 맞지 않을 때는 이러한 자기응집성과 관련하여 심한 현실 지각의 장애가 있으며, 심한 경우 사고장애나 신경학적 장애가 존재할 수 있다.

때로 그림을 막대기 모양 사람 그림으로만 그리는 경우가 있는데, 내적으로 자기부적절감과 불안정감이 강하고, 이로 인해 이차적으로 적대적이고 거부적인 태도를 취하고 있음을 의미할 수 있으며, 때로 신경학적 장애나 정신지체 가능성도 고려해야 한다.

몸의 윤곽만 있고 속은 비워 놓은 채로 그리는 경우도 드물게 나타나는데, 이는 대체로 세상과의 상호작용에 대한 심한 회피나 위축과 혹은 공허감이 수반되는 우울장애나 자기 성취감이 매우 부족한 상태에 있을 가능성을 시사하며, 때로는 정신지체, 신경학적 장애나 사고장애 가능성을 의심해 봐야 한다.

사람을 그리면서 네모나 동그라미 등 기하학적인 모양을 사용하는 경우, 혹은 기괴하고 기이하게 사람 같지 않은 모습으로 그리는 경우가 있는데, 이는 대부분 현실지각의 손상, 신경학적 장애, 혹은 정신지체의 가능성을 시사한다.

② 자아정체성에 관한 문제

청소년의 경우 때로 성별이 분명하지 않은 사람을 그리는 경우가 있는데, 이는 피검사자가 성 정체성에 대해 양가감정이나 혼란감을 느끼고 있음을 의미하는 경우가 많다. 또 성인 피검자가 어린 아이의 그림을 그렸다면 이는 자율성과 독립성의 수준이 미성숙함을, 아주 어린 아기를 그렸다면 이는 성 정체감과 관련된 갈등에서 벗어나기 위한 퇴행적인 욕구나 유아적 의존 욕구를 반영할 수 있다. 또, 너무 마르고 허약하거나 여윈 모습으로 그린 경우 강한 우울감, 무기력감을 느끼고 있음을, 비만하거나 뚱뚱한 사람을 그릴 경우 자기 경멸감과 우울감을 나타낼 소지가 있다.

③ 옷

옷을 너무 자세하게 그리는 경우는 자기정체성의 불확실성을 과시적인 행동을 통해 과잉 보상하고자 함을 반영한 것일 수 있다. 옷을 너무 강박적으로 정교하게 묘사했다면 이러한 과잉 보상 행동이 강박적인 행동을 통해 나타날 수 있음을 의미할 수 있다.

④ 자 세

사람이 움직이고 있는 모습을 그리는 경우, 예를 들어 장작을 패는 것과 같이 대인관계와는 무관하면서도 능동적이고 때로 난폭한 움직임을 그릴 때는 그 사람의 자기개념이 다소 공격적이고 자기주장적임을 의미할 수 있다. 한편, 이러한 행동이 권투시합처럼 사회적으로 수용 가능한 행위일 경우에는 피검자가 자신의 내면의 적대감에 대해 통제할 수 있음을 시사해 준다.

머리는 옆모습이고 몸은 앞모습으로 그리는 등 자세가 일관적이지 못할 경우나 자기정체성에 대한 양가감정을 몸이 기울어지거나 어딘가에 기댄 모습을 그릴 경우는 자기정체성에 대한 불확실성과 불안정감, 우울감을 나타낼 수도 있다.

땅에 선 모습이 아니라 마치 공중에 붕 뜬 것처럼 그린 경우에는 정체성에 대한 불확실감의 정도가 너무 커서 자기 자신으로부터도 소외된 것처럼 느끼고 있음을, 앉거나 눕거나 기대앉은 모습을 그린 경우는 대인관계에서의 수동적인 태도가 심함을 의미할 수 있다.

⑤ 남자와 여자 그림의 관계

남자 그림과 여자 그림을 그린 순서, 두 그림의 키 차이를 살펴봄으로써 성 정체성에 대한 정보를 얻을 수 있다. 일반적으로는 동성의 인물을 먼저 그리지만 7세 이하의 아동들은 대상관계에서 가장 중요한 사람이 어머니이기 때문에 대개 여자를 먼저 그린다. 이 경우 주로 그린 인물은 어머니 표상을 반영한다.

⑥ 사람을 그릴 때 적정한 표현 양식

일단 전체적으로 균형이 맞고 신체 부위들이 모두 다 그려져 있는 것이 좋다. 적당히 옷을 입고 있고, 다른 물건이나 사물이 그려져 있지 않으며, 편안하게 선 자세이거나 잘 통제된 방식으로 어떤 활동을 하고 있는 모습이 좋다. 피검자가 7세 이상인 경우 자기와 같은 성별의 사람을 먼저 그리고, 남자와 여자 그림의 키가 비슷하거나 남자가 약간 더 큰 것이 바람직하며, 외모가 각 성별의 일반적인 사회적 기준에 적절히 맞아야 한다.

그림의 순서와 키

(1) 남자 피검자자가 남자를 먼저 그리고 여자 그림보다 크게 그렸을 경우

내면에 성 정체감에 대한 불확실성이 있고, 이 불안을 과잉 보상하기 위해 여성에 대해 우월감을 느끼고자 함을 나타낼 수 있다. 반대로 남자 그림이 여자 그림보다 작을 경우 이는 성 정체감에 대한 양가감정과 열등감, 여성 자기대상을 과잉 이상화하려는 경향이 있음을 의미할 수 있다.

(2) 여자 피검사자가 남자를 먼저 그리고, 여자 그림보다 더 크게 그린 경우

성 정체성에 대한 불안, 열등감과 부적절감, 그리고 과잉 이상화된 남성을 향한 수동적 · 순종적 태도를 보이고 있음을 반영한 것일 수 있다. 반대로 남자를 더 작게 그린 경우 성 정체감에 대한 양가감정, 남성 자기대상을 무시하고 스스로를 주장하고 싶은 욕구를 가지고 있음을 나타낼 수 있다.

(3) 여자 피검자가 여자를 먼저 그리고 남자보다 크게 그린 경우

성 정체감에 대한 불확실성과 이 불안을 보상하기 위해 남성 자기대상에 대해 우월감을 가지려고 함을 의미할 수 있다.

(4) 남자 피검자가 여자를 먼저 그리고, 남자보다 더 크게 그린 경우

성 정체감에 대한 불안감, 열등감, 부적절감, 과잉 이상화된 여성 자기대상에 대한 수동적 · 순종적 태도를 보이고 있음을 나타낸 것일 수 있다. 반대로 여자를 더 작게 그린 경우 성 정체감에 대한 양가감정, 여성 자기대상을 무시하고 자신을 주장하고자 하는 욕구가 있음을 시사할 수 있다.

성적 외모

남자를 여자처럼 보이게, 혹은 여자를 남자처럼 보이게 그린 경우 성 정체감에 대한 양가감정, 모호성, 불확실감이 있고 반대성에 동일시하고 있거나, 이성 관계에서 정체성 문제와 관련된 갈등을 겪고 있을 가능성 등을 생각할 수 있다.

기타 특성

① 나 이

사람그림의 나이는 자기 혹은 자기대상의 성숙도에 대해 주관적으로 어떤 표상이나 느낌을 가지고 있는지를 나타내 준다. 나무와 마찬가지로 사람의 그림에서 자기 혹은 자기대상과 나이가 ±5년 미만으로 차이 날 경우는 그러한 성숙도가 비교적 적절한 것으로 간주할 수 있다. 그러나 나이가 5년 이상 적은 경우 이는 성격적인 미성숙함을, 5년 이상 많은 경우는 내적인 성숙감과 관련된 불안감을 과잉 보상하고자 함을 의미할 수 있다. 또 나이가 너무 많거나, 막연하게 그냥 '아주 많다'고만 표현할 경우 이는 내면에 우울감이 있고 유능감이 저하되어 있음을 의미할 수 있다. 특히 아동이 자기보다 어린 사람을 그릴 경우는 좀 더 유아적인 의존욕구, 연령 수준보다도 심리 · 사회적으로 미성숙한 상태에 있음을 반영할 수 있다.

② 행 동

걷거나 말하거나 웃거나, 혹은 공놀이를 하거나 장작을 패는 등의 주장적이고 표현적이면서도 비폭력적인 행동을 하는 경우 이는 자기 자신과 관련된 활력을 느끼고 있음을 나타낼 수 있다. 반대로 아무런 활동도 하지 않고 그냥 서 있거나 앉아 있는 모습을 그릴 경우는 수동적이거나 무기력한 상태에 있음을 의미할 수도 있다. 반대로 폭력적인 행동을 하고 있는 모습을 그리는 경우 이는 내적인 공격성, 적대감 및 충동 통제의 어려움이 있음을 시사할 수 있다. 너무 기괴하거나 난폭한 행동이 표현된 경우는 성격구조적인 미숙함이 매우 심하거나, 더 나아가 사고장애가 있을 가능성이 의심된다.

때로 실제 사람이 아니고 그림이나 동상을 그리는 경우가 있는데, 이는 자기 정체감의 혼란과 갈등을 느끼고 있음을 의미할 수 있다.

③ 생 각

그림 속 인물이 다른 활동이나 친구에 대해 긍정적이고 건설적인 생각을 하고 있다고 답한 경우 이는 자기개념이 건강함을 의미할 수 있다. 반대로 부정적 혹은 비판적인 생각을 하고 있다고 답한 경우 자존감이 낮고 우울감 혹은 적대감을 느끼고 있음을, 아무 생각도 안 한다고 답한 경우 회피적 태도와 수동성 및 절망감, 우울감을 느끼고 있음을 반영할 수 있다.

④ 느 낌

그림 속의 인물이 느끼는 감정이 유쾌하고 건설적인 내용일 경우는 역시 자기개념이 긍정적임을, 우울하거나 자기 비판적인 감정일 경우는 우울하고 자존감이 낮음을, 화가 났다는 등의 공격적인 감정일 경우는 억압된 분노감이나 적대감, 공격성이 내재되어 있음을 의미할 수 있다. 또 아무 느낌 없다고 대답하는 경우는 회피성과 수동성, 우울감과 위축감을 느끼고 있음을, 기괴하거나 부적절한 감정을 대답하는 경우는 현실 판단의 장애, 사고장애를 시사한다.

⑤ 주 제

마녀, 귀신처럼 비현실적인 인물을 그리는 경우는 현실에 적응하는 데 어려움이 있거나, 대인관계에 대한 적대감을 가지고 있음을 의미할 수 있다. 성인과 같은 종교적 인물을 그리면 자기 정체성과 관련된 비현실감이 있거나, 성적인 것이나 공격적인 것이 배재된 모습을 과도하게 이상화하는 경향성을 나타낼 수 있다. 반면

광대나 만화처럼 우스꽝스러운 방식으로 사람을 그릴 경우는 열등감이 있거나 자존감이 낮을 가능성이 있고, 때로 충동적으로 행동할 가능성도 있다.

유명인이나 실제 인물 등을 만화처럼 혹은 캐리커처를 그렸을 때 경찰이나 소방관처럼 전형적인 인물을 그리는 경우는 자기의 실제 정체성을 드러내는 데 불안감을 느끼고 검사에 대해 적대적인 태도를 가지고 있음을 의미할 수 있다.

2) 집-나무-사람 검사(HTP)

1 집(H) – 나무(T) – 사람 검사(P)의 개념 및 목적

이 기법은 1948년 벅(Buck)이 HTP 검사를 개발하여 인간의 내적상태와 이해를 가능하게 해주었다. 1971년 해머(Hammer)는 투사그림 검사를 확장하여 적용하였다. 1986년 코피츠(Koppitz)가 투사적 그림 검사의 해석에 있어 점수화 방법과 인물의 분석적 해석을 개발하여 현재에 이르기까지 유아에서 노인까지 등을 대상으로 사용되었다.

HTP 검사는 내담자가 그들 자신을 어떻게 느끼며 과거를 어떻게 느끼는가 등을 알게 하는 자아발견의 원천으로 삼기 위한 것이며, 유아에서 노인에 이르기까지 모든 연령층에 포괄적으로 활용될 수 있다. 4장의 종이에 집(House), 나무(Tree), 사람(Person)의 남녀를 각각 그리게 한다. HTP는 저항이 적으며 동일 내담자의 그림을 배열했을 때 질병의 경과를 잘 파악할 수 있다. 즉, HTP 검사는 아동의 발달적 단계와 수준, 상황을 이해하고 알아가는 데 목적이 있다. 또한 아동 개인적인 배경과 문제 상황을 알고 이를 개선하기 위한 기초 자료가 된다.

2 그림 실시 후 질문사항

HTP 검사에서 그림을 그린 후의 질문은 피험자가 표현한 것의 의미와 문제를 파악하는 데 극히 중요한 역할을 한다. 질문은 일정한 형식이 없으며, 검사자의 필요에 따라서 행하는 것이 좋다. 질문에 대한 대답에 대해서는 그 이유를 묻는 것이 바람직하다. 다음은 HTP 검사를 실시한 후 피험자들에게 일반적으로 사용되는 질문이다.

집 그림(House)

① 질문사항

- 이 집은 어디에 있습니까? (시가지에 있습니까, 교외에 있습니까?)
- 이 집 가까이에 다른 집이 있습니까?
- 이 그림에서 날씨는 어떠합니까?
- 이 집은 당신에게서 멀리 있는 집입니까, 가까이 있는 집입니까?
- 이 집에 살고 있는 가족은 몇 사람이며, 어떤 사람들 입니까?
- 가정의 분위기는 어떠합니까?
- 이 집을 보면 무엇이 생각납니까?
- 이 집을 보면 누가 생각납니까?
- 당신은 어떤 집에 살고 싶습니까?
- 당신은 이 집의 어느 방에 살고 싶습니까?
- 당신은 누구와 이 집에 살고 싶습니까?
- 당신의 집은 이 집보다 큽니까, 작습니까?
- 이 집을 그릴 때 누구의 집을 생각하고 그렸습니까?
- 이것은 당신의 집을 그린 것입니까?
- (특수한 집인 경우) 왜 이 집을 그렸습니까?
- (그림에서 이해하기 곤란한 부분에 대하여) 이것은 무엇입니까, 왜 그렸습니까?
- 이 그림에 첨가해서 더 그리고 싶은 것이 있습니까?
- 당신이 그리려고 했던 대로 잘 그려졌습니까, 어떤 부분이 그리기 어려웠고 마음에 들지 않습니까?

② 집 그림 해석

집은 가족이 함께 모여 사는 공간이기 때문에 아동이 내면에 가지고 있는 표상, 생각, 그와 관련된 여러 감정, 소망들이 투영되어 나타나게 된다. 또 집은 가정상황을 나타내며, 자신의 가정생활과 가족관계에 대한 것인지, 현재의 가정을 어떻게 보는지, 이상적인 장래의 가정과 과거의 가정에 대한 소망을 나타낸다.

눈동자 모양의 문과 격자무늬는 의심이 많고 조심스러운 상태를 보여 준다. 또한 울타리의 의미는 자신만의 세계를 방해 받고 싶지 않는 욕구로 표현된다. 창문에 커튼 장식을 사용하는 경우는 타인관계에 있어 적극적으로 참여는 경향을 나

그림 9-1 11세 여아의 집 그림

그림 9-2 12세 여아의 집 그림

타낸다. 또한 편안하고 안정적인 가정을 원하는 마음이 내포되어 있다. 방문이 열려 있고 징검다리가 보이는 것은 외부와의 접촉을 원하고 있는 것으로 나타나다.

- 지붕 : 정신생활 특히 생활의 공상영역 상징
- 벽 : 자아의 강도와 관계
  - 튼튼한 벽 - 완강한 자아, 얇은 벽은 약한 자아
  - 벽면이 경사진 것 - 자아의 통합성과 안정성이 흔들림
- 문 : 환경과의 직접적인 상호작용, 대인관계에 대한 피험자의 태도
  - 경첩이나 문고리에 대한 강조 - 편집성의 방어적 민감성
- 창문 : 환경과의 수동적인 접촉
  - 완전히 닫힌 커튼 - 환경과 접촉하지 않으려는 것
  - 반 열려진 커튼 - 환경과 통제된 교류
  - 지나치게 크거나 많은 창문 - 환경과의 상호작용에 대한 지나친 관심
  - 지나치게 작거나 없는 것 - 적대적, 부정적 경향, 타인에 대한 관심 부족
- 굴뚝과 연기 : 친밀한 인간관계로서의 따뜻함, 남성 성기의 상징
  - 진하게 많은 연기가 나오는 것 - 가정 내의 갈등, 정서 혼란

▸▸▸ 나무 그림

① 질문사항

- 이 나무는 어떤 나무입니까? (불확실한 경우 상록수 혹은 낙엽수인지 질문)
- 이 나무는 어디에 있는 나무입니까?
- 한 그루만 있습니까? 숲 속에 있나요?
- 이 그림의 날씨는 어떠합니까?
- 바람이 불고 있습니까? 바람이 분다면 어떤 바람이 어느 방향으로 불고 있습니까?
- 이 나무는 몇 년쯤 된 나무입니까?
- 이 나무는 살아 있나요? 말라 죽었다면 언제쯤 어떻게 말라 죽었습니까?
- 이 나무는 강한 나무입니까, 약한 나무입니까?

- 해가 떠 있습니까? 떠 있다면 어느 쪽에 떠 있습니까?
- 이 나무는 당신에게 누구를 생각나게 합니까?
- 이 나무는 남자와 여자 중 어느 쪽을 생각나게 하십니까?
- 이 나무는 당신에게 어떤 사람을 느끼게 합니까?
- 이 나무는 당신으로부터 멀리 있는 나무입니까, 가까이 있는 나무입니까?
- 이 나무에 필요한 것은 무엇입니까?
- 이 나무는 당신보다 큽니까, 작습니까?
- (상흔이 있으면) 이것은 무엇입니까? 어떻게 해서 생겼습니까?
- (특수한 나무인 경우) 왜 이런 나무를 그렸습니까?
- 이 그림에 더 첨가해서 그리고 싶은 것이 있습니까?
- (그림에서 이해하기 곤란한 부분에 대하여) 이것은 무엇이며 왜 그렸습니까?
- 당신이 그리고자 한 만큼 잘 그려졌습니까? 어떤 부분이 그리기 어려웠고, 마음에 들지 않습니까?

그림 9-3 13세 여아의 나무그림

② 나무 그림 해석

뿌리를 지나치게 강조하는 것은 현실보다는 과거에 집착하는 경향이다. 또한 자신에 대해 불안정하게 느끼고 있으며 과도하게 보상하려고 시도하고 있음을 시사하고 있다.

나무 기둥의 옹이구멍에 생물을 넣어 그린 경우에는 자신이 위축되어 그 안에 보호받기 원하는 의존성과 숨고 싶은 장소를 찾고 싶다는 소망을 보여 주고 있다. 일시적으로 퇴행을 함으로써 그 동안 손상되고 고갈된 자아의 힘을 회복하며 보상받고 싶은 욕구를 나타낸다.

한 가지 목적을 향해 가는 모습을 줄기가 꼭대기의 한 지점에서 만날 수 있도록 좋아지는 경우이다. 줄기의 폭이 급격히 가늘어진 경우는 유아기 양육 과정에서 어려움이 있을 수도 있다.

끝이 뾰족하게 그려진 것은 날카로운 마음의 상태이며 잎이 떨어지는 감수성이 강하고 자기 존재를 과시하는 경향이 있거나 외부 압력에 의해 통제력을 상실하고 있는 상황과 관련이 있어 무엇인가 체념하여 포기 해버렸다는 감정을 의미한다.

그림 9-4 11세 남아의 나무그림

- 주 제
  - 상록수 - 자신을 활력이 넘치는 존재로 인식, 그렇게 행동하고 싶다는 희망
  - 낙엽수 - 외계의 힘에 의해 움직이고 있다는 감정
  - 버드나무 같이 밑으로 처지는 나무는 내향적, 폐쇄적, 우울
- 줄기 : 성장과 발달에 있어 에너지, 창조력, 생명력, 생활에 대해 느끼는 감정을 반영
  - 큰 줄기 - 환경에 대해 적극적으로 행동, 현실과 공상 면에서 공격적 행동 경향
- 수피 : 자신과 외계와 타인과 접촉하는 부분
  - 나무껍질을 검게 칠한 것은 외계와의 사이에 긴장감, 우울함, 불안
  - 나무껍질을 상세하게 그리는 것은 환경과의 관계에 강한 관심
- 줄기의 상흔, 옹이구멍 : 외상 경험
- 가지 : 환경과의 관계, 자신이 가지고 있는 능력, 가능성, 적응성을 어떻게 보고 있는지를 나타냄
  - 가지가 갈라지지 않은 그림 - 경직된 성격
  - 위로만 향한 가지 - 성취에 대한 긴장
  - 위가 잘리거나 부러진 가지 - 성공에 대한 희망 없음을 표시
  - 끝이 날카로운 창 같은 모양의 가지 - 강한 공격성, 적개심 시사
- 수 관
  - 줄기가 짧고 수관이 큰 나무 - 자신감과 야망을 가지고 정열적으로 몰두하는 사람
  - 줄기가 아주 가늘고 수관이 지나치게 큰 경우 - 완전한 만족을 위해 마음의 안정 상실
- 뿌리 : 현실을 지배하는 자신의 능력
  - 뿌리가 보이는 것처럼 그리는 것 – 현실 검증력의 장애

▸▸▸ 사람 그림

① 질문사항

- 이 사람의 나이는?
- 이 사람의 직업은?
- 결혼은 했습니까? 가족은 몇 명이며 어떤 사람들입니까?
- 이 사람은 지금 무엇을 하고 있습니까?

- 지금 이 사람은 무슨 생각을 하며 어떻게 느끼고 있습니까?
- 이 사람의 건강상태는 어떠합니까?
- 이 사람의 친구관계는 어떻습니까?
- 이 사람의 성격은 어떠합니까? 장단점은 무엇입니까?
- 이 사람은 행복합니까? 불행합니까?
- 이 사람에게는 무엇이 필요합니까?
- 당신은 이 사람을 어떻게 생각합니까? 좋습니까, 싫습니까?
- 당신은 이 사람처럼 되고 싶습니까?
- 당신은 이 사람과 함께 생활하고 친구가 되고 싶습니까?
- 이 사람을 그릴 때 누구를 생각하고 있었습니까?
- 이 사람은 당신을 닮았습니까?
- (특수한 인물의 경우) 왜 이 사람을 그렸습니까?
- (그림에서 이해하기 곤란한 부분의 경우) 이것은 무엇입니까? 왜 그렸습니까?
- 이 그림에 더 첨가해서 그리고 싶은 것이 있습니까?
- 당신이 그리고자 한 만큼 잘 그려졌습니까? 어떤 부분이 그리기 어려웠고, 마음에 들지 않습니까?

② 사람 그림 해석

방망이를 잡고 있는 모습에서 공격성이나 억압된 분노감이 투사된 것으로 해석된다. 다리를 넓게 벌린 반항적인 자세는 내면의 불안정감을 보상받으려 함을 의미한다.

단추의 강조는 안정감을 얻고자 하는 욕구에 집착하고 있다는 것을 보여 준다. 상대방에게 관심을 받기 위해 과시적이고 강박적인 행동을 할 수 있다.

수직선의 주름치마는 자신의 내적인 힘이나 유능감과 관련하여 불안하고 긴장되어 있음을 의미한다.

한쪽으로 약간 기울어져서 표현된 것은 불균형에서 오는 불안감을 의미한다.

짧고 가는 선으로 여러 번 덧칠을 하여 윤곽선을 그린 자국은 지우개를 많이 사용한 것으로 자신감과 관련이 깊다. 특히 얼굴과 신발 부분에서 크기를 조절하고 세부 묘사를 하기 위해 그린 흔적을 볼 수 있다. 손과 팔을 뒤로 감추어 그린 것 또한 수동적인 환경에 노출되었음을 말해 준다. 전체적으로 대인관계 상호작용에서 요구되는 기술이나 유능감이 부족한 가능성을 시사해 준다.

그림 9-5 14세 남아의 사람그림

그림 9-6 12세 여아의 사람그림

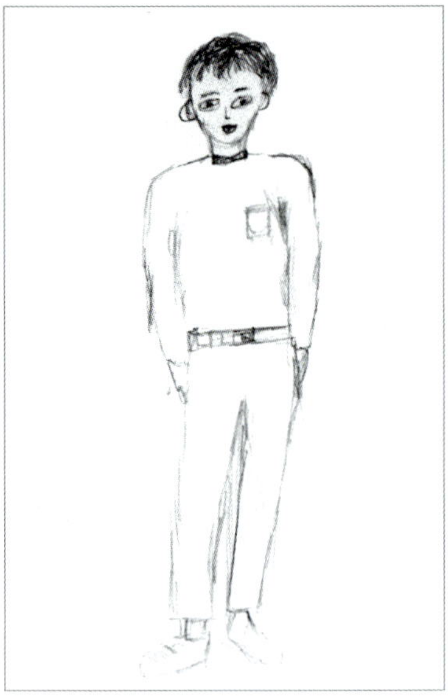

그림 9-7 13세 남아의 사람그림

- 머리 : 지능, 공상, 자기통제, 대인관심을 상징
- 얼굴 : 외계의 현실세계와 어떻게 접촉하는가를 상징
- 눈과 속눈썹 : 내면 상황을 나타내는 것뿐 아니라 외계와 접촉하는 중요기관
  - 눈동자 없이 원모양으로 그림 - 자기에 몰입, 환경에 관심 없음, 미성숙, 퇴행
  - 큰 눈 - 외향성, 사회적 의견에 과민함
- 코 : 남근 상징
  - 코의 강조 - 성적 어려움, 성적 미숙, 부적절감
  - 코 생략 - 성에 대한 갈등, 동성애 경향
- 입 : 말에 의해 타인과 접촉하는 기관으로 적극성, 공격성, 성적인 것 상징
  - 입 강조 - 퇴행, 구순적인 공격충동으로 인한 불안, 천박한 언어 사용과 관련
  - 치아 강조 - 공격적 · 가학적 경향
  - 입이 한 선으로 표시 - 긴장
  - 두툼하고 벌려진 입 - 구강적, 의존적
- 턱 : 힘과 결단력, 공격적 지배적 경향
- 귀 : 귀 강조 - 외계의 비판이나 타인의 의견에 대한 과감성, 환청, 난청의 가능성
- 목 : 지적인 통제와 충동을 연결하는 부분
  - 긴 목 - 본능적 욕구를 과도하게 통제

– 목이 지나치게 짧고 굵은 것 - 충동성
– 목이 없는 것 - 미성숙
• 팔, 손 : 환경을 접촉하고 조작하는 기관
– 짧은 팔 - 접촉의 제한, 무기력
– 긴 팔 - 성취욕, 획득욕, 환경과의 적극적 접촉
– 팔이 신체에 붙어 있음 - 수동적, 의존적, 억압, 긴장
– 팔이 신체에서 뻗어 있음 - 밖으로 향한 공격성
– 팔의 생략 - 우울, 정신분열
– 손 생략 - 무력감, 거세된 감정
– 손에 진한 음영 - 공격, 절도, 자위 등 손 사용 행동에 대한 죄책감
– 손을 감춘 그림 - 도피적인 태도, 손사용 행동에 대한 죄책감
• 발 : 성격의 안정성
– 긴 다리 - 자율성에 대한 강한 욕구
– 짧은 다리 - 의존 욕구, 비활동성
– 길이가 다른 다리 - 양가적 감정, 불안정하거나 공상 세계로 도피하는 사람
– 딱 벌리고 있는 다리 - 안정성 강조
– 엇갈린 다리 - 정서적 긴장이 강하거나 성적 접촉에 대한 자신을 지키고자 하거나 성적 부적응
• 발가락 : 발가락을 그리는 것은 병적인 징표
• 몸통
– 몸통이 없는 인물화는 자신의 신체상을 상실하고 있거나 신체적인 충동의 존재를 부인
– 현저하게 작은 몸통은 신체적 에너지 결핍
– 기하학적 도형의 몸통은 정신지체나 정신분열증으로 의심
– 둥그스름한 몸통은 공격성이 약하고 미발달적, 여성적 경향과 관련
– 각이 진 몸통은 공격성이 강하고 자기 주장적, 남성적 경향과 관련
• 어깨 : 체격과 체력을 나타냄, 남성적인 힘과 자기 과시의 욕구
– 모난 것을 지나치게 강조하는 것은 외계에 대해 적의를 가지며 방어적인 태도
– 남성상의 어깨를 강조한 것은 자신의 신체의 약함을 보상, 성적 역할에 대해 양가 감정

- 여성상의 어깨를 강조한 것은 성적 역할에 대한 혼란
- 작은 어깨는 열등감을 나타냄

• 유방 : 성적 관심과 의존 욕구
  - 의복을 통해 가슴이 불룩한 것으로 나타내거나 선을 통해 암시하는 것은 성과 애정에 대한 적절한 관심 또는 구순적 의존 욕구

• 허리 : 허리의 선을 강조하거나 반대로 흐리고 약한 필압을 그리거나 파선으로 그리는 경우는 성 충동의 표현과 통제 간에 갈등과 긴장

• 엉덩이
  - 남성상의 엉덩이를 강조하여 그리는 남자는 성적으로 미숙하거나 동성애 경향
  - 여성상의 엉덩이를 강조한 것은 여성다움에 대한 관심

• 의복
  - 나체상은 사회규범에 대해 반항적이며 성적 문제를 가지고 있는 경향
  - 의복을 통해 신체가 보이도록 그리는 것은 현실 검증력이 저하, 심리적, 기질적 원인으로 성격장애
  - 인물에 비해 너무 큰 옷은 옷의 부적합성과 자기모멸을 나타냄
  - 속이 비치는 옷은 성적인 것을 훔쳐보는 경향, 과시적인 경향

• 단추 : 모친에 대한 의존
  - 의존적, 유아적, 부적합한 성격
  - 소매부리의 단추가 강조된 것은 의존적 경향 외에 강박적 성향

• 주머니
  - 유아적 의존적 경향
  - 가슴 부위에 그려진 주머니는 구순적 애정의 결핍

• 넥타이 : 남성적인 것을 의미, 남근 상징

• 목걸이 : 자신의 부적절함을 보상

3) 동적 집-나무-사람 검사(KHTP)

1 동적 집-나무-사람검사의 개념 및 목적

KHTP(Kinetic House Tree Persontest) 기법은 1987년 번스(Burns)가 개발한 검사

로 HTP 검사의 한계점을 보안하여 내담자의 주변의 상황을 알고 이해하는 데 있어 치료자에게 중요한 정보를 제공해 준다. 그림 속의 내용, 움직임, 느낌, 원인과 결과 등을 구체적으로 나열할 수 있는 장점으로 내담자의 심리적 상황을 직접적으로 전해들을 수 있다. 즉 동적인 그림 기법에서의 내용과의 관련성을 찾아서 문제를 해결하는 데 목적을 둔다.

2 동적 집–나무–사람검사의 실시방법

A4 크기의 종이를 아동들에게 주고, 아동들에게 "집과 나무, 사람을 그리세요."라고 한다. 아동들이 구체적으로 집, 나무, 사람의 형상이 전체를 표현할 수 있도록 다시 지시한다.

아동들에게 KHTP 검사 결과 평가 시 아동의 현재 상태에서의 과거의 경험, 현재, 미래의 기회 등을 해석해 나갈 때 치료자들은 다양한 아동의 심리적 변화에 자극을 주는 변인들 발견해야 한다.

검사 시 고려할 점(옥금자, 2005)

- 이 그림은 어떠한 내용을 담고 있는가?
- 그림의 첫 인상은 어떠한가?
- 이 사람은 무엇을 또는 누구를 바라보고 있는가?
- 이곳에서는 무슨 일이 일어나고 있는가?
- 여기에서 일어나는 일들에 대해서 어떻게 생각하고 있는가?
- 그림에 대한 느낌은 차가운가, 따뜻한가?
- 이 집은 힘들게 하는 것으로부터 내가 숨을 쉴 수 있는 장소인가?
- 집이 붕괴되고 텅 비어 활기가 없는가?
- 집이 성공과 부유함의 표상인가?
- 살고 싶은 집인가?
- 나무가 죽었는가, 살았는가? 위협적으로 보이진 않는가?
- 이 나무가 보호 받고 있는 것처럼 보이는가? 누군가를 보호하고 있는 것 같은가?
- 사람이 공격적이거나 적대적으로 표현되어 있는가? 활기 있어 보이는가?
- 신체 일부가 숨겨졌다거나 생략되어 있는가?
- 집, 나무, 사람과의 간격은 어떠한가?

- 해와 달 등이 집이나 나무 또는 사람 위에 그려져 있는가?
- 그림은 어떠한 양식으로 그려져 있는가?
- 집, 나무, 사람에 대한 상징들이 나타나 있는가?
- 집, 나무, 사람 간의 상호작용이 나타나 있는가?

3 동적 집-나무-사람검사의 해석

해석 지침

KHTP는 그림에서 사물 또는 사람과의 거리, 크기, 순서, 밀착 등에 의해 문제를 해결하는 실마리를 찾을 수 있다.

그림의 순서는 나무, 집, 사람의 순서를 의미한다. 나무를 먼저 그린 경우는 자신의 성장 의지를 나타낸다. 간혹 상실감을 갖은 자신을 이야기해 주는 경우도 종종 발견할 수도 있다.

일반적으로 가능성에 대한 기대가 있는 경우의 아동은 나무를 먼저 그린다. 또한 나무의 생명의 유무를 확인해야 하며, 크기, 형태, 집과 사람과의 밀착 정도를 파악하는 것도 임상적 의미가 있다. 여기서의 밀착은 아동이 사물과의 밀착의 정도에 따라 문제 수준에 따라 해결력이 적으면 적을수록 밀착의 정도와 비례한다. 즉, 현실적 어려움을 표현하는 것이다.

집을 먼저 그린 경우는 생존의 의지가 강함을 나타낸다. 성취의 욕구, 강박관념, 가정구성 등을 나타내는 욕구가 포함되어 있다.

그림 9-8 철웅이(12세, 남)의 KHTP 그림

사람을 먼저 그린 경우에는 자신을 과시하거나 다른 사람을 돌보기를 좋아하는 유형이다. 또한 자신 이외의 다른 사람을 그린 경우는 사랑하는 사람, 증오하는 사람 등을 나타내기도 한다.

12세인 철웅이(가명)는 재혼한 어머니에게 자신이 방해가 된다고 느껴왔다. 항상 새로운 가족과 어울리지 못하고 최근에는 우울증과 함께 조증 증상까지도 보았다. 큰 태양 또한 부족한 애정관계를 보여 준다. 모든 식구들은 정원에 앉아서 맛 있는 것을 먹고 있는데 자신은 뒷동산에 올라가 운동하고 있다고 했다. 그림에서의 사과나무는 따뜻한 보살핌이 있는 과거로 돌아가고 싶은 희망을 상징한다.

"연못에서 수영을 하고 있어요."라고 승현이(가명)는 말했다. 그러나 나무에는 잎이 없는 상태로 보아서 "11월인데 너무 춥지 않을까"라는 질문에 "지나가다가 보았어요."라고 말을 바꾸었다. 전체적인 분위기에서 아동은 현재 현실적으로 혼란스럽고, 어려운 상황인 것임을 파악할 수 있다.

11.5세의 여아 그림은 집 쪽으로 향해 있는 버드나무 형태는 안정되고 행복한 가정을 향한 동경의 의미를 내포하고 있으며 퇴행과 과거로의 고착과 관련된다. 재혼한 아빠를 둔 지영이(가명)는 식구들과 어울리지 못하고 그네를 타면서 혼자만의 세계에 몰입이 되어 있다. 줄기의 옹이구멍은 심리적인 의사의 특징으로 타나난다. 지면을 큰 돌로 표현한 것은 지영이가 안고 있는 현재의 심리(과제, 스트레스 등)를 파악할 수 있게 한다.

그림 9-9 승현이(13세, 남)의 KHTP 그림

그림 9-10 지영이(11.5세, 여)의 KHTP 그림

표현 양식

① 밀착되지 않고 분리

검사지의 밖으로 벗어나지 않고 적절한 분리는 일상생활에서의 적응 가능성을 시사해 준다.

② 나무와 집 밀착

나무나 집이 밀착이 되어 그림을 그린 경우 두 사물, 즉 자신이나 가정에 문제를 겪고 있는 것으로 해석된다. 이러한 경우 적절한 분리가능성을 제안한 하는 것이 중요하다.

③ 집-나무 밀착

전체적인 삶의 운영에 대체로 어려움이 있는 경우로, 주변이 매우 복잡하여 스스로 해결할 수 있는 수준이 아님을 시사해 준다.

④ 조감도

사물에 조감도를 표현한 경우 일반적이지 않는 표현의 한 방식이지만 아동이 직면한 상황을 받아들이거나 거부하는 것보다는 관찰을 하고 거리를 조절하는 심리를 포함한다.

⑤ 선이 나타나는 경우

정착하고 싶고 안정하고 싶은 욕구를 나타내는 것으로 지금의 심리상태가 불안함을 나타낸다.

⑥ 다시 그리는 경우

다시 그림을 그리면서 안정감을 찾는 것으로 위안을 하기도 한다. 이런 경우는 첫 번째 그림에 대한 자신감의 결여, 위협감 등을 느낄 때 나타난다.

⑦ 검사지보다 크게 그린 경우

환상적인 사고를 가지고 있는 경우 아동의 그림에서 볼 수 있다. 안정적인 상황을 기피하는 성향이 있다.

⑧ 검사지 아래 KHTP를 연장하여 그린 경우

검사지 하단 부분에 연결하여 그림을 그리는 경우는 열등감, 죄책감을 시사하기도 하며, 안정적인 심리 욕구를 반영한다.

▸▸▸ 매슬로우의 욕구 수준에 따른 KHTP 해석

매슬로우(Maslow)는 발달체계를 적용하여 KHTP의 상징적인 해석을 제안하였다. 표 9-1은 매슬로우의 발달모형을 제시하였다. 발달모형은 크게 5수준으로 구분되어 있는데, 1수준은 일상생활에 대한 욕구를 의미한다. 2수준은 신체에 대한 소속감을 설명하고, 3수준은 사회에 대한 소속감을 담고 있으며, 4수준은 자아를 포함하여 자신이 아닌 것까지 의미한다. 예를 들어 보호, 사랑, 변화 등이 이에 해당된다. 5수준은 감정을 주고받을 수 있는 모든 생명체와 교류를 의미한다.

| 표 9-1 | 매슬로우의 그림검사 해석을 위한 발달 모형

HTP 수준	집(H)	나무(T)	사람(P)
1수준	• 접근형 : 감옥 같은 닫힌 구조, 출입구가 없음, 창살이 있는 창, 너무 작은 문 • 회피형 : 허름한 집, 무너질 것 같은 집	• 접근형 : 뾰족한 나뭇가지, 사슴뿔같은 가지 • 회피형 : 죽은 나무, 힘이 없는 나무, 부러지고 마른 나무	• 접근형 : 과격 · 파괴적 표현, 무기 등을 가지고 있는 사람그림 • 회피형 : 눈물그림, 슬픈 그림
2수준	• 접근형 : 자세하게 그려진 굴뚝, 촛불, 동그라미 • 회피형 : 음영이 짙음, 격자무늬 지붕, 종교적 상징	• 접근형 : 나무껍질, 나뭇잎 강조 • 회피형 : 옷으로 겹겹이 가림, 줄기에 여러 선이 ×로 그려진 경우	• 접근형 : 신체 또는 신체 부위 강조, 여성의 특정 부위 강조 • 회피형 : 신체 부위 생략, 허리 아래쪽은 어둡게 색칠, 몸 위에 ×를 그린 경우
3수준	• 회피형 : 집이 크기는 하나 누추하게 보임	• 회피형 : 큰 줄기에 작은 가지, 줄기는 크나 가지는 작고 안으로 향함. 큰 나무에 큰 잎	• 회피형 : 반문명적인 모습, 빈곤한 모습
4수준	4수준에서는 접근형이나 회피형의 이분법이 나타나지 않고 다만 통합된 조화가 있으며, 집은 화목한 가정이 되고 따뜻한 분위기 속에서 다른 사람과 공유할 수 있는 곳이다. 커튼은 숨기 위한 것이 아니며, 아름다움을 위한 것이 된다. 장난감, 꽃, 나무들이 가족과 보호의 상징으로 나타난다. 집 입구에는 문과 문고리가 있고, 빛이 비추고 있기도 하다.	양육적이고 정착된 나무로 그늘과 올라갈 수 있는 장소이며, 떨어지거나 상하지 않은 과일과 열매가 있을 수 있다.	그림은 완성의 결정이며, 보호와 양육, 지원자, 보호자를 의미한다.
5수준	가정은 행복과 환영을 반영하는 창조적인 것이다. 이 수준에서는 그림을 그림 사람은 자아와 비자아 모두를 받아들인다. 가정은 따뜻하고 자연과 조화를 이루며, 나무, 꽃, 새, 태양, 산들이 하나의 생활의 향연으로 포함된다. 가정은 신체, 자기, 기타 다른 모든 것을 위한 장소가 되도록 완전함과 창의적인 노력을 반영한다. 4수준의 모든 가치에 즐거운 손질과 사랑과 아름다움이 더해진다.	풍성한 나무로 가지는 위쪽과 바깥쪽으로 향해 있다. 부러지지 않았고, 생기 있고, 전체적인 조화를 이루며 새, 태양, 산 등이 있을 수 있다. 4수준에 비해 하늘로 향하듯 상승의 움직임이 보이며, 하늘과 땅의 조화가 나타난다.	그림은 전체적으로 강하다. 감정이 있다(사랑 등).

4) 동그라미 중심 가족화(FCCD)

1 동그라미 중심 가족화의 개념 및 이해

동그라미 중심 가족화(Family centered circle Drawing; FCCD)는 투사화로 번스에 의해 개발되었다. FCCD를 분석하는 방법에는 두 가지가 있다. 첫째는 각각의 인물에 대한 해석방법과 원안에 그려진 인물들을 분석하는 방법이다.

FCCD의 목적은 가족의 중심인 부모와의 관계를 알고 그 관계에 있어 자신관의

| 표 9-2 | 매슬로우의 발달 모형에 따른 상징적 해석

수준 상징	1수준	2수준	3수준	4수준	5수준
공 기	생존 호흡	숨쉬기 운동 신체	힘	보살핌	빛 영혼
새	생존 안전 탈출	음식 특색	힘	평화	자유로움
고양이	생존	감각적 감정	사냥꾼 발톱	조용함 평안함	신비 절제
빨강색	생존	흥분	파괴 창조	치유회복	치유에너지
대 지	생존	물질적	힘	모성	에너지 생성의 원천
불	생존강함	감각적 온기	창조와 파괴	보살핌	창조적 사용 에너지 회복
꽃	생존씨앗	감각적 여성 성적 상징	여성의 원리 포용	사랑	자연적 창조
집	보호의 장소 안정한 장소	우리의 신체	성공과 권력의 상징	사랑 돌봄 따뜻한 장소	보살핌을 반영한 창조적 노력
남 근	종족 계승	쾌락주의	남성의 상징	창조적 과정	심적 에너지 음양의 일부
나 무	생존 뿌리	신체 생명력	권력, 명예 튼튼한 나무	보살핌	열매를 구성하고 아름다움으로 꾸밈
물	태아생존	쾌락주의	바다의 힘	보살핌 유용함	평온함 조용함

연관을 찾아 자신을 이해하는 데 목적을 두고 있다.

여기에서는 각각의 인물에 대한 분석방법을 소개하였다.

2 동그라미 중심가족화 실시 방법

FCCD는 종이 중앙에 원을 그리고 그 중심에 가족을 그린다. 아버지와 어머니를 그리고 가족구성원을 그리거나 관계된 상징들을 그릴 수 있다. FCCD 검사를 실시하는 방법은 다음과 같다.

첫째 종이와 연필을 준비한다.
둘째, 아동이 그릴준비가 되었으면, "① 원 중심에 아버지와, 어머니를 그리세요, ② 몸 전체를 그려 주세요, ③ 그 외 나와 가족과 관련된 것을 그리세요."라고 제시한다. 아동이 편하게 그리고 싶은 것을 그릴 수 있게 한다.
셋째, 시간적 제한을 없음을 알려 준다.
넷째, 그림을 그린 후 각 상징들에 대한 질문과 기록을 한다.

3 동그라미 중심가족화 해석

FCCD는 원이 그려진 종이에 아동이 부모와 자신을 그리고 그 외 자신과 가족(부모)과 관련된 상징들을 그려 나간다. 그림의 해석에 있어 어머니, 아버지, 자신의 인물 크기를 비교하고, 신체의 부분이 생략되거나 과장된 경우, 인물상의 바로 위에 그려진 상징, 인물상과의 상징과의 거리, 위치 등의 해석이 정보를 얻는 데 중요한 자료가 된다. 또한 이러한 해석의 결과들은 임상적 가치가 있다. 일반적인 해석의 분류를 다음과 같이 설명할 수 있다.

가족이 축구공 받기 놀이를 하고 있다. 친밀한 정서적 교류로 해석된다. 아빠-형-나의 연결고리를 선으로 그려서 가족 간의 결속에 대한 소망을 반영하고 있다.

그러나 엄마의 존재를 지면 하단에 그려 줬는데, 그림상에서의 엄마는 쇼핑과 사치에만 전념하고 엄마의 입을 그리지 않은 것은 엄마와의 부정적 관계를 내포하는 것이다.

긴 선으로 표현된 구분은 전혀 다른 세계에 있는 엄마와 자신과의 분리, 또는 현재 가정상황을 암시해 주고 있다.

그림 9-11 10세 남아의 FCCD 그림

① **인물의 크기** 인물의 크기에 따라 아동의 심리적인 크기 또한 비례하는데, 그려진 인물상에는 그 심리적인 에너지의 정도를 반영하고 있다.

② **신체의 생략 또는 강조** 신체의 생략과 강조의 의미를 정리면 표 9-1과 같다.

③ **인물상의 상징** 아동이 인물의 바로 위에 상징을 그리는 경우는 바로 그 인물과 관련된 느낌을 표현한 것이라고 할 수 있다. 과장되게 많은 상징들이 표현된 경

| 표 9-3 | 신체의 생략과 강조

	생략의 의미	강조의 의미
눈	보고 싶지 않음을 의미	강한 경계를 의미
코	분노를 숨기는 의미	분노가 외부로 표현되는 의미
입	의존성이 약함	의존성이 강함을 의미
목	강한 의지력이 있는 경향	긴 목은 의존성이 강함의 의미
팔	힘에 대한 불안을 의미	긴 팔은 힘의 조절에 대한 욕구
허리	허리 아래 부분의 생략은 자존감이 약하고 성의 부정이 있음	과잉행동이 많음
발	수동적이고 의존성이 강함	독립성 강조를 의미함 작게 – 자율성에 대한 부적절함

우 자신과 그 인물에 대한 관심도가 높음을 알 수 있다. 예를 들어 꽃, 하트 등의 상징인 경우 사랑, 관심, 애정을 의미하고, 총, 망치, 칼 등은 분노, 억압, 갈등 등 부정적인 의미가 포함된다.

④ **인물상과의 거리** 아동과의 심리적 거리를 의미한다.

⑤ **인물상의 위치** 지면의 가운데를 중심으로 어느 쪽에 중심을 두고 있는가를 파악한다.

아동의 FCCD에서 표현된 인물상에 부모의 인물상이 건강하고 밝게 표현된 경우 아동과의 관계에서 긍정적이며 균형적이다. 전체적으로 신체가 균형적이고 생략되거나 왜곡된 부분이 많지 않다. 인물의 표정이 밝은 미소, 웃음 등이 포함된 그림을 표현한다. 또한 부모상과의 거리가 가깝고, 주변의 상징의 표현은 희망적이다.

그림의 표현이 어둡고 신체부분이 생략된 부모상과 자기상의 그림 특징은 지나친 왜곡으로 부정적인 성향이 강하다. 거친 표현으로 과장된 표현이 많고, 인물상 사이의 거리가 멀다

5) 동적 가족화(KFD)

1 동적 가족화의 개념 및 목적

동적 가족화(Kinetic Family Drawing; KFD)는 헐스(1951)에 의해 처음 도입되었다. 아동들에게 가족화를 그리도록 지시하고 그 그림에 대한 이야기를 자유롭게 대화한 후, 아동의 심리적 문제들을 가족, 형제, 자신 등의 지각을 알 수 있었다. 즉, KFD는 아동의 개인을 포함한 가족관계에 따른 심리적 문제를 발견하는 데 목적을 두어 심리치료에 유용하게 사용된다. 헐스 이후 해머(1958)에 의해 개인적 심리문제 등에 대해서도 연구하였으며, 번스와 커프만(1970, 1972)은 움직임을 포함한 가족화에 대한 기법을 개발하였다. 이는 가족의 움직임 표현으로 그림을 이야기로 풀어나가면서 보다 개인과 가족 간의 관계를 알고 문제를 파악할 수 있다. KFD는 무의식, 의식의 투사기법이라고도 한다.

2 동적가족화(KFD)의 실시 방법

① A4 사이즈의 종이와 연필, 지우개를 아동에게 준비하여 준다.
② 아동에게 자신도 포함하여 가족을 그려보라고 제시한다.
③ 만화성이 있는 그림을 그리지 않도록 이야기해 준다.
④ 종이의 방향이 세로가 아닌 가로로 그릴 수 있도록 제안한다.
⑤ 그림을 그리는 과정에서 아동의 질문을 치료사 또는 검사자는 반응적이어야 한다. 아동의 질문이나 답변에 대한 모든 것을 기록한다.
⑥ 시간 제한이 없음을 아동에게 설명한다(치료사 또는 검사자는 시간기록을 한다).
⑦ 그림을 다 그린 후 아동에게 그림과 관련된 질문을 하고 기록한다.
⑧ 질문이 끝난 후 정리하도록 한다.

사후 질문과정(PDI)에 포함되는 내용들은 다음과 같다.

- 누구를 가장 먼저 그렸나요? 그 다음은 누구인가요?
- 이 사람은 가족의 누구인가요?
- 나이가 어떻게 되나요?

- 가족 중 빠진 사람이 있습니까?
- (가족 개개인을 물어본다)이 사람은 지금 무엇을 하고 있나요?
- 가족 ○○의 좋은 점은 무엇입니까?
- 가족 ○○의 나쁜 점은 무엇입니까?
- 가족그림을 보면 무슨 생각이 나나요?
- 가족화를 그리기 전에 어떤 일이 있었을까요?
- 가족화를 그린 후에는 어떤 일이 일어날까요?
- 가족화에서 바꾸고 싶은 것이 있나요? 어떤 것을 바꾸고 싶나요?

3 동적 가족화의 해석

가족화를 처음 고안한 헐스(1952)는 KFD를 해석할 때 그림 내용도 중요하지만, 그림을 그리는 아동의 행동도 매우 중요하다고 강조하였다. 또한 그는 KFD에 대한 상징적 해석 방식을 제안하기도 하였다. 이후 번스와 커프만(1970)은 KFD에 대해 보다 객관적인 평가를 하기위해 활동(action), 양식(styles), 상징(symbols)의 세 영역에 바탕을 준 해석 체계를 발전시켰다(심민섭, 2006). 본 장에서는 KFD의 해석 기준을 5개의 진단 영역으로 설명하였다. 인물의 활동(action), 양식(styles), 역동성(dynamics), 인물의 특성(figure characteristics), 상징(symbols)으로 구분된다.

▸▸▸ 인물상의 행위(action)

KFD는 인물의 활동은 임상적 의미를 제공해 주는데, 이것은 두 가지 관점에서 해석될 수 있다. 첫째는 움직임의 상호작용 측면에서 볼 수 있는데 가족 모두가 연결작용이 있는가 하는 것이다. 둘째, 각각의 인물의 활동을 중심으로 가족 개인의 일상적인 중요한 역할 등을 알 수 있다. 특히, 아빠, 엄마, 자기를 중심으로 분석한다. 예를 들어 아버지상은 TV 보기, 신문 보기, 일하는 모습 등으로 그려지고, 어머니상은 부엌일이나 청소 등과 같은 가사 일을 하고 있는 모습으로, 자기상은 공부, TV보기, 노는 모습 등으로 그려진다. 이러한 그림의 내용들은 개인의 성격에 가장 영향을 주는 요인이다. 다음은 활동, 즉 움직임 또는 행동들에 대한 양식, 상징 등을 고려하여 KFD 전체적 해석될 필요가 있다.

▸▸▸ 그림의 양식(style)

일반적으로 양식은 가족관계에서 자기의 감정과 상태, 신뢰감을 나타낸다. 양식은 일반양식, 구분, 종이접기, 포위, 가장자리, 인물하선, 상부의 선, 하부의 선 등으로 분류할 수 있다.

① 일반적 양식

보통의 신뢰감에 가득 찬 가족관계를 체험하고 있는 경우 그려지는 것으로 복잡하거나 명백한 장벽을 나타내지 않고 온화하고 우호적인 상화관계를 암시하는 그림이다.

② 구 분

하나 또는 그 이상의 직선이나 곡선을 사용하여 그림에서 인물들을 의도적으로 분리하는 경우이다. 사회적으로 고립되거나 내성적인 내담자에게서 보이는 것으로 다른 가족성원으로부터 자신과 그들의 감정을 철회하고 분리시키려는 욕구를 표현한 것으로 해석된다.

③ 종이 접기

구분 검사 용지를 접어서 몇 개의 사각 형태를 만들고 그 안에 가족구성원을 그리는 것으로 구분의 극단적인 양식이다. 이는 가족관계 내에 존재하는 강한 불안이나 공포를 나타내는 것으로 해석된다.

④ 포 위

하나 또는 그 이상의 인물을 어떤 사물이나 선으로 둘러싸는 경우다. 가족 간의 관계에서 자기 자신이 개방적인 감정적 태도를 가지지 못할 때, 가족원 혹은 자기 자신을 닫아버리는 양식이다. 강한 불안이나 불안의 표현으로 주로 책상, 그네, 자동차 등의 사물을 이용하여 교묘하게 표현하는 경우가 많다.

⑤ 가장자리

인물상을 용지의 주변에 그리는 경우로, 상당히 방어적이며 문제의 핵심에서 회피하려는 경향이 있다. 또한 친밀한 관계를 맺는 것에 대한 강한 저항을 나타낸다.

⑥ 인물하선

자신이나 특정 가족구성원에 대해 불안감이 강한 경우에 인물상 아래에 선을 긋는 경우가 있다. 가족성원 상호간의 인간관계의 불안정성을 시사하고 있다고 본다.

⑦ 상 · 하부의 선

용지의 상부에 그려진 선으로 불안, 걱정, 공포가 존재함을 의미한다. 하부의 선은 붕괴 직전에 놓여 있는 가정이라든가 강한 스트레스하에 있는 내담자가 안정을 필요로 하고 구조받고 싶은 욕구가 강할 때 나타난다.

역동성 차원(dynamics)

가족간의 감정을 용지의 전체적 맥락에서 파악할 수 있는 영역으로 인물상의 순서, 위치, 크기, 거리, 인물상의 방향, 인물상의 생략, 타인의 묘사 등이 속한다.

① 인물상의 순서

가족 내의 일상적 순서를 나타내는 경우가 많다. 특정 인물이나 자기상이 제일 먼저 그려진 경우에 내담자의 가족 내 정서적 위치에 대해서 특별히 고찰할 필요가 있다.

② 인물상의 위치

위쪽으로 그려진 인물상은 가족 내 리더로서의 역할이 주어지는 인물을 나타내며 높은 목표를 가지고 그 목표에 도달하고자 노력한다. 가족 전원이 위쪽으로 그려진 경우는 가족 전체의 현재 상황에서 피험자의 불안이나 불안정감을 의미한다. 아래쪽은 억울감이나 침체감과 관계가 있다. 또한 가장자리나 아래쪽은 불안정, 낮은 자아존중감을 의미하기도 한다. 좌우로 구분했을 때 우측은 외향성과 활동성에 관계하며, 좌측은 내향성과 침체성과 관계있다. 적절히 적응하는 사람은 남녀 모두 자기상을 우측에 그리는 일이 많다. 중앙부에 자기상을 위치시켰을 때 자기중심성이나 미성숙한 인격을 의미하는 일도 있다.

③ 인물상의 크기

가족성원에 대한 관심의 정도가 인물의 크기를 반영한다. 부정적이든 긍정적이든 관심이 큰 인물이 크게 그려진다. 전반적인 그림이 현저하게 큰 것은 공격적 성향이나 과정, 부적절한 보상적 방어의 감정, 과잉 행동을 의미한다. 반면, 현저하게 작은 그림은 열등감, 무능력감 혹은 부적절한 감정, 억제적이고 소심함을 나타낸다.

④ 인물상 간의 거리

인물상 간의 거리는 내담자가 본 성원들 간의 친밀성 정도나 심리적인 거리를 반영하는 것이라고 할 수 있다. 인물상이 겹쳐지거나 접촉되어 있을 때는 두 개인 간에 친밀함이 존재함을 의미한다. 반대로 거리가 먼 두 인물상 간의 실제생활에서도 상호작용이나 의사소통이 소원한 경우가 많다.

⑤ 인물상의 방향

그려진 인물상의 방향이 '정면' 일 경우 긍정적인 감정이, '측면' 일 경우는 반긍정 · 반부정적인 감정을, '뒷면' 일 경우 그 인물에 대한 부정적인 감정을 반영한다고 할 수 있다.

⑥ 인물상의 생략

가족원의 생략은 그 가족구성원에 대한 적의나 공격성, 불안 등의 부정적인 감정을 표현한 것으로 볼 수 있다. 인물상을 지운 흔적은 지워진 개인과의 양가감정 또는 갈등이 있음을 시사할 수도 있고 강박적이거나 불안정한 심리상태일 때도 나타난다. 또는 가족원의 일부를 용지의 뒷면에 그리는 경우는 그 개인과의 간접적인 갈등을 시사한다.

⑦ 타인의 묘사

가족구성원이 아닌 제 3자를 그린 경우 가족 내의 누구에게나 마음을 터놓을 수 없는 상태에 있을 때 타인이 묘사되는데, 주로 친구가 묘사되는 경우가 많다.

인물상의 특징(figure characteristics)

① 음영이나 갈기기

신체 부분에 음영이 그려진 경우 그 신체 부분에의 몰두, 고착, 불안을 시사한다. 또한 정신 · 신체 증상의 호소와도 관련된다. 그림의 윤곽선이 진하고 그림 안의 선들이 진하지 않을 경우 성격의 평형을 유지하는 것이 곤란함을 나타낸다.

② 윤곽선의 형태

강박적 사고와 관련이 있다. 인물상을 빈틈없이 그릴 수 없을 정도로 과도하게 집착하고 있음을 시사한다.

③ 신체 부분의 과장

신체 부분의 확대 혹은 과장은 그 부분의 기능에 대한 집착을 나타낸다. 신체 내부를 투명하게 보이는 경우는 현실 왜곡, 빈약한 현실 감각, 정신장애 가능성을 내포한다.

④ 신체 부분의 생략

그 신체 부분의 기능 거부와 그 부분에 집착된 불안 또는 죄의식을 나타낸다.

⑤ 얼굴 표정

직접적인 감정을 나타내므로 해석상 확실한 지표가 된다. 인물의 표정은 가족활동 안에서 내담자가 지각하는 정서 반응일 수 있다. 얼굴 표정을 생략한 경우 가족 내에서 느끼는 갈등이나 정서적 어려움을 회피하거나 거리감을 두려는 시도로 해석할 수 있다.

⑥ 의복의 장식

나체상을 그리는 사람은 사회규범에 대해 반항적이고 성적 문제를 가지는 경향이 많으며, 의복을 통하여 신체가 보이도록 그리는 경우는 현실 검증력이 낮고 심리적으로 장애가 있는 경우가 많다. 의복의 단추 모양이나 액세서리의 강조는 의존성 또는 애정욕구의 불만을 의미한다.

⑦ 회전된 인물상

인물상이 기울기도 하고 옆으로 누워 있는 경우가 있다. 이는 가족에 대한 인식기능이 상실되었을 때 거절, 다른 가족성원과의 분리감정을 나타낸다. 즉, 보편적으로 강한 불안정과 정서 통제가 되지 않는 내담자에게서 나타난다.

⑧ 정교한 묘사

그림이 극히 정교하고 정확하며 질서가 있는 경우는 환경 구성에 대한 그림을 그리는 사람의 관심이나 욕구를 반영하는 것이나, 과도한 표현은 강박적이고 불안정한 심리상태를 의미한다.

⑨ 필 압

선이 굵고 강하게 나타나는 경우는 충동이 밖으로 향하고 공격적이고 활동적이다. 반대로 약하고 가는 선은 우울하고 소극적인 사람에게 나타난다.

▸▸▸ 사용된 상징(symbols)

동적 가족화(KFD)에서 나타난 모든 사물들에 대한 임상적 의미를 부여하기는 어렵다. 많은 동적 가족화(KFD)를 통해 보편적으로 발견되는 사물과 거기에 공통된 임상적 의미를 예측한 것을 상징의 영역으로 간주하고 있다. 상징이 해석이 주관적 · 독단적으로 행해지면 내담자의 특성을 잘못 해석할 수 있다. 하나의 상징이 항상 내담자에게 같은 의의와 깊이를 가진다고 볼 수 없다. 그러므로 역동적 · 통합적 관점에서 해석할 필요가 있다. 위의 상징물을 임상적으로 의미를 부여할 수 있는 사물들을 영역화해서 몇 가지 영역으로 나열하면 다음과 같다.

① **공격성, 경쟁심** 공, 축구공, 그 밖에 던지는 물체, 빗자루, 먼지털이 등
② **애정적, 온화, 희망적** 태양, 전등, 난로 등의 열과 빛이 적절할 때, 빛이나 열이 강렬하고 파괴적일 때는 애정이나 양육의 욕구, 증오심을 나타내기도 한다.
③ **분노, 거부, 적개심** 칼, 총, 날카로운 물체, 불, 폭발물 등
④ **힘의 과시** 자전거, 오토바이, 차, 기차, 비행기 등 자전거를 제외하고 모두 의존적 요소에 의한 힘의 과시
⑤ **우울 감정, 억울함** 물과 관계되는 모든 것, 비, 바다, 호수, 강 등

4 번스의 채점 기준과정

동적 가족화(KFD)의 채점 기준과정을 번스는 동적 가족화를 그리는 데 있어서 활동(action), 양식(styles), 상징(symbols)을 분석하고자 할 때 모눈종이와 분석용지를 함께 사용하는 것이 임상 연구에 의미가 있다고 하였다. 모눈종이를 사용하는 이유는 길이를 재고, 가족과 아동 간의 거리, 크기 측정하는 것에 도움을 준다. 분석용지는 특히 상징(symbol)을 파악하는 데 유용하다. 그림의 정보와 내용을 요약하고 기록하는 데 중요한 정보를 제공해 준다. 표 9-2는 번스의 동적 가족화 검사의 분석지이다.

| 표 9-4 | 번스의 동적 가족화 검사 분석지

동적 가족화(KFD) 검사의 분석	
이름 : ○○○ 성별 : ○○○ 연령 : ○○○	
양식 (styles)	① 구획 나누기 ② 포위하기 ③ 밑선 긋기 ④ 어떤 특정 인물 아래에만 밑선 긋기 ⑤ 외형만 그리거나 검사지의 테두리 따라 그리기 ⑥ 검사지 윗부분에 선긋기 ⑦ 검사지를 접은 후 구획을 나누어 그리기
상징 (symbols)	① 아버지상에 사용한 상징 ② 어머니상에 사용한 상징 ③ 아동 자신의 상에 사용된 상징 ④ 기타 상징
역동성 (dynamics)	① 신장의 길이(cm) ② 자신의 위치 ③ 자신과 가족 간의 거리(cm) ④ 그린 순서 ⑤ 인물의 위치 ⑥ 인물의 방향 ⑦ 기타 묘사
KFD 속 인물의 활동 (action) 특징	〈공통 보기 : ㉠ 자신 ㉡ 아버지 ㉢ 어머니 ㉣형제(형(누나), 동생) ㉤ 기타〉 ① 팔을 길게 그린 경우는 누구인가? ② 받침대 위에 올라가 있는 것을 그린 경우는 누구인가? ③ 그린 후 다시 지운 경우는 누구인가? ④ 검사지 뒷면에 그린 경우는 누구인가? ⑤ 매달려 있는 그림은 그린 경우는 누구인가? ⑥ 신체 부위가 생략되게 그린 경우는 누구인가? ⑦ 생략하고 그린 경우는 누구인가? ⑧ 눈을 피카소의 그림같이 그린 경우는 누구인가? ⑨ 모습을 회전해서 그린 경우는 누구인가?

6) 풍경구성법(LMT)

1 풍경구성법의 개념 및 이해

1969년에 일본인 나카이 교수에 의해 창안된 풍경구성법(Landscape Montage Technique; LMT)은 내담자가 지각하고 있는 심리상태를 알아보는 검사이다. 원래는 정신분열증 환자를 주 대상으로 하는 모래상자요법의 적용 가능성을 결정하는 예비검사로 고안되었는데, 독자적 가치가 인정되어 이론적으로 분석된 후 치료기법으로 도화지에 '강, 산, 밭, 길, 집, 나무, 사람, 꽃, 동물, 돌 그리고 추가로 표현하고 싶은 것' 을 차례로 그려 놓게 하여 하나의 풍경이 되도록 채색하게 한 다음 그것에 대해서 계절, 시각, 기후, 강의 흐르는 방향, 사람과 집, 밭 등의 관계에 대해서 이야기한다. 이 방법은 치료 가능성의 평가와 문제점의 추측 및 관찰에 유용하고 진단과 치료에 모두에 많이 활용되고 있다.

2 풍경구성법의 실시 방법

① 8절 도화지(A4종이), 사인펜, 크레파스, 색연필을 아동에게 준비하여 준다.
② 아동에게 도화지의 테두리를 그려서 제시한다.
③ 아동에게 제시어를 주고 그것을 그리도록 한다(강, 산, 밭, 길, 집, 나무, 사람, 꽃, 동물, 돌 등을 순서대로 그려서 풍경그림을 완성한다).
④ 종이의 방향이 세로가 아닌 가로로 그릴 수 있도록 제안한다.
⑤ 그림을 그리는 과정에서 아동의 질문을 치료사 또는 검사자는 반응적이어야 한다. 아동의 질문이나 답변에 대한 모든 것을 기록한다.
⑥ 시간 제한이 없음을 아동에게 설명한다(치료사 또는 검사자는 시간기록을 한다).
⑦ 그림을 다 그린 후 아동에게 그림과 관련된 질문을 하고 기록한다.
⑧ 질문이 끝난 후 정리하도록 한다.

아동과 함께 풍경구성법 검사 과정을 마친 후 치료사와 교사는 그림에 대한 질문을 기록하여야 한다. 그 질문의 유형에는 아래와 같은 내용들이 포함되어야 임상 연구의 기초 자료를 제공해 준다.

▌풍경구성법 실시 순서

1차 제시 도화지위에 **강**을 그리세요.
2차 제시 강을 그렸으면 다음에는 **산**을 그리세요.
3차 제시 **밭**은 그리세요.
4차 제시 **길**을 그리세요.
5차 제시 다음은 **집**입니다.
6차 제시 **꽃**을 그리세요.
7차 제시 **동물**을 그려 보세요.
8차 제시 **돌**을 그리세요.
9차 제시 자신이 **그리고 싶은 것**을 그려 보세요.
10차 제시 지금까지 그린 것을 **색칠**해 주세요.

▸▸▸ 검사 시 포함되어야 할 질문의 유형

- 어느 계절입니까?
- 몇 시 정도의 시간입니다.
- 그림의 지금 날씨는 어떤가요?
- 그린 강물은 어디로 흐르지요?
- 사람의 나이와, 성별은 무엇입니까?
- 사람은 무엇을 하고 무엇을 하고 있습니까?
- 그림의 만족도는 어떻습니까?
- 산 저편에는 무엇이 있습니까?

그림 9-12 LMT 검사 그림

3 풍경구성법의 해석

| 표 9-5 | 풍경구성법의 상징 및 의미

상징	의 미
강	무의식 속에 내재되어 있는 것을 의미한다.
산	현재의 상황, 미래의 전망을 나타낸다.
밭	학생은 면학, 성인은 주어진 업무 등을 의미한다.
길	의식적인 것을 의미하며, 나아가야 할 방향을 암시한다.
집	성장해온 가족관계, 가정환경 등을 알 수 있고 미래의 가정의 모습을 나타내기도 한다.
나무	자신의 자아상에 대한 의미와 성숙도를 나타낸다.
사람	자신의 이상형의 나타내며 자신에게 의미 있는 사람의 표현이다.
꽃	사랑, 아름다움, 여성스러움 등을 상징한다.
동물	동물의 표현자체가 상징성이 있다. 등교 거부인 학생들은 소, 말 등을 그리고, 토끼를 그리는 경향은 타인과의 관계에서 문제를 가지고 있는 경우이다.
돌	냉정하고, 단호함, 단단함, 고민 등을 의미한다.

7) 학교생활화(KSD) 검사

1 학교생활화 검사의 개념

학교생활화(Kinetic School Drawing; KSD)는 학교 친구와 선생님, 그리고 자신을 그리게 한 후 내담자의 학교생활을 분석한다. 이것은 동적 가족화(KFD)와 함께 받아보면 좋다(이것을 합쳐서 동적 그림 체계, KDS라 한다). 그리고 친구화는 학급 집단 내의 사회적 위치나 역할, 적응상태를 파악하는 데 유용하다.

2 학교생활화 검사의 실시 방법

학교생활화(KSD) 검사는 아동의 학교의 생활을 알고 이해하는 데 중요한 단서들을 제공해 준다. 학교생활화를 그리는 과정에서는 아동이 또래 친구, 본인, 선생님, 그 외 관계된 상징들을 그릴 수 있다. 아동이 하고 싶거나 함께 놀고 싶은 친구를 그리는 것에 허용적인 분위기를 조성해 준다. 순서를 간단히 정리하면 다음과 같다.

그림 9-13 13세 남아의 KSD 검사 그림

① 아동이 그림을 그릴 수 있는 종이와 연필, 지우개를 준비한다.
② 교실 안의 친구와 자신을 그리게 한다.
③ "선생님도 그리세요" 라고 제시한다.
④ 그리고 싶은 사물을 그려도 됨을 허용한다.
⑤ 시간에 제한이 없음을 아룸에게 설명한다.
⑥ 아룸의 질문에 반응적으로 답변하고 교사는 아동의 질문이나 변화를 기록한다.

3 학교생활화 검사의 해석

칠판에 등을 돌리고 있는 표현은 거부를 강하게 표출하는 것이며, 칠판 옆의 비웃고 있는 아동들의 표현은 치료대상자가 선생님과 친구들과의 학교생활에 대한 불편함, 적대감을 의미한다.

전체적으로 불안, 걱정, 위기감을 상징하는 막대기, 낙서인 긁적거림 등은 치료대상자의 현재 학교생활의 적응에 있어 어려움이 있는 것으로 해석된다.

아동들은 많은 시간을 학교에서 또래 친구들과, 교사와의 관계가 중요하게 자리잡고 있다. 이러한 학교생활의 그림은 아동이 학교의 적응이나 학교생활에서의 변화 등을 알 수 있다. 그림을 통하여 아동과 질문, 대화 등을 할 수 있으며, 대화의 내용, 질문의 답변 등을 기록한다. 질문의 내용은 아래와 같다.

- 학교 생활의 어떤 부분이 즐겁습니까?
- 학교 생활의 어떤 부분이 어렵습니까?
- 친구들과 관계는 어떻습니까?
- 선생님과의 관계는 어떻습니까?

8) 발데크 검사(WZT)

1 발데크 검사의 개념 및 목적

1939년 발테그(Ehring Wartegg)가 개발하였다. 옥금자(2006)는 WZT(Wartegg Zeichen Test; WZT)는 일반적인 그림 검사가 내용에 있어서 제한을 받게 되어 있는 반면, 내용에 제한이 없으면서도 고정되고 정밀한 자극도를 제시함으로써 자극의 감각적 수용과 자극에 대한 충동성 간의 관계를 더욱 정확하게 특정하려는데 목적이 있다고 하였다. 즉 외부와 내부세계와의 교류의 정도를 파악하여 자극과 반응에 대한 진단을 할 수 있는 검사이다.

2 발데크 검사의 실시 방법

① 자극도가 그려진 종이, 사인펜, 색연필을 아동에게 준비하여 준다.

② '8칸 안에 그림을 그리세요.' 라고 지시한다.

③ 순서와는 무관함을 아동에게 말해 주고 편하게 그릴 수 있도록 한다.

④ 그림을 그리지 못하는 칸은 나중에 그려도 됨을 알려 준다.

⑤ 그림을 그리는 과정에서 아동의 질문을 치료사 또는 검사자는 반응적이어야 한다. 아동의 질문이나 답변에 대한 모든 것을 기록한다.

⑥ 시간 제한이 없음을 아동에게 설명한다(치료사 또는 검사자는 시간을기록 한다).

⑦ 그림을 다 그린 후 아동에게 그림과 관련된 질문을 하고 기록한다(단, 아동에게 꼭 자극도를 사용하여 그림을 표현하도록 강요해서는 안된다).

⑧ 질문이 끝난 후 정리하도록 한다.

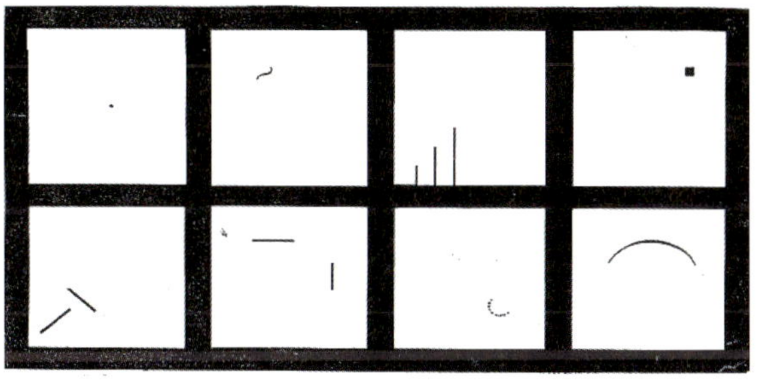

그림 9-14 WZT(발데크) 검사지

그림 9-15 미정이(11세, 여)의 WZT 검사 그림

| 표 9-5 | 자극도에 대한 주제의 반응

구 분	내 용	구 분	내 용
자극도 1번	자기 중심성	자극도 1, 8번	내적 심리상태인 자아와 심리적 안정을 의미한다.
자극도 2번	감성적		
자극도 3번	목표를 향한 욕구, 의욕	자극도 2, 7번	곡선으로 감성을 의미한다.
자극도 4번	문제의식		
자극도 5번	갈등	자극도 3, 5번	직선으로 사물의 형상이 나타나는 데 목표의 달성과 긴장감을 의미한다.
자극도 6번	전체적 통합		
자극도 7번	민감성	자극도 4, 6,번	문제와 전체의 통합을 의미한다.
자극도 8번	정서적 편안함		

3 발데크 검사의 해석

11세의 미정이는 7세경부터 아버지로부터 신체적 · 정신적 학대를 받아 왔다. 시간이 흐를수록 학대에 대해 대처를 자신의 방식대로 풀어 갔는데, 그 결과는 우울증적 무력감과 그녀와의 자유롭고 싶음과 애정 욕구와 탈선을 느끼게 하였다.

자극도의 반응

① 자극도의 활용

아동에게 WZT(발데크) 검사지를 주고 반응을 기록하는 데 자극도를 활용하여 그림을 그리는 경우와 그렇지 않은 경우가 있다. 어떤 방식으로든 그려나가는 아동은 현실세계와의 관계를 적응하고 수정, 학습하는 과정이 있지만, 그렇지 않은 아동은 외부세계보다는 내부세계에 더 강하고 외부와의 관계에 고립될 수도 있는 경향이 나타난다.

② 자극도의 검사지의 직선과 곡선에 대한 성질의 반응

자극도의 구성은 직선과 곡선으로 구분된다. 직선은 대체적으로 사물이나 형상화할 수 있는 물체를 그리고 곡선은 생명력이 있는 성질의 형체를 그리는 경향이 있다. 일반적인 성향을 벗어난 반대의 그림을 그릴경우 객관성보다는 주관이 뚜렷함을 나타낸다.

③ 자극도 안의 주제의 반응

자극도에 대한 주제의 반응의 내용을 정리하면 다음과 같다.

형식적 평가

선, 면, 공간, 형태의 특징적인 설명인 형식적 평가는 선의 필압, 필적에 대한 강함과 약함, 면의 처리를 어떻게 하였고, 형태의 특징적 모습은 어떠한가, 사물의 위치를 어디에 두었는지 따라 아동의 심리적 상태를 알 수 있다.

필적의 분류는 강한 선, 약한 선, 굵은 선, 가는 선, 수정선, 무수정선, 고착된 선으로 나누어진다. 강한 선은 자신감, 의지력이 강하여 외부와의 관계에 있어 어려움이 있을 수도 있다. 약한 선은 상처를 받기 쉬운 감성이 우위인 경우가 일반적이다. 굵은 선은 본성이 강한 경우이며 충동적인 성향이 많다. 가는 선은 민감한 성격인 아동들이 많이 그리는 선이며, 수정선은 자신감이 부족하고 예민하여 자아통제가 어려운 경우이다. 무수정선은 활력적이나 무관심성향이 강한 아동에게 나타난다. 고착된 선은 성인의 경우가 대부분이나 아동의 경우 지나친 집착, 고집 등을 볼 수 있다.

형태의 분류는 대형, 소형, 원형, 각형으로 분류하여 설명하면 다음과 같다. 대형은 개방적이고, 자신감이 있고 활발하며, 의욕적이나. 인내심, 정확성 등에 있어 약할 수 있다. 소형은 소심하고, 자신감이 결여가 되어 있으나. 섬세하고 예민한 성향을 가지고 있다. 원형은 감성적인 성향이 강한 아동의 그림에서 볼 수 있다. 각형은 선으로 연결된 각진형을 말하는 데 지나친 감성에 치우칠 수 있는 성향이 높다.

공간의 사용에 있어서는 칸을 16분할을 하여 설명할 수 있다.

16분할한 사각형을 상, 중, 하, 좌, 우, 중심으로 구분하여 설명할 수 있다. 상위는 상상력이 풍부하고 환상적 사고를 많이 하는 경우를 말한다. 중위는 감성의 흥분의 정도가 다른 사람들보다는 기복이 있는 경우이다. 하위는 현재의 일상적인 활동과 관련이 깊다. 좌측좌위는 적응력이 현저하게 떨어지는 경우 많이 나타난

그림 9-16 공간의 사용

다. 중심은 호기심, 관찰력과 관련이 깊다. 우위는 적응력이 높고, 현실적이며 이성적인 판단이 높다.

▸▸▸ 내용적 평가

① 형식적 해결

무의식적 형태와 심미적 형태로 구분된다. 무의미적 형태는 선과 기하학적 도형을 사용을 하며, 이는 자신을 들어 내지 않는 성향이 있다. 심미적 형태는 문학적 표현, 장식 등을 표현하는 경우로 문항에 내적 심리를 드러내어 자신을 노출시키는 정도가 약하다.

② 사물적 해결

정적인 사물과 동적인 사물로 구분되는데 사물의 표현은 객관적이고 이성적인 성향이 강하고 역동적인 움직임을 사물을 통하여 표현한 경우는 주관적 관점이 강하고 충동성이 짙다.

③ 회화적 해결

풍경화와 인물이나 동물들을 표현하는 두 가지 방법으로 분류되는데, 풍경화는 개인의 심리적 상태를 간접적 표현으로 해석할 수 있다. 동물, 사람으로 표현한 경우는 타인과의 관계를 적극적으로 맺고자 하는 심리가 포함되어 있다.

④ 주관적 해결

타인보다는 자신, 외부보다는 내적 세계의 상태를 반영한다. 즉, 외부와 내부세계와의 통합능력이 미흡하여 외부와의 고립상태를 시사한다.

4 발테크(WZT) 분석지

자극도에 대한 반응

	1	2	3	4	5	6	7	8	계
무 시									
자체 의미									

형식적 평가

형 식		1	2	3	4	5	6	7	8	계
필 적	강한 선									
	약한 선									
	굵은 선									
	가는 선									
	수정선									
	무수정선									
	고착된 선									
특 징	대 형									
	소 형									
	원 형									
	각 형									
위 치	위									
	중 앙									
	아 래									
	오른쪽									
	왼 쪽									
면 적	충 만									
	공 백									

내용적 평가

내 용		1	2	3	4	5	6	7	8	계
형식적	무의미적									
	심미적									
사물적	정 적									
	동 적									
회화적	풍 경									
	인 물									
유의적	상직적									
	비유적									
주관적	비객관성									

생활상태

전체 평가

9) 별 · 파도 검사(SWT)

1 별 · 파도 검사의 개념

별 · 파도 검사(Star-Wave-test; SWT)는 울쥬라, 아베랄르멘(Ave-Lallemant & Srsura, 1970)에 의해 창안되었다. 그림 투사 기법으로 그린 결과는 심리 상담에 바로 적용할 수 있다. 이를 통하여 문제발견의 극대화를 기대할 수 있어 임상연구에 가치가 있다. 유아기~아동기 연령에 효과적으로 사용된다.

2 별 · 파도 검사의 실시방법

별 · 파도 검사는 형, 움직임, 공간의 사용법에 의해 설명할 수 있다. 별과 파도의 구조적 배치나 움직이의 형상은 사람의 정신적인 면을 파악할 수 있는 임상적 결과를 준다. 즉, 개인의 의식과 무의식의 세계를 투사적인 방법으로 표현한 것이다. 별 · 파도 검사를 실시하기 위한 내용은 다음과 같다.

① 종이와 연필, 지우개를 준비한다.
② 아동에게 별, 파도의 그림을 그리라고 제시한다.
③ 질문 중 다른 것을 그려도 되는가에 대해서는 제한이 없음을 설명한다(아동들은 별과 파도를 제한적으로 그리도록 유도한다).
④ 시간적 제한은 없다.

그림 9-17 형섭이(10세, 남)의 별 · 파도 검사 그림

3 별 · 파도 검사의 해석

그림 9-17은 알코올 중독으로 아동에게 폭력이 심한 아버지를 피해 이모집에서 지내고 있는 10세 된 형섭이의 그림이다. 구도상에서 큰 상어가 입을 벌리며 바다 위로 떠오르는 상태에서 작은 배 위에 서 있는 불안하고 공포에 질려 잡아먹힐 것 같은 두려움을 지닌 자신의 외상을 볼 수 있다. 타인이 자신의 감정을 알아채지 못하게 별, 파도를 과장되게 표현하였다.

그림 9-18 8세 남아의 별 · 파도 검사 그림

그림 9-18은 전체적으로 최근 당면한 문제로 갈등하고 있지만 누구에게도 말하지 못하고 힘들어 하는 것으로 해석된다. 파도의 원형 물결은 스스로 해결하려는 노력으로 해석될 수 있다. 하늘과 바다를 격리시킨 구조는 분리와 통합에 어려움이 있음을 의미한다.

그림의 분류

아동이 그린 그림 속에 별 또는 파도만을 그리는지, 형식적인 표현을 사용하는가 등을 구분지어 분류하는 것을 의미한다. 분류의 목적은 아동의 심리상태를 이해하기 위한 임상적 과정의 한 부분이다.

① 요점만 있는 패턴

파도, 별만을 그린 경우로 치료사 또는 교사가 추가적으로 종이에 그려도 됨을 언급하였지만 아동이 별과 파도만 그린 경우로 일상적인 환경에서 주관적보다는 객관적이고, 감성적이기보다는 이성적인 사고가 주를 이루는 성향이라고 할 수 있다.

② 회화적인 패턴

다양성, 화려함을 그림에서 엿볼 수 있는데 별, 파도 이외에 물고기, 등대, 해, 달, 등 추가적으로 표현된 양식이 많다. 아동이 다른 사람과의 자신의 경험, 정보 등을 공유하고자 하는 의미가 포함된다.

③ 감정이 듬뿍 담긴 패턴

아동이 별, 파도 그림에 음영을 표현하는 것은 외향성보다는 내향성이며, 이성적이기보다는 감성적인 성향이 짙은 것으로 볼 수 있다.

④ 형식적인 패턴

아동이 별, 파도의 표현을 문향적 모습으로 그리는 경우는 아동이 현 시점에서 갈등과 그 방법들을 고민하는 상태를 의미한다. 타인에게 알리지 않고 자신 스스로 해결하려는 의지가 강하다.

⑤ 상징적인 패턴

아동의 그림에 특별한 상황들이 그려지는 것을 말하는데, 파도에 쓸려 나가는 난파선, 높고 위험함 절벽, 사람이 물에 빠진 모습 등을 그리는 경우는 아동이 매우 힘든 상황을 말해 주는 것이다.

▸▸▸ 공간의 상징적 사용법

융(Jung)이 제시한 공간의 상징, 움직임, 방향성은 수직과 수평으로 설명된다(옥금자, 2001).

① 수직적 구조

- 하늘과 바다의 조화
- 하늘 강조 : 지적인 측면이 강하고, 의식세계가 반영됨
- 바다 강조 : 감정적 측면이 강하고, 무의식세계가 반영됨
- 수평으로 하늘과 바다가 접촉 : 지적 측면과 감정적 측면의 분리와 통합으로 이성적 판단이 강함
- 별과 바다가 섞임 : 지적 측면과 감정적 측면의 미분화

② 수평적 구조

- 왼쪽 강조 : 내부세계 및 내적 측면 강조
- 오른쪽 강조 : 외부세계 및 대인관계의 갈등
- 중앙 강조 : 자아를 강조한 것으로 자기형성을 표현

형식적인 공간의 평가

① 자연의 조화

아동의 그림에서 많이 나타나는 그림으로 별이 바다에 비친 모습을 나타내기 위해 하늘과 바다 모두에 별을 그리는 경우를 말한다. 성인의 경우에는 정신증상으로 해석되기도 한다.

② 배 치

별과 파도의 표현이 중간의 여백과 명확히 구분되어진 그림을 말하는데 아동의 경우 강박 증세를 앓고 있는 것으로 해석이 된다.

③ 규칙성

반복적인 그림으로 별, 파도가 규칙적으로 표현된 경우로 아동의 심리가 규칙적이고 순종적임을 말해 준다.

④ 부조화

별, 파도의 그림에 포함되지 않는 그림의 소재를 말한다. 나무나 집 등을 그린 경우는 쉴 수 있는 공간의 욕구가 강함을 말한다. 아동의 현재 상황들이 힘듦을 말해 준다.

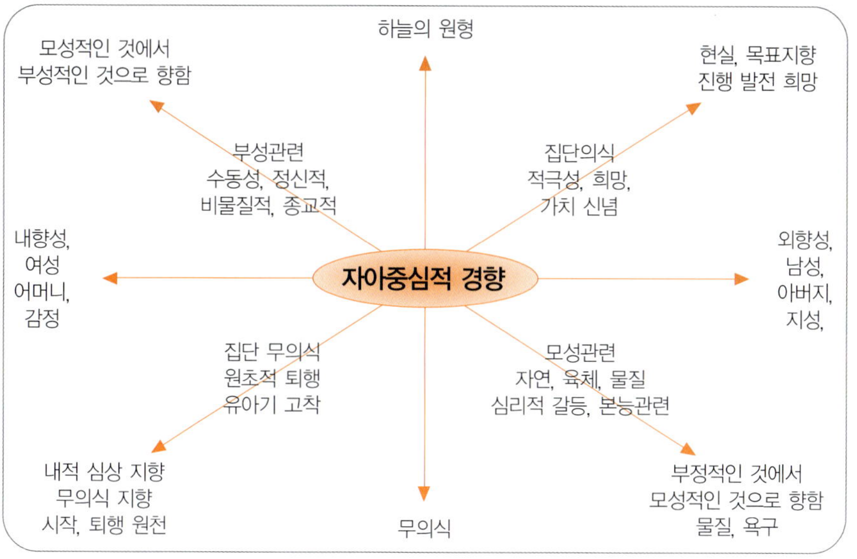

그림 9-19 공간의 사용에 따른 자아중심적 경향

4 물체의 상징적 의미

- 파도 : 감정적 세계와 무의식 세계를 의미
- 별 : 어둠에서의 빛, 의식과 정신적 세계 등을 다루는 의미와 관련
- 달 : 방향성, 관심을 의미
- 바위, 섬, 절벽 : 갈등, 장애 등을 의미
- 구름, 천둥, 벼락 : 고민, 갈등, 괴로움 등을 의미
- 등대 : 방향성, 빛, 희망 등을 의미

5 필사적 분석

필적은 아동의 내면의 세계를 한 줄을 긋는 것으로부터 시작된다. 아동의 심리적 변화에 대한 의지 등이 필적에 나타난다.

카라(Kara, 2001)의 자료에 따르면 필적의 방법에는 안정된 선, 불안정한선, 이어진 선, 끊어진 선, 분단된 선으로 구분되며, 필적의 형태로는 섬세한 선, 날카로운 선, 부드러운 선, 확고한 선, 약한 선, 딱딱한 선, 무른 선, 난잡한 선, 고착선, 끊어진 선, 평면에 나타난 표면으로는 음영, 보풀, 윤곽선, 어둡게 표현, 거친 표현으로 분류하였다.

안정된 선은 아동이 무엇을 어떻게 해야 하는가를 명확하게 인지하고 있다는 것을 의미한다. 불안정한 선은 자연스럽게 나아가지 못하고 자극에 민감한 필적을 말하며, 자신의 심리가 불안정하다는 것을 의미한다. 이어진 선은 과거보다는 미래 지향적인 성향이 있음을 말한다. 끊어진 선은 불안정한 선과도 같은 의미가 있으며, 자신에 대하여 다시 생각하고 다시 확인하는 성향이 강함을 의미한다. 분단된 선은 불안정하지는 않지만 똑같은 지점에서 다시 그리는 경우는 생각이 많고 깊음을 의미한다. 섬세한 선은 의지력이 약하고 수동적이며 감성적인 경우를 말한다. 날카로운 경우는 이성적인 능력이 강하고 통제력이 높은 경우이다. 부드러운 선은 감각적인 요소가 강하고 관능성이 우위를 차지한다. 확고한 선은 에너지가 넘치고 매우 적극적이며 자발성 강함이 있다. 약한 선은 상처받기 쉽고 자존감이 약한 경우에 나타난다. 딱딱한 선은 냉정하고 통제력이 강한 의지력이 높은 경우 나타난다. 무른 선은 자극에 반응적이고 감각적인 수동성을 시사한다. 난잡한 선은 충동적이고, 본능적이며 돌발 상황이 잦은 행동과 관련된다. 고착 선은 현재

| 표 9-7 | 필적 방법에 따른 분류

구 분	내 용
필사적 수법	• 한 줄 긋기 필적과 움직임이 있는 필적 • 안정적인 필적과 불안한 필적 • 이어진 필적과 분단된 필적
필사적 형태	• 섬세한 필적 • 부드러운 필적 • 날카로운 필적 • 확고한 필적
필적에 나타난 장애 징후	• 연약한 필적 • 무른 필적 • 딱딱한 필적 • 난잡한 필적 • 검게 고착화된 필적 • 잘게 잘려진 필적
표면이나 평면 다루기	• 그림자를 붙인다 • 보풀을 일게 한다 • 윤곽을 그린다 • 어둡게 한다 • 거칠게 한다

의 갈등의 정도를 나타낸다. 끊어진 선은 날카롭고 예민한 성향을 시사한다. 음영은 정서적이며 관능적인 표현력을 갖은 경우이며, 보풀은 감정적 경험의 결과를 이성적인 판단으로 이해하고 수용하는 성향이 있음을 시사한다. 윤곽선은 이성적인 표현의 수단이며, 섬세하고 보호 본능이 강함을 의미한다. 어둡게 표현한 것은 강한 정서를 표현한 것이다. 거친 표현은 대인관계 능력에 있어 현저하게 낮은 것을 시사한다.

6 별 · 파도 검사(SWT)의 분석 및 기록지

공간의 상징적 사용법

내 용		특 징
그림 착상		
형식적 공간 구조		
공간 상징 사용		

분석지

분석 내용			특 징
그림 착상	요점 양식		
	회화적 양식		
	감정적 양식		
	상징적 양식		
형식적 공간 구조	자연 조화		
	배 치		
	규칙성		
	부조화		
공간 사용	수직적	하늘-바다 조화	
		하늘 우위	
		바다 우위	
		하늘-바다 접촉	
		하늘 격리	
		하늘-바다 사이 강조	
		하늘-바다 섞임	
	수평적	왼쪽 강조	
		오른쪽 강조	
		중앙 강조	
상징적 물체			
필 적			
생활 상황			
평가 요약			

10) 그림 이야기법(DAS)

1 그림 이야기법의 개념

그림 이야기법(Draw a story Instrument; DAS)은 1998년 실버(Silver)에 의해 창안되었다. 이 그림 이야기법 검사는 치료자와 내담자가 비언어적으로 상호역할을 교환해 가면서 그림을 완성하며 편안한 가운데 자기감정을 표출하고 상대의 감정을 이해하는 훈련을 할 수 있다. 동일한 자극이 전달되었을 때 사람들은 개인의 가정 혹은 사회 · 문화에 의해 각기 다른 지각반응을 나타낸다. 과거 아동과 성인의 검사 도구로 사용되어 왔으나 현재에는 심리적으로 문제가 있는 경우 더욱 효과적으로 보고되고 있을 뿐만 아니라 이러한 것은 언어장애나 내향성, 소극성, 고집성을 지닌 아동에게도 사용하면 효과적이다. 예를 들어, 우울증의 경우 조기진단과 함께 적기 프로그램을 적용하여 보다 빠른 치유과정을 진행할 수 있다. 또한 DAS는 다른 미술치료기법인 DAP(Goodenough, 1926) 검사나 HTP(Buck, 1948), KFD(Burns & Kauffman, 1972) 등의 검사보다는 덜 구조화되어 있어 개인치료와 집단치료에서 사용 가능하다.

2 그림 이야기법의 실시 방법

그림 이야기법 검사는 총 14개의 그림을 제시하고 2가지의 그림을 선택할 수 있도록 제시한다. 선택된 그림은 자극화로 그림을 가지고 이야기를 만들어 본다.

① 선택한 자극화를 보면서 이 그림에서 어떠한 일이 일어나고 있는지를 상상해 보도록 한다.
② 상상에 따라 2개의 자극화를 합하여 하나의 그림을 그리게 한 후 그림에 제목을 붙이고 이야기를 만들어 보도록 한다.
③ 그림을 다시 변화시킬 수 있다고 설명한 후 자신의 생각을 추가하여 변형과정을 거친다.
④ 그림이 완성되면 그림의 이야기를 기록해 보게 한다.
⑤ 그림의 의미에 대한 나눔과 현실의 자신과 유사한 점이 있는지 등에 관한 나눔 시간을 갖는다.

3 그림 이야기법의 해석

그림 9-19는 14개의 자극화 가운데 남자와 신부를 선택한 후 숲 속에서 야외 결혼식이 진행되고 있다고 하였다. 지금은 비록 작은 아파트 전세를 얻어서 시작하지만 열심히 일하여 궁전 같은 집을 마련하여 꽃도 키우고 새들이 노래하는 자연에서 딸, 아들 낳고 공주처럼 살고 싶다고 하였다. 이 그림은 이상적이고 행복한 결혼생활을 표현하고 있다는 점에서 매우 긍정적인 7점으로 채점할 수 있다.
그림 9-20의 화산은 그동안 많이 힘들고 혼란스러웠다. 그래서 어느 날 참지 못하고 폭발해 버렸다. 산도 놀랐고 마침 그 산을 지나가던 쓸모없던 공룡도 분해되어 버렸다. 순식간의 일이었다. 모든 것이 불바다가 되었고 이제는 뜨거워져 아무 것도 할 수가 없다고 하였다.

전체적인 해석은 아동의 분노와 슬픔, 괴로움, 파괴성, 죽음 등 부정적인 의미로 화산 그림은 해석된다. 그림의 반응은 희망적이지 않고 공상적 주제를 다룬 점에서 1점으로 채점할 수 있다.

그림 이야기법(DAS) 검사는 7점 척도로 평가를 한다. 긍정적인 범주는 1~7점이고, 가장 부정적 주제는 1점으로 한다. 1~7점까지의 해석의 내용은 표 9-5와같다.

그림 9-19 13세 여아의 DAS 그림

그림 9-20 11세 남아의 DAS 그림

| 표 9-8 | 그림 이야기법(DAS) 7점 척도

1점	매우 부정적 주제나 공상을 다룬 내용으로 죽어가는 그림을 표현하고 희망이 없는 사람이 등장하는 경우를 말한다.
2점	중간 정도의 부정적 주제나 공상을 다룬 내용으로 거칠고 공격적인 사람이 등장하는 경우나 두려움과 불안하고 불행한 사람을 그리는 경우도 포함된다.
3점	다소 부정적인 주제나 공상을 다룬 내용으로 자기 비하가 표현되고 불만족, 불쾌한 상태를 표현한 경우이다.
4점	중립적 수준, 이중적인 양면성을 표현한 그림이 이에 해당된다.
5점	다소 긍정적인 주제나 공상을 다룬 경우로 즐겁고 기분이 좋은 내용이나 웃고 있는 사람을 표현한 경우이다.
6점	중간 정도로 긍정적인 주제나 공상을 다룬 내용으로 적극적으로 친밀함을 표현하고 강하게 즐기는 것을 그림으로 표현한 경우이다.
7점	매우 긍정적인 주제나 공상을 다룬 내용으로 행복, 만족, 기대, 희망 등의 사랑과 관련된 내용을 표현한 경우이다.

11) 문장완성 검사

1 문장완성 검사의 개념 및 이해

문장완성 검사(Sentence Complete Test; SCT)는 완성되지 않은 문장을 완성하는 검사이다. 성, 자아, 가족, 대인관계에서의 상태를 알아보기 위한 것으로, 성적 영역은 이성에 대한 자신의 태도를 의미하고 가족에서는 어머니, 아버지와의 관계적 태도를 말한다. 자아는 자아개념, 자신의 현재와 과거, 미래 등에 관련된 태도를, 대인관계 영역은 다른 사람들과의 관계적 태도를 말한다.

문장완성 검사(SCT)는 문장의 맥락 분위기(색채)를 통해서 피험자의 태도, 관심 등을 알 수 있다.

2 문장완성 검사의 실시방법

① 종이와 연필을 준비한다.

② 아동에게 제시문을 읽어 준다.

③ 정답이나 꼭 써야 하는 단어나 문장은 없으며 아동이 생각나는 대로 쓸 수 있도록 한다.

④ 제일 먼저 떠오르는 생각은 쓸 수 있도록 하는 것이 좋다.

참고문헌

강봉규(1999). 심리검사의 이론과 기법. 서울: 동문사.

강문휘(1998). 아동정신건강. 서울: 정민사.

곽금주(2002). 아동심리평가와 검사. 서울: 학지사.

권기덕(1998). 색채치료의 타당성에 관한 소고. 대구대학교 사회과학연구, 5-1.

권기석(1972). 상담과 심리치료. 중앙적성연구소.

김경미(2006). 초등학교 학년별 단계 색채체험을 통한 색채표현 지도 방안 : 3~6학년 중심으로. 한국교원대학교 대학원 석사학위논문.

김말숙(2002). 집단미술치료 프로그램이 보육시설 청소년들의 정서함양과 정서지능에 미치는 영향. 영남대학교 대학원 박사학위논문.

구미래(2000). 한국인의 상징세계. 교보문고.

김동연 외(2001). 마동미술심리 이해. 학지사.

김동연(1990). 미술을 통한 심리치료. 정서 · 학습장애아 교육연구회, 6(1).

김동연(1991). 특수아동의 미술지도. 특수아동교육, 18-1, 4-6.

김동연 · 공마리아 · 최외선(2004). HTP와 KHTP. 대구: 동아문화사.

김동연 · 정현희(1997). 동그라미 중심 가족화에 대한 심리진단과 치료. 대구대학교 출판사.

김말숙(2002). 집단미술치료프로그램이 보육시설 청소년들의 정서함양과 정서기능에 미치는 영향. 영남대학교 대학원 박사학위논문.

김상인(2000). 상담심리 용어사전, 생각의 샘가.

김수진(2008). 집단미술치료 프로그램이 초등학교 고립아동의 교우관계 향상에 미치는 영향. 한양대학교 교육대학원 석사학위논문.

김영환(1985). 행동치료의 원리. 서울: 중앙적성출판사.

김용환(1998). 만다라. 서울: 열화당.

김정우(2008). 집단미술치료가 아동의 내외통제성과 자기 효능감에 미치는 영향. 서울여자대학교 석사학위논문.

김진숙(2001). 미술심리치료 총론. 한국표현예술 심리치료협회.

김재은(1995). 그림에 의한 아동의 심리진단. 서울: 교육과학사.

김재은(1992). 심리검사의 활용. 중앙적성출판사.

김청자 · 정진선(2006). 아동상담심리. 태영출판사.

김형태(1998). 상담의 이론과 실제. 동문사.

로웬필드 · 브리테인(1998). 인간을 위한 미술치료. 미진사.

리텔(2000). 융의 분석심리학에 기초한 미술치료. 학지사.

문장원 외(1997). 특수교육학. 양서원.

문장원(1993). 미술치료의 발달적 · 인지적 접근. 미술치료 연수회 자료 3. 한국미술치료학회, 36-57.

박경 · 최순영(2003). 심리검사의 이론과 활용집, 서울: 학지사.

박승림 · 강정수(2003). 색채치료와 한의학에서의 색의 적용. 대전대학교 한의학연구소 논문집, 12-1.

박영숙(1994). 심리평가의 실제. 서울: 하나의학사.

박인순(2001). 미취학 아동의 색채 선호도에 관한 연구 : 색채가 아동에게 미치는 영향을 중심으로. 용인대학교 대학원 석사학위논문.

송영혜 외(1998). 행동장애와 심리치료. 교육과학사.

송행화(2008). 아동의 인성교육을 위한 미술치료의 방법과 실제. 수원대학교 석사학위논문.

신민섭 외(2003). 그림을 통한 아동의 진단과 이해(증보판). 서울: 학지사.

이규식 외(2000). 특수아 치료원론. 대구대학교 출판부.

이장호(1996). 상담심리학. 박영사.

이텐, 요하네스(2002)(김수석 역). 색채의 예술. 지구문화사.

이훈구(1999). 성격심리학. 법문사.

엘리아데, 미르치아(2002)(이재실 옮김). 이미지와 상징. 까치.

조수철(1999). 소아정신질환의 개념. 서울대학교 출판부.

제이 그린버그(1999). 정신분석학적 대상관계이론. 한국심리치료연구소.

전영신(2003). 그림속에 있는 미술치료. 21세기사.

전지연(2008). 점토를 활용한 협동 활동이 정신지체 청소년의 사회성 기술에 미치는 영향. 대구대학교 석사학위논문.

장선철(2008). 특수아동상담. 태영출판사.

장연집 외(2003). 아동이 그린가족화 분석. 서울: 교문사.

정명주 외(2006). 아동미술치료 이렇게 하세요. 대구: 형설출판사.

정여주(2001). 만다라와 미술치료. 서울: 학지사.

정여주(2003). 미술치료의 이해. 서울: 학지사.

정여주(2003). 색의 신비. 학지사.

정현희(2006). 실제적용중심의 미술치료. 서울: 학지사.

최경숙(2000). 발달심리학-아동 · 청소년기-. 교문사.

최영훈(1990). 색채학 개론. 미진사.

최외선 · 김갑숙 · 최재영 · 정여주 · 신승녀(2002). 유아미술치료. 수원여자대학.

최외선 · 정현희(2004). 동적가족화와 심리진단. 대구: 중문출판사.

최정희(2004). 색채 학습 프로그램 개발에 관한 연구 : 색채 감성 언어 표현을 중심으로. 서울교육대학교대학원 석사학위논문.

한국미술치료학회 편(2000). 미술치료의 이론과 실제. 대구: 동아출판사, 중앙적성출판사.

홍지영(2008). 미술치료가 애착에 문제가 있는 유아의 정서지능에 미치는 영향 한양대학교대학원. 석사학위논문.

코르시니(2004). 현대심리치료. 학지사.

코헨 · 케이너(1998). 아동미술교육의 실제. 미진사.

폰태너, 데이비드(2001)(최승자 옮김). 상징의 비밀. 문학동네.

Adamson, E., & Timlin, J.(1991). *Art as bealing*. Sigo Press.

Adler, A.(1985). *Individnalpsychologie in der Scbule*. Frankfurt am Main, Fischer.

American Psychiatric Association(1994). *Diagnostic and statistical manual of mental disorders(4th ed)*. Washington, D.C.: Author.

American Art Therapy Association(1995). *Ethical standards for art therapists. Mundelein,* IL: Author.

Bachmann, H.(1993). *Maaleb als Lebensspur*. Stuttgart, Klett-Cotta.

Berne, E(1961). *Transactional analysis in psychotherapy*. New York: Grove Press.

Buck, J(1948). *The House-Three-Person technique*. Los Angles: Western Psychological Services.

Becker, U.(1998). *Lexiron der Symbole*. Freiburg, Herder.

Berne, R.C.(1998). 동적 집-나무-사람 그림검사. 김상식 역. 서울: 하나의학사.

Carolan, R.(2001). Modeke and paradigms of art therapy research Art Therapy. *Journal of the American Art Therapy Association,* 18(4), 190-206.

Chiazzari, S.(1998). *The Compiete book of colour*. 진현종 역(2002). 색. 전원 문화사.

Corey, G.(1991). *Theory and practice of counnselingg and psychotherapy(4th ed)*. Monterey, CA: Brooks/Cole Publishing Co.

Corey, G.(2001). *Theory and practice of counnselingg and psychotherapy*. Wadsworth Group, a Division of Thomson Learning.

Deaver, S.P.(2002). What constitutes art therapy research? *Journal of the American Art Therapy Association,* 19(1). 23-27.

Dewey, S.(2004). *The Dewey color system*. Three Rivers Press, New York.

Freud, S.(1977). *Vorlesungen zur Einführung in die Psychoanalyse*. Frankfurt am Main, Fischer.

Gesellschaft für wissenschaftliche Gespräcysychotherapie e. V.(1991). *Carl R. Rogers: Eine Theorie der Psychotherapie. der Persönlichkeit Carl R. Rogers: Eine Theorie der Psychotherapie*. der Persönlichkeit and der Zwischenmens chlichen Beziehungen, Köln GWG.

Goethe, J.W.(1997). *Farbenlebre*. Stuttgart, Freies Geisteleben.

Hanes, M. J.(2001). Retospective review in art therapy: Creating a visual record of the therapeutic process. *American Journal of the Art Therapy,* 40(20). 149-160.

Harmer, E.F.(1958). *The clinical application of projective drawing*. Charles C. Publsher.

Heegaard, M.E.(2001). *Drawing together to develop self-control*. Minneapolis, MN, U.S.A. Farirview Press.

Kramer. E. (1991). *Kunst als Therapyie mit Kindern*. München. Reinhardt.

Kramer. E. (1998). *Childhood and art therapy*. Chicago: Magnolia.

Kramer. E., & Ulman, E.(1977). Postscript to Halset's Freud on the nature of American. *Journal of Art Therapy,* 17. 21-22.

Leuteritz. A.(1997). *Kunstwahrnehmeng als Rezeptive Kunsttherapie*. In: Baukus, P., Thies, J., Kunsttherapie, Stuttgatt, Fischer, 275-282.

Naess, I.(1996). *Colour Energy*. Vancouver, Colour Energy Corperation.

Naumburg, M.(1966). *Dynamically oriented art therapy*. NY: Grunn & Stratton.

Passons, W. R.(1975). *Gestalt approaches in counseling*. 우재현 외 역(1994). 케슈탈트 카운슬링. 대구: 한국교류분석학회, 정암서원.

Petls, F.S.(1989). *Gestalt approach and eye witness to therapy*. 우재현, 장덕규 역(1994). 게슈탈트 치료 이론과 실제. 대구: 한국교류분석학회. 정암서원.

Petersen, P.(2000). *Der Therapeut als Künstler*. Hannover, Mayer.

Riedel, I.(1988). *Bilder in Therapie, Kunst und Religion*. Stuttgart, Kreuz.

Rnbin, J. A. (1999). *Art Therapy: An introduction*. Philadelphia, Brunner/ Mazel.

Sadka, D.(2004). *The Dewey color system*. Three Rivers press, NY.

Schmeer, G.(1995). *Das Ich im Bild*. München, Pfeiffer.

Steinbauer, M., Taucher, J.(1997). *Integrative Maltherapie*. Wien, Springer.

Theunissen, G.(1980). *Aesthatsche Erziehung bei Verhaltensauffälligen*. Frenkfurt AM main, Lang.

Waller, H.(1991). *Sozialmedizin*. Stuttgart, Kohlhammer. Stuttgart.

찾아보기

나

다

라

마

바

사

아

자

차

카

타

저자 소개

김정숙
원광대학교 보건학박사
현재 대불대학교 조형문화학과 교수
한국 임상치유예술학회 이사

신지혜
원광대학교 보건학박사 수료
현재 제주한라대학 유아교육과 겸임교수
전주대학교 사회교육학부 강사
원광보건대학 유아교육과 강사
폴라리스 어린이집 원장

손윤경
원광대학교 문학박사
현재 중부대학교 유아교육학과 강사
대전 개미유치원 원장

아동미술치료의 이론과 실제

2009년 2월 20일 초판 인쇄
2021년 8월 31일 4쇄 발행

지은이 김정숙 · 신지혜 · 손윤경
펴낸이 류원식
펴낸곳 **교문사**

주소 (10881)경기도 파주시 문발로 116
전화 031-955-6111
FAX 031-955-0955
등록 1960. 10. 28. 제406-2006-000035호

홈페이지 www.gyomoon.com
E-mail genie@gyomoon.com
ISBN 978-89-363-1772-0(93590)

값 17,000원
*잘못된 책은 바꿔 드립니다.